新时代创新发展论丛

本书由安徽大学创新发展战略研究院资助出版

中国农业科技园区创新能力的形成与发展研究

ZHONGGUO NONGYE KEJI YUANQU
CHUANGXIN NENGLI DE XINGCHENG YU FAZHAN YANJIU

夏岩磊 ◎ 著

图书在版编目(CIP)数据

中国农业科技园区创新能力的形成与发展研究/夏岩磊著.—合肥:安徽大学出版社,2021.12

(新时代创新发展论丛)

ISBN 978-7-5664-2331-3

Ⅰ.①中… Ⅱ.①夏… Ⅲ.①农业技术-高技术园区-研究-中国 Ⅳ.①F324.3

中国版本图书馆 CIP 数据核字(2021)第 258916 号

本书是安徽省科技创新战略与软科学研究项目"深度融入长三角更高质量一体化"视域下安徽农业科技园区创新能力提升的新机制与新路径(项目号:202006f01050065)与滁州学院启动基金"双循环新发展格局下创新驱动安徽城乡融合的机制与路径"(项目号:2020qd40)的阶段性成果

中国农业科技园区创新能力的形成与发展研究
夏岩磊 著

出版发行:	北京师范大学出版集团 安 徽 大 学 出 版 社 (安徽省合肥市肥西路3号 邮编230039) www.bnupg.com.cn www.ahupress.com.cn
印　　刷:	合肥创新印务有限公司
经　　销:	全国新华书店
开　　本:	170mm×240mm
印　　张:	16.5
字　　数:	251 千字
版　　次:	2021 年 12 月第 1 版
印　　次:	2021 年 12 月第 1 次印刷
定　　价:	49.00 元

ISBN 978-7-5664-2331-3

策划编辑:李　君　　　　　装帧设计:李　军
责任编辑:范文娟　　　　　美术编辑:李　军
责任校对:汪　君　　　　　责任印制:陈　如　孟献辉

版权所有　侵权必究

反盗版、侵权举报电话:0551—65106311
外埠邮购电话:0551—65107716
本书如有印装质量问题,请与印制管理部联系调换。
印制管理部电话:0551—65106311

总　序

安徽大学是世界"双一流"和国家"211工程"建设首批入列高校,是安徽省人民政府与教育部、与国家国防科技工业局共建高校,是安徽省属重点综合型大学。作为一所具有红色革命传统的高等学府,近百年来,安徽大学勇担民族复兴大任,执着"文化弘成、民族是昌"的办学理想,秉承"至诚至坚、博学笃行"的校训精神,为党育人、为国育才,累计培养了32万余名优秀毕业生,是安徽省内毕业生人数最多、分布最广、影响最大的高校,被誉为省属高校的"排头兵、领头雁"。

新时代,新目标,新征程。站在"两个一百年"奋斗目标的历史交汇点上,安徽大学将以习近平新时代中国特色社会主义思想为指导,进一步落实好立德树人根本任务,"调结构、转功能、增体量、提质量",以一流学科建设催生更多世界一流成果,以一流的人才培养体系、一流的人才培养质量、一流的原始创新能力、一流的人才队伍努力跻身于一流大学方阵,为高等教育强国和现代化美好安徽建设贡献更大力量。为了达成安大人这一宏愿,切实推进安徽大学"双一流"建设,学校于2018年建设了包括安徽大学创新发展战略研究院在内的"3+1"研究平台,着力打造跨学科、综合性的学科交叉研究平台和新型特色智库。

安徽大学创新发展战略研究院(以下简称"创发院")于2018年4月27日正式挂牌成立,是学校直属综合性学科交叉研究平台,按照"创新特区、人才高地"定位,依托国别和区域研究院、农村改革与经济社会发展研究院、区域经济与城市发展研究院等研究院(所)进行建设,覆盖安徽大学经济学、法学、社会学、新闻传播学、管理学、政治学、外国语言学、历史学,以及计算机、生物学、资源环境学等专业开展交叉学科研究工作。创发院紧密围绕学校"双一流"建设目标和任务,瞄准国家重大战略需求和地区经济社会发展建设重大问题,聚焦于创新战略与管理研究、城乡发展与区域研究、开放发展与国别研究、社会治理与法治研究、绿色发展与资源环境研究等方向,在发展战略、理论创新、咨政建言、公共外交等领域创新性开展科学研究、人才培养、社会服务和国际交流合作。为了展现创发院与相关院校、兄弟院所的协同创新成果,创发院编纂并资助出版丛书一套,定名为《新时代创新发展论丛》。

《新时代创新发展论丛》囊括了创发院同仁及合作伙伴近年来最新理论研究成果,内容涉及农村问题、城市问题等诸多研究领域。在此,创发院对各位作者、安徽大学出版社各位编辑的艰辛付出表示衷心感谢!

安徽大学创新发展战略研究院
2021 年 12 月

目　录

绪　论 …………………………………………………………… 1
　　一、选题背景与问题提出 …………………………………… 1
　　二、研究意义 ………………………………………………… 3
　　三、概念界定 ………………………………………………… 4
　　四、研究方法与数据来源 …………………………………… 12
　　五、研究内容与分析框架 …………………………………… 14
　　六、创新之处 ………………………………………………… 16

第一章　理论回顾与文献综述 ……………………………… 18
　　第一节　农业科技园区创新能力研究的基础理论 ………… 18
　　第二节　农业科技园区创新能力研究的文献评述 ………… 31

第二章　农业科技园区创新能力建设现状的统计评价与问题分析 … 45
　　第一节　农业科技园区创新能力建设的现实描述 ………… 45
　　第二节　农业科技园区创新能力建设现状的统计评价 …… 63
　　第三节　农业科技园区创新能力建设现状的问题分析 …… 90

第三章　农业科技园区创新能力形成过程的机理分析 …… 95
　　第一节　农业科技园区创新能力形成过程的决定因素 …… 96

第二节　农业科技园区创新能力形成过程的作用机制……………107

第四章　农业科技园区创新能力形成的宏观机制检验及效应测度……122

　　第一节　"合作"机制的实证检验及效应测度……………………123
　　第二节　"集聚"机制的实证检验及效应测度……………………139
　　第三节　"竞争"机制的实证检验及效应测度……………………153

第五章　农业科技园区创新能力形成的微观机制检验及效应测度……166

　　第一节　"多元主体协同"机制的实证检验与效应测度…………167
　　第二节　"异质要素联动"机制的实证检验与效应测度…………188

第六章　农业科技园区创新能力形成的实现路径…………………………208

　　第一节　农业科技园区创新能力形成的实现路径…………………209
　　第二节　案例分析——基于安徽16所国家农业科技园区的调查……214

第七章　研究结论与政策建议……………………………………………224

　　第一节　研究结论……………………………………………………224
　　第二节　政策建议……………………………………………………228

参考文献……………………………………………………………………235

后　记………………………………………………………………………254

绪　论

一、选题背景与问题提出

农业科技园区是现代农业技术与创新要素相结合的集成创新载体与示范推广平台，是国家自主创新体系的重要组成部分。在我国农业迈向高质量发展的新进程中，农业科技园区充当着小农户与现代农业衔接的桥梁，发挥着创新辐射源与地域增长极的重要功能，承担着"联城带乡、联工促农"和推动"城乡融合、产业融合"的关键作用。自从2001年国家科学技术部联合开展第一批国家农业科技园区认定工作至今，全国共批准立项国家园区278家，涵盖30个省、自治区、直辖市。根据中央部署，各省份也开展省域范围内的园区认定工作，不同层级、不同功能的农业科技园区逐年增加，覆盖各自省域内绝大多数的市和县。党中央高度重视国家农业科技园区的建设与发展，2004年以来中央一号文件先后10次对做好园区建设工作作出部署。结合"脱贫攻坚""乡村振兴"及"补齐短板、全面小康"的时代要求，2021年中央一号文件再次强调"建设现代农业产业园、农业产业强镇、优势特色产业集群""推进农村一二三产业融合发展示范园和科技示范园区建设"。按照中央指导思想，国务院及各职能部委先后出台《乡村振兴战略规划(2018—2022)》《国家农业科技园区发展规划(2018—2025)》等重要规划、措施，为促进农业农村及农业科技园区发展提供了制度保障。

经过 20 年的发展演进，中国国家农业科技园区取得了重大建设成就，形成了政府主导型、科研单位主导型和企业主导型三类发展模式；在我国 13 个粮食主产省份建成国家园区 117 个，引进培育高新技术企业 1600 余家，培育和推广新品种 5.55 万个，取得各类知识产权 4000 余项；实现全员劳动生产率 14.25 万元/人，各项创新指标明显优于全国平均水平；以创新为动力，使传统粗放式发展模式向"重内涵、重质量、上层次"的现代农业发展模式转变，农业科技园区未来发展夯实基础。

但从经济事物长期发展规律的视角审视，仅有 20 年成长经历的农业科技园区仍然是一个新生事物，在未来的发展进程中，不仅要解决过去积累和遗留的各种显性问题，同时要应对更为复杂的国际、国内环境变化和各类潜在风险。面对复杂的经济形势，就必须以"系统观"的视角剖析当前农业科技园区建设存在的各类弊端，透过"表象"挖掘"本质"，准确找到引致瓶颈问题形成的核心症结，厘清对解决"本质"问题起到"牵一发而动全身"作用的关键因素，并通过扭住症结、提出措施而最终达到两个层面的效果：一方面是解决过去发展过程中业已暴露出的各类矛盾；另一方面，则是通过解决"本源"问题来夯实发展基础，构筑更为顺畅的长效促进机制，理性应对未来复杂经济环境带来的挑战，坚定解决潜在风险的信心。

结合我国农业科技园区的建设实践和现有研究的分析结论，当前农业科技园区存在的问题主要体现为"运行模式趋于同质引致的发展动力不足""技术扩散与推广模式单一引致的带动辐射能力不足""科技成果研发与转化效率低下引致的创新效率不足"，以及"制度创新乏力引致的竞争激励不足"。以"系统论"的视角来看，"运行模式同质化""推广模式单一化""成果转化低效率""制度优势减弱"等问题就是"表象"，而透过表象看到的"本质性原因"，应是创新能力的不足或缺失。因此，解决上述问题的关键因素，是厘清与工业高新技术园区有本质区别的农业科技园区，其"创新能力"来源于何处，形成机制表现为何种，影响因素又取决于哪些，进而在现代信息技术、大数据分析技术等背景下，营造和实施有助于提升创新能力的环境与手段，解决制约未来农业科技园区长足发展的现实问题。

二、研究意义

(一)理论意义

作为探索农业科技体制机制改革创新与农业科技成果转化扩散的先进载体,农业科技园区应具备"科技创新"与"示范推广"两大重要功能,并通过发挥上述功能,成为传统农业与现代农业衔接的桥梁。将农业科技园区不断打造自身功能的过程视为一个动态的经济系统,则"科技创新"是"示范推广"的基础,"创新能力"是"科技创新"的源泉,其运行机制应遵循"创新能力形成过程—科技成果产出过程—成果应用与扩散推广过程"的逻辑轨迹。当前研究大多以评价农业科技园区创新行为的结果优劣为内容,关注投入与产出的成效评价、成果推广与扩散的模式总结、自然地理意义上的布局与规划等议题,研究范式是将"创新能力"视作既定框架,仅探讨逻辑链条的"后端"。显然,不同地域的农业科技园区存在着体制机制、要素性质、地理区位、关系网络等多种差别因素,由这些差别因素引致的个体创新能力差异,将通过经济环境、制度环境等进一步放大,促使不同农业科技园区面临的发展环境和遇到的瓶颈各不相同。因此,必须深入探析逻辑链条的"前端",即对农业科技园区创新能力的动力来源、决定因素及形成机制等进行分析,只有这样才能从本质上厘清农业科技园区发展进程中出现的矛盾和弊端的根源,促使农业科技园区能够内生性地形成良性运行机制,夯实发展基础。因此,本书的理论价值在于,拓展了新经济形势下我国农业科技园区创新能力的内涵,有助于补充现有研究成果、完善理论体系;丰富了创新能力形成机制的理论原理,厘清了内在逻辑,有助于推动园区创新研究的理论演进;开阔了运用多学科交叉和现代经济统计分析方法的系统研究视角,有助于规避个案定性分析或简单定量分析存在的结论不可信和代表意义缺乏的弊端。

(二)现实意义

本书将农业科技园区形成并提升"创新能力"视为实现园区功能的重要

基础,并将农业科技园区在现实运行与建设过程中产生的各类问题和弊端的根源,归结为"创新能力不足或缺失",从而为各级政府和农业科技园区主管部门在出台管理政策、实施促进措施、规范园区治理过程中,提供具有较强针对性的问题靶向。农业科技园区是政府主管部门调控干预要素资源配置、优化农业产业结构的载体,因此也是强制性制度变迁的产物。只有保证这种制度干预能够按照事物本质的内在逻辑展开,才能够保证干预行为获得符合预期的结果。培育和提升创新能力,恰是坚实农业科技园区科技创新实力、增强成果应用与推广效果的本源和起点。政府主管部门围绕"形成和提升创新能力"来出台相关政策措施,符合农业科技园区内生发展的逻辑机理。因此,本书的现实意义在于,将农业科技园区现实发展中出现的各类瓶颈问题与矛盾困惑,聚焦为农业科技园区"创新能力不足"的问题,通过厘清农业科技园区创新能力的决定因素、形成机制,提出可供参考的能力实现路径,以实现知识创造、经济效益和社会效益为基本目标,以实现进阶打造农业高新技术产业示范区为阶段性目标,以实现"农业现代化"、全面实现农业农村高质量发展为最终目标,为政府主管部门和参与农业科技园区建设的经济主体因地制宜地选取发展模式、实施对策措施提供方法支撑及决策参考,体现农业科技园区在实现农业现代化进程中的中国特色与贡献价值。

三、概念界定

(一)农业科技园区

农业科技园区的本质是采取特定方式对特定产业进行的一种市场分割形式,即:在特定地域分离出有形的空间范围,在此范围内运用科技与创新手段对农业经济发展中的新机制、新产品、新技术进行探索与研发,并将探索和研发的成果在超越特定地域以外的区域进行扩散与转化,从而获得经济效益。尽管从农业科技园区应具备的基本内容出发,可以依据上述分析对农业科技园区的定义与内涵进行概括和表述,但从目前的理论与学术研究成果来看,对农业科技园区的定义和内涵尚未达成共识,甚至从现实中国内外已设立的、具有相似的创新与示范等功能的各类农业园区来看,其名称都不尽相同。国内以"现代农业科技示范区""现代农业科技城""现代农业科技示范带"等命名的产业园区,均具有农业科技园区的含义和功能。为明确研究对象,本书涉及的"农业科技园区"是指由国家农业科技园区协调指导小组批准设立、以国家农业科技园区为名称挂牌并由国家科学技术部发文公布的国家农业园区。其他各省份或地市设立的、具有农业科技研发与成果应用转化功能的园区,不属于本书研究范畴。

在明确研究对象的实体基础上,本书进一步对农业科技园区的概念进行界定。概念界定所遵循的基本思路是:一方面,查证对农业科技园区发展建设负监管职责的政府机构给出的概念;另一方面,梳理学术研究中的专家学者给出的概念,通过辨析和比较两类不同主体对农业科技园区概念及其内涵的认知,给出本书对农业科技园区概念的界定。

国家科学技术部在2001年提出了农业科技园区的概念、特征及发展目标,认为"农业科技园区是一种现代农业发展的有效模式",其主要特征是技术的密集度,主要工作内容是科技开发、示范、辐射和推广,发展动力是体制与机制创新,发展目标是最终促进区域农业结构优化调整和产业升级[1]。上述概念与内涵伴随着我国政府对农业发展目标的阶段性调整而发生变化,主要是由于发展目标的阶段性调整引致农业科技园区应发挥的功能和应肩负的任务发生了变化。自2007年至今,国家科学技术部根据我国政府对农业科技园区应具备的功能要求,逐步将"增加农民收入""增强农业国际竞争力""促进现代农业""统筹城乡发展""打造科技先发优势""提高农产品供给质量和效率""服务精准脱贫攻坚战"等目标要求写入国家农业科技园区发展规划。对上述发展脉络反映出的一般概念加以总结,官方管理机构将农业科技园区定义为:一种承载国家农业经济宏观发展目标的、并能够在实现基本功能基础上依据阶段发展任务不断进行功能调整的、动态的现代农业发展模式。

国内学术界在农业科技园区建设的初始阶段就已开始对其性质进行探

---

[1] 中华人民共和国科学技术部.关于印发《农业科技园区指南》与《农业科技园区管理办法(试行)》的通知(国科发农社字〔2001〕229号)[EB/OL].
http://www.most.gov.cn/fggw/zfwj/zfwj2001/200512/t20051214_55014.htm

讨,早期的主要观点有两种。第一种观点认为,我国农业科技园区是一种生产和开发的经营方式,该观点由中国农业科学院蒋和平教授最早提出。蒋和平(2000年)认为农业科技园区是"农业现代化建设实践中涌现出的新的生产经营方式"①,是"在农业科技和产业经济具有比较优势的农村或城郊划出一定区域范围,政府、农户、企业等主体,以实现产业结构调整和增加农民收入为目标,推动农业现代化的一种开发方式"②。认同此观点的研究有:吴沛良(2001年)提出,"农业科技园区是新阶段涌现出的一体化开发'板块'"③,肖洪安、王芳(2001年)提出,"农业科技园是在一定区域内以'三高农业'和'结构调整'为目标的科技企业密集区"④。第二种观点认为,现代农业科技园是一种新型的农业组织形式和集成创新平台,该观点由中国农业科学院许越先教授最早提出。许越先(2001年)⑤认为,农业科技园区是"由高科技支撑、具备多项功能并进行集约化生产和企业化经营的农业组织形式","是区域农业经济发展的集成创新平台"⑥。认同此观点的研究有:王朝全、郑建华等(2002年)提出,"农业科技园是一种新型的农业科技与经济组织"⑦,黄仕伟、卢凤君、孙世民(2003年)提出,"农业科技园区是汇聚内外资源、培育龙头企业、带动农业和农村发展的新型组织模式"⑧。

本书认为,对农业科技园区概念与内涵的理解,应在阐明园区具有的空间形态、经济功能、组织形式及发展目标基础上,以系统论的视角加以概括。首先,农业科技园区具有地理意义上的空间范围,不同的空间范围必然存在气候、土壤、作物等自然差异以及农业文化、耕作习俗和组织形式上的社会

---

① 蒋和平.正确认识和评价农业科技园区[J].农业技术经济,2000,(6):28~31.
② 蒋和平.我国农业科技园区特点和类型分析[J].中国农村经济,2000,(10):23~29.
③ 吴沛良.农业科技园区发展探讨[J].现代经济探讨,2001,(10):26~29.
④ 肖洪安,王芳.对我国农业科技园区建设与发展的探讨[J].农村经济,2001,(11):8~9.
⑤ 许越先.现代农业科技园与农业结构调整[J].中国农业科技导报,2001,(3):3~5.
⑥ 许越先.试用集成创新理论探讨农业科技园区的发展[J].农业技术经济,2004,(2):2~9.
⑦ 王朝全,郑建华,李仁方.论农业科技园的目标、功能与保障体系[J].农村经济,2002,(11):64~65.
⑧ 黄仕伟,卢凤君,孙世民.农业科技园区的规划思路及规划内容——长春农业科技园区的总体规划[J].中国农业大学学报,2003,(4):73~76.

差异,这些时空差异构成了农业科技园区之间的异质性特征;其次,现实中负责农业科技园区日常管理的职能机构(如园区管委会),其运行机制与组织架构包含了农业、财政、法律、环保等多个经济职能部门,因此其自身就是一个相对独立的经济系统。

因此,本书将农业科技园区理解为:以实现知识创造、经济效益和社会带动效果并最终实现农业现代化为目标,以知识要素整合、科技成果研发、技术推广与产业化、示范带动农户脱贫增收为功能,不断推动制度创新、知识流动、技术升级等有机融合的网络化农业合作系统。该系统具有明确的时空特征,在自然条件独特或农作物特色明显的村镇规划出一定地理范围实施组织管理,协调政府、科研院所、农业企业、新型农业经营主体、小农户等多元主体进行参与和反馈,实现农业全要素生产率提高、农业"创新链、产业链、价值链和服务链"的"四链提升",以及农业综合效益和区域竞争力的增强。

(二)农业科技园区创新能力

对"农业科技园区创新能力"的界定,需要结合农业科技园区的特征并建立在"创新能力"内涵的基础上,因而必须追溯有关"创新"问题的起源研究。考察创新理论的近百年研究史,较为有共识的理论起源是熊彼特(1912年)首次提出的有关景气循环与创新活动、资本主义的创造性破坏及企业家创新等思想[①]。由此发端,创新理论研究延伸出了"国家创新系统"的分支,并进一步演化出国家创新能力、区域创新能力和企业创新能力等不同层面的研究。农业科技园区开展创新活动的关键支撑,是园区内以农业产业化龙头企业为引领的产业集群,通过汇聚创新要素形成创新产出。因此,与农业科技园区这一组织形式密切相关的是企业创新能力的提升。Szeto(2000年)认为,企业创新能力是在从事创新资源供应并将其转化为互动环境中的

---

① [美]约瑟夫·阿洛伊斯·熊彼特著.经济发展理论:对利润、资本、信贷、利息和经济周期的研究[M].叶华译,北京:九州出版社,2007:469~562.

知识的基础上,为满足市场需求而具备的持续开发新产品的整体能力[①]。Ahuja & Lampert(2001年)将企业创新能力定义为能够创造突破性发明,并通过新思想、新创造的持续产出而形成独特的竞争优势的企业家精神[②]。Schilling & Phelps(2007年)将创新能力解释为企业在解决持续发展过程中,运用现有知识、技术与其他要素对新知识、新技术的探索和搜寻能力[③]。Tsai & Joseph(2013年)从跨国公司直接投资视角出发,认为企业创新能力是在面对技术差距与环境差异时,能够对未知环境获得的知识进行认知改造和整合运用的吸收能力[④]。Riccardo & Luisa(2018年)通过考察异质环境下的企业创新绩效,提出创新能力是能够刺激企业研发、增强知识占有、迅速适应环境差异并能形成正向交互关系的能力[⑤]。

由此可见,国外学者对企业创新能力的认识首要强调吸收知识、技术的能力,并在此基础上进行新知识的搜索与学习,达到研究与发展的目标。国内学者也将"创新能力"研究纳入农业科技园区建设发展问题中,但关注点是对农业科技园区创新能力的水平高低作出量化评价。这类侧重能力评价的研究成果非常丰富,但大都没有给出农业科技园区创新能力的定义与内涵,只是把园区开展创新活动的"工作成效"作为"创新能力"的替代概念。对"农业科技园区创新能力"的概念与内涵给出解释的代表性观点是杨敬华

---

① Elson Szeto. Innovation Capacity: Working towards a Mechanism for Improving Innovation within an Inter - Organizational Network[J]. The TQM Magazine,2000,12(2):149~157.

② Gautam Ahuja, Curba Morris Lampert. Entrepreneurship in the large corporation: a longitudinal study of how established firms create breakthrough inventions[J]. Strategic Management Journal,2001,22(7):521~543.

③ Melissa A. Schilling, Corey C. Phelps. Interfirm Collaboration Networks: The Impact of Large-Scale Network Structure on Firm Innovation[J]. Management Science,2007,53(7):1113~1126.

④ Tsai-Ju Liao, Chwo-Ming Joseph Yu. The impact of local linkages, international linkages, and absorptive capacity on innovation for foreign firms operating in an emerging economy[J]. The Journal of Technology Transfer,2013,38(6):809~827.

⑤ Crescenzi Riccardo, Gagliardi Luisa. The innovative performance of firms in heterogeneous environments: The interplay between external knowledge and internal absorptive capacities[J]. Research Policy,2018,7(4):782~795.

(2008年)提出的,他认为"科技创新能力是农业科技园区的基本能力之一",其内涵是"运用多种方式推动科技进步,不断研发新品种、新工艺、新产品,形成竞争优势"①。

本书认为,"创新能力"是一个"映射"的概念,需要在明确"能力"所要达到的"目的"的基础上加以概括,不能脱离农业科技园区应达到的发展目标或应发挥的功效作用来定义"创新能力"。如果将政府对农业科技园区的建设目标视作一个"集合",将园区能够促使这些目标达成应具备的各种功能视作另一个"集合",则两个集合之间就存在明确的指向,因此定义农业园区创新能力就有了具体靶向,即:农业科技园区应具备多种创新子能力,能够根据农业发展阶段变化而动态调整,并能够为实现园区应承载的功能与作用发挥效力。

因此,本书将农业科技园区"创新能力"定义为:以农业科技园区多元化建设目标为导向,在市场机制、知识流动与组织合作的运行框架内,构成的一个对应园区发展目标、包含多种创新子能力且子能力间存在交互作用与协调关系的功能体系。对应园区的"知识创造""经济效益"和"示范引领"三项核心功能,农业科技园区创新能力体系相应地由"先进知识创造能力""高质量经济生产能力"和"示范性社会带动能力"三个维度的子能力进行统计刻画。

1. 先进知识创造能力。农业科技园区的知识创造能力,体现在以信息流动和组织学习框架下的农业高新技术企业所进行的知识搜索和吸纳,并在此基础上形成的创造新知识、新发明和新技术的能力。一方面,农业高新企业从园区外部的宏观环境内搜索新知识、新技术;另一方面,农业高新企业则从园区内部的微观环境中对各类型信息进行识别、选择并加工生产为适应自身发展的新知识、新发明或新创造,同时能够实现知识扩散和外部化,打破原有发展模式形成的路径依赖,实现体制机制改革创新,内生性地具备持续创新的源动力。因此,具备良好的"知识创造能力",是园区高效完成创新要素集聚、新兴产业集聚的保障,也是增强园区新产品、新技术和新

---

① 杨敬华.农业科技园区科技创新能力建设研究[J].农村经济,2008,(8):107~110.

发明的研发能力,提升园区辐射范围内的农业经济生产水平和农户创新创业层次的重要基础。

2.高质量经济生产能力。农业科技园区的经济生产能力,体现在以农业高精尖技术和高科技成果转化框架下的高质量、高档次农产品生产能力,并在此基础上形成以农业创新链为牵引,农业产业链、价值链和服务链共同延伸与完善的"四链提升"发展模式。农业科技园区的生产能力与一般意义上的产出能力存在"质"的不同,主要是因为农业科技园区的空间布局具有核心区、示范区和辐射区的特征,每个区域承载着不同的功能:核心区以科技研发为重点目标,通过创新要素和新兴产业集聚,创造农业新技术、新产品和新成果;示范区以科技示范为重点任务,对已研发的新技术、新产品和新成果提供技术转移与成果转化的平台;辐射区则在试验与转化基础上,将新技术、新产品和新成果进行产业化,最终实现推广效益和社会效益。所以农业科技园区的经济生产过程,是以高精尖技术为支撑的农产品生产过程,也是更高层次和更广义范围内实现社会带动效果的过程。

3.示范性社会带动能力。农业科技园区的社会带动能力,体现在以知识创造为基础、以经济生产为载体,通过周边产业集聚和生产要素集聚来吸收劳动、资本及各类型创新要素参与园区生产,进而实现带动农户脱贫增收、创新创业的能力。农业科技园区是兼具经济功能和社会功能的运行系统,其示范与推广功能的意义,就体现在激活农业农村新动能,促进农村资源和资产焕发新活力,带动农户脱贫就业和创新创业,形成乡村振兴的新格局。要形成高效率的社会带动模式,就必须在培育新型经营主体、塑造职业农民和完善技术推广体系等领域激发有效需求,将以农户为代表的各类型生产要素吸纳到农业科技园区的示范与辐射范围内,最大限度地实现社会公共效益。

进一步以"三重能力"为基础打造农业科技园区的综合创新能力,同时需要一套具备系统化特征的支撑体系作辅助,促进相关因素的积极配合,实现功能效果和发展目标。图一描述了农业科技园区辅助支撑体系、发展目标体系和功能效果体系之间的联系。

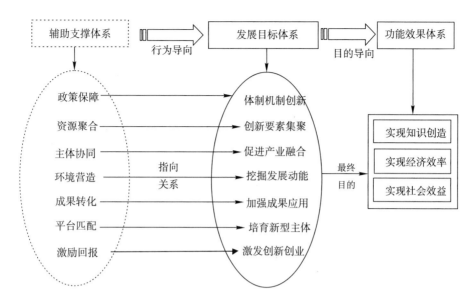

图一 基于发展目标和功能实现的农业科技园区创新能力形成逻辑

考察图一揭示的逻辑关系,辅助支撑体系是创新子能力的具体细化,对应着园区发展目标的具体内容,为园区实现功能效果并最终形成综合创新能力提供的内部与外部支持。

首先,政府管理部门应结合发展实际,厘清现有科技体制和管理政策是否还具备合理性、适用性,能否进一步激发园区创新主体或禀赋要素的活力、进一步刺激创新性产出的增长,因地制宜地提供制度环境,通过农业创新人才的汇聚,激发物质要素活力、提升农业全要素生产率,辐射周边产业和农民发展[①]。

其次,园区创新主体包含着企业、政府、科研机构、科技中介和农户,这些参与主体的性质类型多样化、利益目标多元化,导致中国农业科技园区具有典型的"多元主体参与、多元目标共生、多元利益交织"特征。农业企业的目标是实现经济效益;政府则通过规范管理和政策干预引导园区及企业实现社会效益;农户被企业作为生产要素纳入园区生产活动,关切点集中于就

---

① 冯英杰,钟水映,赵家羚,朱爱孔.市场化程度、资源错配与企业全要素生产率[J].西南民族大学学报,2020,(5):100～112.

业增收和创新创业①。因此,经济利益与社会效益的交织,以及主体目标的差异,内生性地决定了农业科技园区需要形成能够保障参与主体协同创新与合作均衡的机制,维持不同主体之间的共同利益诉求,做大"交集"、增强回报,通过获得持续稳定的激励,达到"改造存量"和"挖掘增量"的有效结合,形成双向激励②。

再次,加快农业高新技术成果的转移转化是实现园区示范推广目标的重要保障,也是园区创新效果发挥的重要前提。科技研发成果必须通过产业化推广、形成生产力,才能具有社会价值从而成为真正意义上的"创新活动",这就要求农业科技园区必须高质量打造创新成果快速转化能力③。成果转化需要依托科技研发平台和信息交流平台,应充分发挥工程中心、重点实验室,以及电商物流、科技服务中介等各种类型平台的作用,形成高效的信息匹配能力,为新型农业经营主体提供信息交换与技术传递等匹配机制。

综上所述,农业科技园区在知识学习、技术流动和组织合作的框架下,协调多元主体合作创新,通过锤炼先进知识创造能力、高质量经济生产能力和示范性社会带动能力,最终形成能够适应不同发展阶段要求、完成多元化建设目标的动态综合创新能力。

四、研究方法与数据来源

(一)研究方法

1.运用文献归纳法梳理国内外学者对农业科技园区创新发展研究的相关理论,挖掘现有研究不足并提炼创新点,为分析农业科技园区创新能力内涵、厘清能力影响因素、剖析能力形成机制提供理论依据。

---

① 崔志新,陈耀.区域技术创新协同的影响因素研究——基于京津冀和长三角区域面板数据的实证分析[J].经济与管理,2019,33(3):1~8.

② 夏后学,谭清美,白俊红.营商环境、企业寻租与市场创新——来自中国企业营商环境调查的经验证据[J].经济研究,2019,(4):84~98.

③ [英]G.M.彼得·斯旺著.创新经济学[M].韦倩译,上海:格致出版社/上海人民出版社,2013:30~32.

2.运用调研分析法(如田野调查、问卷调研、重点访谈等)获取农业科技园区创新能力建设数据,确定各类影响因素,提炼和总结创新能力体系中子能力的设定及作用机制,为实证分析影响因素与创新能力之间的关系提供现实依据。

3.运用统计与计量分析法梳理农业科技园区的发展沿革(描述统计),评价当前农业科技园区创新能力建设的成效(随机前沿分析、数据包络分析、因子分析、空间分析等),综合运用多元回归模型、固定效应与随机效应模型、倾向得分匹配模型、中介效应模型、调节效应模型、双重差分模型、门槛回归模型等方法,为厘清创新能力影响因素及作用机制提供实证支持。

4.运用案例分析法总结创新能力培育模式,归纳国内运行良好并具有代表意义的省份在农业科技园区建设与创新发展方面的经验,为提炼具有科学性、逻辑性和可行性的能力形成路径提供实践支撑。

(二)数据来源及说明

本书的研究对象是国家科学技术部认定挂牌的国家农业科技园区。研究中使用的各种统计分析、计量分析和案例分析等方法所涉及的数据,是截至2020年106个具备完整指标数据的农业科技园区平衡面板数据,主要来源于四个方面:

一是国家科学技术部历年发布的《中国科学技术发展报告》《中国区域创新能力监测报告》,中国农村技术开发中心历年发布的《国家重点园区创新监测报告2014》《国家重点园区创新监测报告2016》《国家农业科技园区创新能力评价报告2014》《国家农业科技园区创新能力评价报告2015》《国家农业科技园区创新能力评价报告2016—2017》等;二是2018—2020年以来,通过对分布在安徽、江苏和浙江等省份的国家农业科技园区进行的走访和调研,获得的各类资料和数据;三是历年中国农村统计年鉴和国家科学技术部、国家农业农村部官方网站发布的关于农业科技园区发展运行的相关数据;四是通过省级政府官方网站的政务公开系统,咨询并收集24个省份公开发布的国家农业科技园区主导类型、数据信息及最新动态。

对中国东部、中部和西部三大区域的界定,依据国家科学技术部历年

《国家重点园区创新监测报告》和《国家农业科技园区创新能力评价报告》的划分方法。东部地区包括京、津、冀、辽、鲁、苏、浙、沪、闽、粤、桂、琼,中部地区包括黑、吉、蒙、晋、皖、赣、豫、鄂、湘,西部地区包括陕、甘、青、川、藏、宁、新、渝、云、贵等省、自治区、直辖市。

五、研究内容与分析框架

(一)研究内容

全书的具体章节安排如下:

绪论,对本书选题背景、研究意义、概念界定及研究方法等进行阐述,搭建本书的整体研究框架,说明研究特色与创新之处。

第一章,对农业科技园区创新能力研究的基础理论进行回顾,重点围绕"企业创新能力理论""复杂系统论""合作创新网络与新经济地理学""增长极理论"及"产业集群理论"等与农业科技园区创新能力密切相关的学术理论进行评述,同时对国内外学者关于本领域的文献研究成果进行梳理和评价。

第二章,利用统计评价方法,基于科技政策演化的视角分析我国农业科技园区创新能力建设现况,总结发展轨迹与运行模式,评价能力建设的现实效果。基于统计评价结果,剖析园区创新发展过程中的现实问题及产生根源。

第三章,对农业科技园区创新能力的形成过程进行理论界定与分解剖析,厘清影响园区创新能力形成的内外部决定因素,着重阐述链接决定因素与能力体系之间的宏观与微观作用机制,明晰"双重机制促动双重因素并形成创新能力"的机理及过程。

第四章,从开放系统与宏观形成机制的视角,采用统计方法和计量经济模型对"合作促进创新能力形成""集聚促进创新能力形成"及"竞争促进创新能力形成"三类宏观作用机制进行假说验证,评估机制效应。

第五章,从封闭系统与微观形成机制的视角,采用统计方法和计量经济模型对"多元主体协同促进创新能力形成""异质生产要素联动促进创新能力形成"两类微观机制进行假说验证,评估机制效应。

第六章,提出促进园区创新能力形成的路径,阐释该实现路径的基本逻辑、主要内容及在解决理论与现实矛盾问题层面的可行性,并利用典型案例分析对提出的实现路径进行验证与支撑。

最后,给出本书的结论和政策建议,在总结全书的基础上,结合创新能力形成机制及实现路径,提出保障农业科技园区创新能力有效形成的对策措施。

(二)分析框架

本书的分析框架如图二所示。

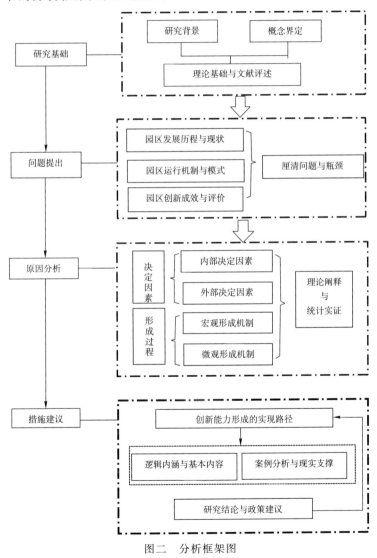

图二 分析框架图

六、创新之处

本书的创新之处主要体现在以下方面:

一是综合运用多种统计方法、计量模型,力求对中国农业科技园区的全貌进行整体性研究,突破个体案例研究可能带来的结论可信性和适用性问题。运用数理统计、随机前沿、数据包络、双重差分、倾向匹配、中介调节、门槛效应等多种手段分析平衡面板数据,对创新能力绩效评价、影响因素内外部作用机理,以及能力形成的演化机制进行系统检验和效应测度,凸显统计分析特色。

二是丰富了农业科技园区创新能力的理论内涵,突破当前研究的既定范式。厘清了"创新能力"和"创新行为"的内涵边界,明确提出园区"创新行为"的结果取决于前期"创新能力"的形成,而不同农业科技园区创新绩效存在差别的根本原因是"创新能力"有高低之分。纠正当前研究对于"创新能力"内涵认识的模糊不清问题,打开能力形成机制的"黑箱",突破了当前研究将"创新能力"置于外生而忽略其具有系统性的内在形成机理的研究范式。

三是开拓新的分析视角,厘清创新能力形成的演化过程与作用机制。将创新能力的形成视为实现农业科技园区各项发展目标的起点,明确提出农业科技园区创新活动及其功能发挥应遵循"创新能力形成过程—科技成果产出过程—成果应用与扩散推广过程"的逻辑轨迹,重点剖析处于基石地位的"创新能力形成过程"。采取"投入创新要素—培育机制发挥—产出创新能力"的过程分解方式,分析农业科技园区创新能力的决定因素及其宏观、微观作用机制,着重分析"双重作用机制调用双重决定因素"的形成机理,即:通过"合作促进创新能力形成""集聚促进机制创新能力形成""地域优势差异促进创新能力形成""多元主体协同促进创新能力形成""异质生产要素联动促进创新能力形成"五个宏观和微观机制,调用内部和外部双重因素,最终形成农业科技园区创新能力。

四是基于理论逻辑与案例支撑等两个层面,在供给侧视域下构建创新能力形成路径,为完善当前研究的"理论与现实脱节"问题提供方法支撑。

明确提出"激励因素集—激活机制集—凝塑能力集—实现目标集"的农业科技园区创新能力实现路径,通过理论阐释和案例支撑,证明该实现路径的基本逻辑及其具备的科学性、自洽性和可行性特征。依据"巩固优势、强化差异、分类发展"的原则,明确提出与实现路径相符合的政策建议。

第一章
理论回顾与文献综述

第一节 农业科技园区创新能力研究的基础理论

农业科技园区创新能力形成问题应包含三个主要研究方面:一是对创新能力体系的内涵、构成和功能目标进行分析;二是对影响创新能力形成的各类因素及其交织作用的微宏观机理进行分析;三是对促进形成创新能力的实现路径进行分析。因此,能够为上述三个方面研究内容提供思想给养的理论,将成为园区创新能力研究的基础,主要包括"企业创新能力理论""复杂系统论""合作创新网络与新经济地理学""增长极理论"及"产业集群理论"。

第一,农业科技园区创新能力形成的关键一环,是其园区内以农业产业化龙头企业为核心的企业创新主体的能力塑造与提升。以农业科技人才、研究与发展资金、新技术与新产品引进等为载体的人力资本和金融资本等创新要素,是决定企业创新能力水平的重要因素,而能力最终形成则需要依托两个维度的作用机制:一是在微观维度,将农业科技园区作为封闭的经济系统,依托内部企业自主研发行为并进行创新要素的汇聚与投入,贯彻其中的是能力形成的影响因素与度量能力的创新产出之间的微观交织与内部作用机制;二是在宏观维度,将农业科技园区作为开放的经济系统,依托内部企业与外部伙伴形成的创新合作关系网络,以及与政府、科研机构或科技服务中介等多主体形成的互动交织作用网络,进行主体协同创新、知识技术流动与产业优势互补,贯彻其中的是不同类型的影响因素之间、多元化参与主体之间以及外生性因素之间的宏观交织与外部作用机制。因此,对农业科技园区创新能力内涵及影响机制进行研究,需要以企业创新系统及其涉及的企业创新理论为指导进行阐释。

第二,农业科技园区作为国家探索农业科技体制机制创新及先进成果应用转化与示范的先行区,自身具备相对独立的系统属性,是多个参与主体与内外部经济环境耦合发展的协同创新体系。一方面,从示范引领效果的视角出发,农业科技园区创新发展模式,应遵循"创新能力培育与形成—创新成果研发与试验—创新成效示范与推广"的逻辑体系;另一方面,从创新能力凝结的视角出发,农业科技园区创新能力的形成过程也遵循着"能力形成的决定因素—能力凝结的内生机理—能力发挥的作用效果"的演化机制。这一过程不是简单线性创新模式的延续,而是系统内部各主体与技术承接对象、带动引导对象之间形成若干协同系统并进行非线性交互的过程。因此,从创新能力体系的形成,到基于目标导向的示范引领功能的发挥,已促使农业科技园区成为具备独立经济特征的经济系统,从而需要以复杂系统论包含的农业耗散结构与协同耦合思想对该系统运行加以分析。

第三,农业科技园区创新能力的形成机制,既包括各类影响因素在园区内部环境等微观层面,进行投入产出并获得创新成果的内部作用机制,也包括多主体、多因素、园区内外部环境等宏观层面,进行合作创新、耦合协调并最终通过能力的形成带动实现经济社会目标的外部作用机制。因此,突破自然地理障碍,加强具有不同性质和特征的园区之间,以及分属于不同园区的企业之间的交流合作,形成优势互补、弥足短板的创新环境,将成为实现多主体协同创新、促进知识技术溢出有效吸收的重要途径。无论是省内合作还是跨省份的远距离合作,都将形成组织网络,逐步结成合作创新的态势。借助于创新网络理论和新经济地理学可以为园区间通过合作机制培育创新能力提供分析框架。

第四,农业科技园区既是一个包含劳动、资本、土地等有形要素的地理区域,也是一个包含现代知识、技术、信息、制度等无形且有创新性质的要素相互作用的载体。农来科技园区具备短期内快速集聚创新要素获得高精尖研发成果、长期内带动农业及周边产业均衡发展,并将先进技术和较高劳动生产率扩散到相对落后地域的重要特征。因此,农业科技园区创新能力的不断提升是在打造经济"增长极"和形成"产业集群"进程中得到淬炼,从而"增长极"理论和产业集聚理论可以为园区创新能力形成及创新功能发挥提供合理解释。

一、关于创新能力内涵的理论

农业科技园区的创新能力主要体现为园区内作为创新主体的农业企业创新能力,同时辅以其他多元化创新主体(如政府、科研机构、科技中介等)以园区作为平台进行的体制创新、政策创新及主体间的协同创新。企业创新能力研究是在企业创新系统研究基础上的延伸,而企业创新系统问题的理论渊源则应追溯到熊彼特的学术贡献。

熊彼特认为,企业是国家经济发展中最为重要的创新主体,依赖于企业家能够将生产要素"执行新的组合"的"才能"。从探索创新的发展过程考察,企业创新的轨迹经历了封闭式、合作式和开放式三种创新模式①。其中,合作式创新和开放式创新对农业科技园区培育和提升创新能力尤为具有指导意义,通过合作和开放,可以促进园区企业快速发展合作网络、凝结创新能力、提升创新水平。企业合作式创新的模式主要包括与产品用户间的"互动—体验—反馈"模式,与上游产品供应商间的"供给—改进—反馈"模式,以及与相关行业企业之间的"互补—完善—提升"模式。伴随现代信息技术的飞速发展,以信息手段为交换媒介的经济主体间互动急剧增多,开放式合作成为当代企业创新的重要源泉与主要形式,尤其以细化分工和精细化加工为特征,在全球背景下的企业合作突破了原有企业的边界,呈现全面协同的局面。

---

① 刘红玉.马克思的创新思想研究[D].湖南大学博士学位论文,2011.

尽管熊彼特的创新理论被学术界作为创新研究的开端已成为基本共识,但即使是熊彼特自己也承认其学说中的大部分内容都被马克思在19世纪提及或论述过。金指基(1996年)指出,熊彼特承认他的"创新理论来源于马克思"。马克思先于熊彼特对技术进步与对社会发展之间的关系进行了考察,对创新活动的本质、形式、价值等均作出阐释,认为制度创新、技术创新和科学创新是巩固资本主义生产关系的重要手段。创新的主体是生活在一定历史条件下的现实的人,创新就是人们在新环境中有计划地进行创造性的实践。这些创造性实践包含三种形式,即物质生产、精神生产和社会关系生产,而人类的创新活动对应三种重要实践活动就形成了三种主要形式,即科学创新、技术创新和制度创新,并且三种创新形式之间存在依存、促进的关系。资本主义的企业技术创新在形式上表现出了对市场需求的回应,推动了人类社会向前发展,也在一定意义上成为物质生产活动的重要动力。但归根结底,企业或资本家进行技术创新的原始动力是源于对剩余价值的追逐:通过技术变革、新发明和新创造,资本家或企业主通过这些改良缩短了社会生产的必要劳动时间,节约或提高了生产资料的用量或效率,进一步榨取剩余价值,获得超额利润[1]。

当代关于企业创新问题的研究均认同了技术创新是形成企业创新能力的主要来源。Enos(1962年)在熊彼特的创新理论框架下从企业行为的视角首次提出了技术创新的定义,他认为"技术创新是包含发明创造、资本投入、组织构建、市场扩展等多种行为在内的综合作用结果"[2]。Sheshinski(1967年)根据美国制造业数据检验"干中学"假说,建立干中学与知识模型,强调了企业创新效率与投资存在显著相关性,从而将企业技术创新和进步纳入内生性增长理论框架中来[3]。国家创新系统理论的代表人物

---

[1] [日]金指基.熊彼特经济学[M].林俊男,金钱民编译,北京:北京大学出版社,1996年:34～39.

[2] John L Enos. Invention and Innovation in the Petroleum Refining Industry[J]. NBER Chapters,1962,27(8):786～790.

[3] Sheshinski E. Tests of the "Learning by Doing" Hypothesis[J]. The Review of Economics and Statistics,1967,49(4):568～578.

Freeman(1982年)又从市场价值实现的视角提出企业技术创新应是企业研发的创新产品和服务商业化的价值转化①。对企业技术创新作出重要理论贡献的研究者是Romer(1986年)、Grossman & Helpman(1991年),他们通过将"技术创新与进步"内生化于经济增长模型,提出技术进步不是传统研究认为的外生变量,而是企业创新和经济增长的重要源泉,从而深化并发展了内生经济增长理论②。中国技术经济学研究的开拓者傅家骥(1998年)结合中国企业发展环境对技术创新概念作了界定,认为企业技术创新是在追逐市场盈利的目标下,通过重组生产要素和技术条件、建立高效经营系统、挖掘新产品(新工艺、新发明),并包含科技、商业、金融等多重要素为一体的综合过程③。伴随大数据、"云计算"等现代信息技术的广泛运用,关于企业利用信息化手段推动技术创新、提升创新能力的研究也日渐增多。Cozzarin & Koo(2016年)实证分析了组织创新对创新绩效的影响机制,进一步挖掘影响技术创新的因素,认为组织创新是影响技术创新的新要素,从而在更为微观的视角扩展了企业技术创新的研究领域④。

二、关于创新能力体系及构成的理论

培育农业科技园区创新能力,本质上是从体制机制、激励政策、要素优化利用、主体协同创新能力等层面,瞄准园区应达到的知识创造、经济生产、社会福利目标,构筑系统化的创新能力体系。复杂系统论包含的农业耗散结构与协同耦合思想为农业科技园区创新能力体系的分析提供了理论依据。

---

① Freeman C. The economics of industrial innovation[J]. Social Science Electronic Publishing,1997,7(2):215~219.

② Romer P. M Increasing Returns and Long-Run Growth[J]. Journal of Political Economy, 1986,94(5):1002~1037; Grossman G M, Helpman E. Innovation and growth in the global economy[J]. MIT Press Books,1991,1(2):323~324.

③ 傅家骥,全允恒等.技术创新学[M].北京:清华大学出版社,1998:10~15.

④ Cozzarin B P, Koo W K B. Does Organizational Innovation Moderate Technical Innovation Directly or Indirectly? [J]. Economics of Innovation and New Technology, 2016, 26(4):385~403.

复杂系统是由若干个功能子系统通过相互作用与影响而形成的有机体系。按照系统科学研究的理论发展沿革划分,复杂系统理论的演化可以分为早期的系统论、信息论与控制论,以及拓展出的耗散结构论、突变论和协同论。基于复杂系统论视角,Breschi & Malerba(1997年)在国家创新、技术演化等理论框架内提出了"产业创新系统"的定义①,Opthof & Leydesdorff(2010年)、Malerba & Nelson(2011年)等进一步对产业创新系统的构成要素,如制度、企业及技术等在系统中的交互作用和演进路径进行拓展分析②。

(一)耗散结构论

布鲁塞尔学派代表人物 Prigogine(1969年)将非平衡状态下的开放系统作为研究对象提出了耗散结构理论。该理论认为,当满足开放性、非平衡态和非线性作用三个重要条件时,系统的自发组织形态就可以实现。开放性能够为系统从无序状态到有序状态,或从程度较低的有序状态上升为程度较高的有序状态提供与外界进行能量交互的前提与环境;非平衡态能够为系统打破封闭、静态的停滞状态,增强与外界环境的相互作用与影响,实现从无序到有序的状态演进;非线性作用则是系统自组织状态实现的重要机制,如果组成统一系统的每个子系统能够交织互动、相互作用,就可以促生出新状态和新性质,不断改进系统的无序状态或低程度的有序状态,实现从无到有或从低级到高级的自组织状态演化③。

中国学者结合农业发展的实际状况对耗散结构理论进行引入与研究,尤其是运用耗散结构理论分析生态农业系统的研究成果较为丰富。梁静

---

① Breschi S, Malerba F. Sectoral innovation systems: technological regimes, Schumpeterian dynamics, and spatial boundaries[C]. Systems of innovation: technologies, institutions and organizations. London: Pinter Publishers,1997:123~131.

② Opthof T, Leydesdorff L. Caveats for the journal and field normalizations in the CWTS ("Leiden") evaluations of research performance[J]. Journal of Informetrics, 2010, 4(3):423~430; Malerba F, Nelson R. Learning and catching up in different sectoral systems: evidence from six industries[J]. Industrial & Corporate Change,2012,20(6):1645~1675.

③ [比]普里戈金著.从存在到演化[M].严庆宏等译,北京:北京大学出版社,2007:62~90.

溪、田世海、宋春光(2009年)基于耗散结构理论建立负熵模型,探讨农业产业化经营组织的演进。袁伟民、陈曦、高玉兰等(2011年)则基于耗散结构理论及其基本条件,从人员、理念、组织、保障及风险等多角度分析政府构建农业推广体系的优化措施①。何一鸣(2019年)借鉴耗散理论分析权利规制、租金耗散与人民公社时期的农业生产绩效的联系,对我国40年多来的农地制度改革演化与变迁进行阐述②。

(二)协同论

德国斯图加特大学著名物理学家Haken(1969年)基于对激光系统的研究与实验提出另一种为开放系统顺序状态演进路径进行解释的理论,即"协同论"。该理论同样解释了一个开放系统从无序状态到有序状态,或从较低程度的有序状态发展到较高程度的有序状态的演化过程、决定因素以及前提条件③。与Prigogine提出的"耗散结构论"不同的是,其强调系统内部各组成要素在达到某个临界值之后,将从原来的无序或混乱状态集合为协同关联的高度有序状态,形成自组织状态并产生巨大能量④。"耗散结构论"和"协同论"分别从系统内外部的能量交换以及系统内部要素或子系统之间的协调关联等两个视角,解释一般系统的状态演进与交互作用机制。

中国学者将协同理论引入农业经济研究,在农业科技协同创新、农业企业产学研合作等领域的研究成果丰富。贾兴梅(2018年)通过测度综合序参量和农业集聚序参量分析农业产业集聚与新型城镇化之间的协同效应,并基于区域差异实证检验了耦合协同程度的技术差异⑤。王燕、刘晗、赵连

---

① 袁伟民,陈曦,高玉兰,等.基于耗散结构理论的政府农业推广体系优化分析[J].生态经济,2011,(10):101~103.

② 何一鸣.权利管制、租金耗散与农业绩效——人民公社的经验分析及对未来变革的启示[J].农业技术经济,2019,(2):10~22.

③ [德]赫尔曼·哈肯著.协同学[M].徐锡申等译,北京:原子能出版社,1984:240~252.

④ [德]赫尔曼·哈肯著.协同学——大自然构成的奥秘[M].凌复华译,上海:上海译文出版社,2005:100~120.

⑤ 贾兴梅.新型城镇化与农业集聚的协同效应[J].华南农业大学学报,2018,(3):1~10.

明等(2018年)在乡村振兴战略背景下探讨了西部地区农业科技协同创新的实现形式与路径①。

三、关于创新能力形成机制的理论

农业科技园区的创新能力是通过微观内部作用和宏观外部作用两个维度的机制共同促进形成的,两类作用机制的目标指向均是促进园区内生地形成自我发展、能力催生及效果提升的长效机制。农业科技园区农业产业创新主体的合作、协同与集聚,将成为知识溢出与吸收、技术流动与互补等农业现代化发展背景下园区创新能力形成的重要途径,因此,创新网络理论、产业集群理论与"增长极"理论共同成为能力形成机制的理论支撑。

(一)创新网络理论

Freeman(1991年)基于全球经济发展中逐渐增多的网络合作创新现象,提出了"创新网络"的定义,由此引起研究者对这种建立在网络化组织构架模式上的新型合作关系形式与组织制度安排进行探讨②。企业合作创新网络本身是一个复杂系统,能够形成自组织演化,依托组织创新、研究与发展及创新能力构建三种主要活动方式,借助于"地理邻近""制度邻近"和"技术邻近"等多维邻近机制,促进网络形态的动态演化与关系结成。与协同理论相结合,企业与研发机构、社会服务机构及政府间通过协同创新机制形成协同创新网络模式开展合作,打造科技创新平台、搭建完善的产业创新体系、构建信息和技术的共享机制、打通金融支撑与投融资渠道,在政府宏观政策指导与风险调控的安全环境下运行,已成为全球经济一体化和国际分工日臻细化的背景下提升企业创新能力的重要手段③。围绕创新网络形成

---

① 王燕,刘晗,赵连明,黎毅.乡村振兴战略下西部地区农业科技协同创新模式选择与实现路径[J].管理世界,2018,(6):12～23.
② Freeman C. Network of Innovators: A Synthesis of Research Issues[J]. Research Policy, 1991,20(5):499～514.
③ 曾德明,尹恒文,金艳.科学合作网络关系资本、邻近性与企业技术创新绩效[J].软科学,2020,(3):37～42.

的演化机制、结构特征、创新效率等议题,国内外学者开展了细致的研究。

关于创新网络演化与形成的影响因素分析,Koka & Madhavan(2006年)认为,企业所处的外部经济环境具有信息不对称与不确定性风险并存的特征,外部发展环境的变化是影响企业作出合作决策的重要因素,也是合作创新网络演化的主要决定因素①。Baum(2010年)认为,企业以对自身组织内部的了解和能够掌握的知识资源为依据,选择适合的伙伴开展合作,"内部因素"是合作创新网络形成的主要决定因素②。Checkley(2014年)以英国风险资本辛迪加为例,分析了内部因素在创新网络演化与企业创新效率提升过程中的作用③。

创新网络的结构特征,Akbar & Giuseppe(2009年)、Gautam(2012年)、Laursen & Salter(2014年)、Tur(2018年)等从创新网络规模、密度、知识搜寻能力、企业集聚能力等视角对其结构特征加以阐释,尤其关注知识创造过程与合作网络创新过程的互动与反馈,强调知识创造、流动及吸收是企业通过合作式网络提升创新能力的重要机制④。

对创新网络效率的测度是当前创新合作网络研究中关注度较高的议题,主要研究者为新经济地理学或创新经济地理学方向的学者,他们基于创新网络结构特征展开效率测度,形成三个研究方向。一是分析合作创新网

---

① Koka B R,Prescott M J E. The Evolution of Interfirm Networks:Environmental Effects on Patterns of Network Change[J]. The Academy of Management Review,2006,31(3):721~737.

② Baum J A C,Cowan R,Jonard N. Network-Independent Partner Selection and the Evolution of Innovation Networks[J]. Management Science,2010,56(11):2094~2110.

③ Checkley M,Steglich C,Angwin D, et al. Firm Performance and the Evolution of Cooperative Interfirm Networks:UK Venture Capital Syndication[J]. Strategic Change,2014,23(1~2):107~118.

④ Akbar Z,Giuseppe S. Network Evolution:The Origins of Structural Holes[J]. Administrative Science Quarterly,2009,54(1):1~31;Gautam A,Soda G,Zaheer A. The Genesis and Dynamics of Organizational Networks[J]. Organization Science,2012,23(2):434~448;Laursen K,Salter A J. The paradox of openness:Appropriability,external search and collaboration[J]. Research Policy,2014,43(5):867~878;Tur E M. The coevolution of knowledge networks and knowledge creation. An agent based model[J]. Journal of Economic Behavior & Organization,2018,(145):424~434.

络中企业与外界关系的强弱程度对网络效率的影响,在认同网络联系对效率有必然影响的基础上,提出效率伴随联系强度的增加而正向增长;二是分析创新网络中节点的联系密度对网络效率的影响,基本共识是企业合作网络密度越高越能正向促进网络效率;三是分析企业在合作网络中所处的位置对网络效率的影响,一致共识是如果企业处于合作网络的中心位置就能够直接推动创新效率[①]。

(二)增长极理论

"增长极"理论是典型的非均衡发展理论,最早由法国经济学家弗郎索瓦·佩鲁(Francois Perroux)在"发展极"概念的基础上提出。佩鲁在其著作《经济空间:理论的应用》和《略论发展极的概念》中提出了"发展极"(Pole of Development)概念、后在《增长极解释》一书中提出了"增长极"概念[②]。以"发展极"和"增长极"为理论标志,西方学界将相关概念运用到区域经济和空间经济研究领域,提出了"不平衡增长"理论,并以"支配学"或"不平等动力学"为主要依据和分析方法,对地区发展的逻辑机制和运行轨迹进行探究。

关于"增长极"内涵的解释。对增长极的传统认知主要包含产业层次和空间层次。从产业层次界定其内涵,主要是佩鲁提出的;从空间层次界定其内涵,主要是布代维尔提出的。佩鲁借鉴物理学上的磁场理论,认为不同的经济空间之间处于长期动态非平衡过程。在经济空间或区域为外生变量的前提下,经济增长不会在区域内同时出现。为了经济区域能够最终实现均衡增长,需要先打造"经济中心",带动其他部门增长,再由局部到整体,实现区域整体增长。这些"经济中心"作为"增长极",是主导产业或创新企业在一定经济空间内(如城市群)集聚的结果。佩鲁将增长极的作用定义为"极

---

① 曹贤忠,曾刚.基于全球—地方视角的上海高新技术产业创新网络效率探讨[J].软科学,2018,32(11):105~119.

② Perroux F. Economic Space: Theory and Applications[J]. The Quarterly Journal of Economics,1950,64(1):89~104; Perroux F. The Theory of Monopolistic Competition: A General Theory of Economic Activity[J]. Indian Economic Review,1955,2(3):134~143.

化效应"和"扩散效应",即吸引各类经济资源向增长极集中,加快极核地区自身的增长和发挥正外部性,促进技术、创新向其他地区扩散。布代维尔不同意佩鲁关于"经济空间是没有地理色彩的抽象空间"的假定,认为经济增长必须在一定地理范围内实现,提出"空间增长极"的定义。布代维尔认为,仅从地理角度进行考察,只要是增长速度快、创新能力强并能辐射周边经济发展的区域就可认为是增长极,这个概念不需要考虑产业,从而将经济空间演变为地理空间,将经济产业的增长转化为城市集聚的增长。布代维尔用"关联效应"取代"扩散效应",强调极核地区正外部效应对周边的带动和辐射作用,形成地区累积增长[1]。

关于增长极的作用机制与经济效应。经济增长极作用的发挥,其机制是通过极化效应、扩散效应等经济效应达到[2]。极化效应是指某些具备迅速增长的产业,在率先增长的过程中引起经济资源或要素不断向该产业集中,形成产业集聚和规模经济的现象。极化效应是短期概念,该过程能够使得某些产业迅速成为增长极,但其弊端是可能导致其他幼稚产业因失去资源投入而萎缩。扩散效应是指"增长极"形成后,通过联动机制不断向周边地区或产业发散正外部性的过程。扩散效应是长期概念,通过具备扩散条件的产业示范效应及经济乘数作用,将生产能力、技术进步等扩散到周边行业中,最终形成推进产业或企业对被推进产业和企业的支配[3]。

"增长极"理论之所以能够指导农业科技园区建设发展,是因为农业科技园区具备成为农业经济增长极的条件,可以带动周边加快高质量发展的步伐。一方面,农业科技园区通过获得特定的优惠政策,汇聚创新要素、吸引国内外投资,形成地域农业经济增长极,发挥集聚效应;另一方面,农业科技园区将创新成果进行转化应用,辐射带动周边产业和企业逐步进行技术

---

[1] Boudeville R. Problems of regional economic planning[M]. Edinburgh University Press,1966.

[2] 潘文卿、李子奈.三大增长极对中国内陆地区经济的外溢性影响研究[J].经济研究,2008,(6):85~94.

[3] 王永贵,刘菲.网络中心性对企业绩效的影响研究——创新关联、政治关联和技术不确定性的调节效应[J].经济与管理研究,2013,(3):1~15.

升级与产品换代,带动农户脱贫就业与创业增收,实现园区功能目标,发挥扩散效应。集聚—扩散效应为农业科技园区创新能力的形成过程提供了一种机制解释①。

(三)产业集群理论

自19世纪末新古典学派创始人Marshall提出"产业区"概念以来,以研究产业集聚及其外部效应为主题的"产业区理论"开始盛行,直到Porter(1990年)首次提出"产业集群"的定义②。

当前产业集群研究已经开始向全球价值链、生产网络全球化及"全球—地方"等视角下的集群升级、去地方化和知识溢出与网络创新的领域深化延伸③。研究热点集中在集群创新网络及其与全球网络的交互关系,地方产业集群与区域经济增长及发展的关系,产业集群形成路径及演化机理等问题。如李二玲(2020年)、李雪和吴福象(2020年)等分别从演化经济地理学、要素与技术匹配等视角,研究中国农业产业集群、长江经济带产业集群的发展脉络与生成机制④;Martin & Sunley(2006年)探讨路径依赖、区域锁定在地域经济格局改变与演化进程中的作用⑤;Dagnion(2015年)对组织网络规模、行业知识特征等因素对企业创新过程和创新网络生命周期的影响进行分析⑥;石乘齐(2019年)指出网络内部的知识提升和外部的目标刺

---

① 李国平,李宏伟.经济区规划促进了西部地区经济增长吗?——基于合成控制法的研究[J].经济地理,2019,(3):20~28.

② Porter M. The Competitive Advantage of Nation[M]. NewYork:Free Press,1990:76.

③ 周灿,曾刚.经济地理学视角下产业集群研究进展与展望[J].经济地理,2018,38(1):12~19.

④ 李二玲.中国农业产业集群演化过程及创新发展机制——以"寿光模式"蔬菜产业集群为例[J].地理科学,2020,(4):617~627;李雪,吴福象.要素迁移、技能匹配与长江经济带产业集群演化[J].现代经济探讨,2020,(4):59~67.

⑤ Martin R, Sunley P. Path dependence and regional economic evolution[J]. Papers in Evolutionary Economic Geography, 2006,6(4):395~437.

⑥ Dagnino G B, Levanti G & Picone A M. Interorganizational network and innovation: a bibliometric study and proposed research agenda[J]. Journal of Business & Industrial Marketing,2015,30(3/4):354~377.

激共同推动创新网络的演化进程①。研究视角发生了转变,从传统的关注地域根植性和地域网络,转向对外部环境及全球背景下的网络连接问题研究,提出了包括地理邻近在内的多维邻近机制所促成的产业集群,是企业能够进一步催生出创新的本质原因。如 Bathelt(2004 年)提出了本地蜂鸣和全球通道的概念,强调地域性向全球性的过渡与影响②;Li(2015 年)通过对临时贸易集群作出动态解释,提出交易会或博览会等具有临时性、多样性和外部知识来源迅速交流互动的集群,对企业创新有促进效果③;Turkina(2016 年)基于知识集群和全球价值链视角,以北美和欧洲 52 个航空航天集群内外部合作网络为对象发现联系网络存在着由本地化向跨地域化发展的趋势④。

农业科技园区在其"核心区"进行的创新活动,带来的最直接效果是园区"辐射区"和"示范区"的农业高新企业不断集聚、产业结构调整及转型升级。产业集聚、结构优化与转型升级,既是农业科技园区开展创新活动的预期良好结果,也反馈于园区巩固产业优势、增强示范效果并推动创新能力的再培育、再深化与再强化。产业集群理论关于集群网络等研究的延伸,能够对农业科技园区创新能力培育途径开辟新的研究思路。

---

① 石乘齐.基于组织间依赖的创新网络演化模型及仿真研究[J].管理工程学报,2019,33(1):12~21.

② Bathelt H, Malmberg A , Maskell P . Clusters and knowledge: local buzz, global pipelines and the process of knowledge creation[J]. Progress in Human Geography, 2004,28(1):31~56.

③ Li P-F. Global temporary networks of clusters: structures and dynamics of trade fairs in Asian economies[J]. Journal of Economic Geography,2014,14(5):995~1021.

④ Ekaterina Turkina, Ari Van Assche, Raja Kali. Structure and Evolution of Global Cluster Networks: Evidence from the Aerospace Industry[J]. Journal of Economic Geography,2016,16 (6):1211~1234.

第二节 农业科技园区创新能力研究的文献评述

设立农业科技园区是在20世纪90年代国内农业发展相对滞后、产业结构亟须调整的时代背景下进行的一次强制性制度变迁。中国农业科技园区始终以体制机制改革创新为目标,是结合中国国情实际进行的、以科技为主导的农业产业内涵提升模式的有益探索,具有鲜明的中国特色与新时代特征,与国外农业产业园或农业观光园有本质的不同。因此,本书在对国外农业园区研究简要梳理的基础上,重点对国内研究者20年来的文献成果进行述评。

一、国外相关研究

国外文献大多从农业园区的功能视角出发,基于较为完善的农业科技体系,讨论农业园区在农业知识教育、休闲观光、技术推广等方面的作用。Kim(2003年)关注农业园区和农业技术推广中心(ATEC)对于普及农业教育、提升农户科技意识的研究,认为对返乡移民和青年农民,应有针对性地提供不同的教育方案,重视互联网教育在未来农业教育推广计划中的重要功能①。Cui(2005年)将农业科技示范园定义为农业产业的新型组织形式,以农户生产及农产品销售为研究对象,分析政府在园区管理中的作用,对园区建设过程中产生的经济效应、社会效应、生态效应和示范效应进行阐述②。Ouyang(2013年)基于低碳休闲农业的发展模式视角,探讨低碳设施、低碳环境和低碳管理方式对农业科技示范园区打造休闲农业和旅游观

---

① Kim S W, Park S R, Kim M J. A Study on the Improvement of Rural Life-Long Education in Agricultural Technology & Extension Center [J]. Korean Journal of Agricultural Extension,2003,55(5):46~53.
② Qi-Feng C. Analyses on the Industrialization Agricultural Science and Technology Demonstration Park——A Case Study of Taipusiqi Inner Mongolia[J]. Acta Agriculturae Boreali-Sinica,2005,20(S1):181~185.

光功能的实践影响[1]。Geberaldar(2014年)以苏丹农业园区在国家技术推广体系中的功能发挥为分析对象,讨论农业推广体系的特征、模式、治理结构和技术咨询服务功能,认为发展中国家建设农业园区应重点解决农业推广服务面临的主要问题,疏通推广组织与创新承接对象之间的联系[2]。Ogbu(2015年)以尼日利亚的Enugu State农户为研究对象,从农户接受创新溢出的视角,探讨农业园区对提升农民种植技术的影响及作用,并认为尼日利亚农村地区科技服务和技术推广的能力不足,创新应用的成本过高,农民不愿意采用新的农业创新[3]。Nasibeh & Nader(2017年)则以伊朗农业园区为研究对象,将中小企业的支持、园区与大学和研究中心的关系等因素纳入结构方程模型,分析影响园区生产与商业创新的因素及其作用效果[4]。

二、国内相关研究

国内学者围绕中国农业科技园区创新能力问题展开研究,成果较为丰富,为探究农业科技园区创新发展问题作出了重要的贡献。国内文献主要涉及三个方面的研究内容,分别是"农业科技园区创新能力的评价体系构建与评估"研究、"农业科技园区创新能力影响因素与示范效果分析"研究、"农业科技园区要素集聚与技术扩散的机制与模式"研究。

---

[1] Ouyang H, Huasong U, Liu A, et al. Practice of Developing Low-carbon Leisure Agriculture in Agricultural Sci-tech Experiment and Demonstration Park: A Case Study of Xinglong Tropical Botanical Park[J]. Asian Agricultural Research,2013,(10):43~46.

[2] Geberaldar, S. A. H. Present and Future Agricultural Extension System and International Agricultural Technology Cooperation of Sudan[J]. Journal of Agricultural Extension & Community Development, 2014,21(4):1227~1259.

[3] Ogbu, C. Strategies for Dealing with Low Adoption of Agricultural Innovations: A Case Study of Farmers in Udenu L. G. A. of Enugu State,[J]. Journal of Education & Practice,2015,6(34):7~12.

[4] Nasibeh P, Nader N, Farahnaz R. Factors Affecting Commercialization of Agricultural Innovation in Kermanshah Science and Technology Park[J]. International Journal of Agricultural Management and Development,2017,(5):121~132.

(一)关于能力评价体系的构建与评估研究

当前评价农业科技园区创新能力水平的研究成果特别丰富,也是与本书主旨——园区"创新能力培育"研究关系最为密切的领域之一。该方向的研究内容是,通过实地调研、问卷调查等统计调查手段,选取能够反映农业科技园区创新水平的指标,利用统计方法确定指标权重并构成评价体系,对已完成一个以上建设周期的农业科技园区进行评估与排序,并以此来比较不同农业科技园区的创新能力水平。

从评价指标体系的来源考察,当前研究者使用的评价体系主要有两个来源:一是国家科学技术部历年发布的农业科技园区创新能力评价报告中使用的能力评价体系;二是研究者根据实地调研情况进行分析、自主构建的能力评价体系。国家科学技术部《国家农业科技园区创新能力报告》提供的评价体系,包含"创新支撑""创新水平"和"创新绩效"3个一级指标和82个二级指标①。研究者自主构建的评价体系,指标相对多样化:钟甫宁、孙江明(2007年)运用层次分析法(AHP)进行指标赋权,构建了包含"建设基础效益""内部效益""外部效益"3个一级指标和36个二级指标的科技示范园区运营能力评价体系②。潘启龙、刘合光(2013年)基于SWOT、波特钻石模型,运用层次分析法进行指标赋权,构建了包含"基础建设""扶持政策"等6个一级指标和45个二级指标的现代农业科技园区竞争力评价体系③。刘丽红、李瑾(2015年)采用专家意见法和层次分析法等进行指标赋权,构建了包含"创新水平""创新支撑""创新绩效"3个一级指标和36个二级指标的能力评价模型④。彭竞、孙承志(2017年)分析了层次分析法的不足,利用网

---

① 中国农村技术开发中心.国家农业科技园区创新能力评价报告2015[M].北京:科学技术文献出版社,2016:1~18.

② 钟甫宁,孙江明.农业科技示范园区评价指标体系的设立[J].农业开发与装备,2007,13(1):21~27.

③ 刘丽红,李瑾.我国农业科技园区创新能力评价指标及模型研究[J].江苏农业科学,2015,43(8):451~453.

④ 潘启龙,刘合光.现代农业科技园区竞争力评价指标体系研究[J].地域研究与开发,2013,32(1):5~11.

络分析法(ANP)进行指标赋权,构建了包含"运作管理""文化创新"等6个一级指标和24个二级指标的创新能力评价模型①。周华强等(2018年)从农业科技园区应具备的功能视角,构建了包含"创新引领""创业孵化"和"示范带动"3个一级指标和14个二级指标的评价体系②。夏岩磊(2018年)采用因子分析及得分赋权,构建包含"成果产出""要素投入""信息技术""扩散辐射"4个一级指标和14个二级指标的衡量体系③。谢玲红等(2019年)则从乡村振兴视角,构建了包括3个一级指标、11个二级指标、28个三级指标的绩效评价体系,对农业科技园区在示范和辐射层面的功能发挥作出评估④。

进一步地,在构建评价体系基础上,国内学者以具体的农业科技园区为对象,利用评价体系对这些园区的创新能力水平进行评估,并根据评估结果提出了提升农业科技园区创新发展水平的对策建议。夏岩磊(2017年)依据国家科学技术部农业科技园区创新能力评价体系对安徽6家完成第一个建设周期的国家农业园区创新能力进行水平评估,提出强化"人才引进与培育""创新平台建设与完善""社会资源投入与金融支撑"对促进提升创新能力有重要作用⑤。雷玲、陈悦(2018年)从技术创新、制度创新、环境支撑三个角度构建指标体系,评估了陕西杨凌国家农业科技园区的创新能力,强调人力资本、政策支持和平台建设对园区创新能力提升的重要性⑥。谢玲红、毛世平(2018年)采用主客观组合赋权法构建指标体系,对京津冀地区7个

---

① 彭竞,孙承志.供给侧改革下的农业科技园区创新能力测评研究[J].财经问题研究,2017,(8):86~91.
② 周华强,邹弈星,刘长柱,等.农业科技园区评价指标体系创新研究:功能视角[J].科技进步与对策,2018,(6):140~148.
③ 夏岩磊.基于因子分析的农业科技园区创新能力评价——以安徽省国家园区为例[J].江苏农业科学,2018,(5):303~307.
④ 谢玲红,吕开宇,夏英.乡村振兴视角下农业科技园区绩效评价及提升方向——以106个国家农业科技园区为例[J].中国科技论坛,2019,(9):162~172.
⑤ 夏岩磊,李丹.基于层次分析法的农业科技园区创新能力评价——以安徽为例[J].皖西学院学报,2017(33):54~60.
⑥ 雷玲,陈悦.杨凌农业科技示范园区创新能力评价[J].中国农业资源与区划,2018,39(8):216~222.

国家农业科技园区创新能力进行评价,提出通过加大农业科技企业孵化器培育、增强产业带动能力和强化科技协同创新等措施的力度,以提高农业科技园区创新能力[1]。张新仕等(2019年)利用主成分分析法构建包含"基础条件""推广与产出""效益与带动"等指标的评价体系,对河北省的三河、邯郸和唐山国家农业科技园区促进高新技术产业化的效果作出评估[2]。

(二)关于能力影响因素与示范效果研究

与本书主旨研究关系最为密切的第二个研究方向是关于农业科技园区创新能力影响因素的剖析,与之对应的是,对受各类因素影响下的建设与示范效果的研究。该方向的研究内容是,剖析农业科技园区特有的创新能力决定因素,考察不同园区在创新发展中的经验做法,评估经济效益。

一是关于创新能力影响因素的剖析研究。周立军(2010年)搭建了以知识流动、组织学习和社会资本为要素的创新能力分析框架,提出农业科技园区创新能力的来源是现代知识的创造能力、参与主体的学习能力及维持社会资本顺畅的运行能力[3]。王淑英(2011年)基于知识转移的小世界网络模型,分析了特征关系、知识转移频率等对农业科技园区知识交流的影响[4]。李洪文、黎东升(2013年)提出农业科技园区创新能力由"创新产出""创新转化""创新投入""创新支撑"四项子能力构成[5]。王俊凤、赵悦(2016年)以10个省份66家农业科技园区为对象,分析了"信贷资金""民间融资""风险投资"等金融因素在园区能力建设中的作用,提出合理配置资金、优化

---

① 谢玲红,毛世平.京津冀地区国家农业科技园区创新能力评价及提升策略[J].广东农业科学,2018,45(8):130～138.
② 张新仕,李海山,李敏,等.河北省农业科技园区在高新技术产业化中的作用评价:以三河、唐山、邯郸国家重点监测园区为例[J].甘肃农业科学,2019,(5):145～150.
③ 周立军.现代农业科技园的创新能力来源分析——基于知识、学习和社会资本的综合框架[J].广东农业科学,2010,37(9):271～271.
④ 王淑英.农业科技园区知识转移及促进策略研究——基于加权小世界网络模型的视角[J].河南社会科学,2011,(5):112～116.
⑤ 李洪文,黎东升.农业科技创新能力评价研究——以湖北省为例[J].农业技术经济,2013,(10):114～119.

投资渠道有利于提升园区创新水平①。霍明等(2018年)基于AHP－TOPSIS与障碍度分析模型,认为科技人才缺乏、R&D经费投入、创新发明等成果数量较少等因素制约园区创新能力提升②。常亮、罗见朝(2019年)使用K值聚类和有序Logit模型等统计与计量方法,以115个国家农业科技园区为对象,分析影响园区创新能力的主导因素及发展瓶颈,他们认为加大研发投入力度、营造良好环境和吸引科技人才是促进创新能力水平抬升的关键③。

二是关于创新能力建设效益的分析研究。朱学新、张玉军(2013年)对江苏省的农业科技园在区域经济社会发展中的作用进行分析,提出农业园区的创新发展对融洽社会关系、完善基础设施、促进农民增加收入和市场活跃度、提高劳动利用效率等方面具有正向促进④。郑宝华、王志华、刘晓秋(2014年)也以江苏省的农业科技园区为对象,运用结构方程模型等方法,提出农业科技科技园区"政策环境""金融环境"等因素的完善有利于提升创新能力、提高创新绩效⑤。王俊凤、刘松洁、闫文等(2017年)以黑龙江省34个农业科技园区为对象,评价园区运营效率,提出"运营投入力度"和"投入结构"的合理性是影响农业科技园区运行效率的两个关键因素⑥。雷玲、钟琼林(2018年)以陕西省7个农业科技园区为对象,构建包含5个一级指标和21个二级指标的综合效益评价指标体系,并用模糊综合评价法进行园区

---

① 王俊凤,赵悦.我国农业科技园区金融支持效应的研究[J].金融发展研究,2016,(7):75~79.

② 霍明,周玉玺,柴婧,等.基于AHP－TOPSIS与障碍度模型的国家农业科技园区创新能力评价与制约因素研究——华东地区42家园区的调查数据[J].科技管理研究,2018,(17):54~60.

③ 常亮,罗见朝.农业园区科技创新能力影响因素分析[J].北方园艺,2019,(5):186~193.

④ 朱学新,张玉军.农业科技园区与区域经济社会发展互动研究——以江苏省农业科技园区为例[J].农业经济问题,2013,(9):72~76.

⑤ 郑宝华,王志华,刘晓秋.农业科技园区创新环境对创新绩效影响的实证研究[J].农业技术经济,2014,(12):103~109.

⑥ 王俊凤,刘松洁,闫文,等.基于DEA模型的农业科技园区运营效率评价——以黑龙江省34个省级农业科技园区为例[J].江苏农业科学,2017,(4):262~267.

效益评价①。王莎莎、张贵友(2018年)选取全国40个国家农业科技园区,利用主成分分析,对其综合效益进行评估和排序②。夏岩磊(2018年)利用增长极理论,构建包含极化效应指数、扩散效应指数和综合效应指数在内的多维评价体系,对长三角地区16个国家农业科技园区进行综合效益测度和聚类分析③。夏岩磊(2018年)还根据生产要素性质差异,将农业科技园区投入要素区分为创新要素和传统要素,构建知识与技术进步模型,分析两类要素在农业科技园区产出增长过程中的作用,并估计了东部、西部和中部共106个国家农业科技园区的要素产出贡献率,提出促进园区产出有效增长的措施建议④。钱政成、吴永常、王兆华(2019年)以山东省145家各级农业科技园区为对象,分析了园区发展过程中存在的问题,提出促进园区建设效果提升的建议⑤。

(三)关于能力集聚与扩散的机制与模式研究

农业科技园区创新成果的研发、转化与推广过程,也是以先进技术为核心的创新要素集聚和科技成果扩散的过程,这个过程也是农业科技园区创新能力形成过程和创新能力发挥作用过程的重要衔接。国内学者对该领域研究内容主要关注技术集聚的形成机制和成果推广模式的效率。

一是关于农业科技园区创新要素的集聚机制及实现方式研究。王树进(2003年)较早地对中国农业科技园区技术集聚的机制与形式等问题进行研究,将农业科技园区技术集聚定义为"先进技术向园区集中和聚合的过

---

① 雷玲,钟琼林.陕西省农业科技园区综合效益对比评价[J].西北农林科技大学学报(社会科学版),2018,18(3):147~156.
② 王莎莎,张贵友.基于主成分分析的国家农业科技园区综合效益实证研究[J].中国农学通报,2018,(27):159~164.
③ 夏岩磊.长三角农业科技园区建设成效多维评价[J].经济地理,2018,(4):139~146.
④ 夏岩磊.传统要素、创新要素与农业科技园区经济增长——基于106个园区的实证分析[J].中国农业资源与区划,2018,(11):245~254.
⑤ 钱政成,吴永常,王兆华.山东省农业科技园区发展存在的问题及对策研究[J].山东农业科技,2019,(2):158~163.

程",提及"展销代理"的集聚机制①。杨敬华、蒋和平(2005年)从产业链和价值链的构成模式出发,提出技术集聚和集群创新促进农业企业进行技术创新②。杨敬华、许越先(2007年)进一步从集成创新视角出发,分析了农业科技园区的内外部创新环境(尤其在信息、技术和知识流动的背景下),提出通过打造集群创新平台来促进要素集聚的机制③。赵黎明(2014年)将农业科技园区技术集聚定义为农业技术以农业科技园区为载体进行的集中、示范、辐射和推广过程,是集中与扩散的双向互动④。翟印礼、赵黎明(2016年)将农业科技园区技术集聚的动因与机制归纳为"区位吸引""效益驱动""技术公共物品属性"及"制度与政策激励"⑤。罗广宁等(2019年)基于科技成果转化基础和科技成果转化水平两个层面,分析"十二五"期间广东省16家农业科技园区的科技成果转化现状,提出注重国际合作、技术引进、新品种研发等影响成果转化的因素⑥。

二是关于农业科技园区创新成果的扩散机制及推广模式研究。蒋和平(1995年)结合中国农业发展实际,首次提出了"高新技术改造传统农业"的理论,主张通过技术的创新、传递和转化来提升我国传统农业发展,分析了改造过程的指导思想、技术体系和运行模式,并在2000年以后多次运用该

---

① 王树进.我国农业科技园区需要研究解决的几个问题[J].农业技术经济,2003,(1):45~48.
② 杨敬华,蒋和平.农业科技园区集群创新的链式发展模式研究[J].科学管理研究,2005,23(3):83~86.
③ 杨敬华,许越先.农业科技园区集群创新平台建设的研究[J].中国农业科技导报,2007,9(5):20~23.
④ 赵黎明.农业科技园区技术集聚形成机制与模式研究——以河南省为例[D].沈阳:沈阳农业大学博士学位论文,2014.
⑤ 翟印礼,赵黎明.农业科技园区技术集聚及其形成动因研究[J].农业经济,2016,(3):15~17.
⑥ 罗广宁,孙娟,任志超等."十二五"期间广东农业科技园区科技成果转化现状和对策[J].科技管理研究,2019,(13):101~109.

理论分析农业科技园区技术集聚与扩散、示范推广模式等问题[①]。刘战平(2007年)将农业科技园区定义为准公共物品并区分三种园区类型,分别根据类型特点总结农业技术扩散机制[②]。刘笑明(2008年)从地理学视角,分析农业科技园区技术与创新的时空特性和扩散机制[③]。康艺之、黄修杰、熊瑞权等(2011年)以广东省农业科技园区为例,构建了"技术源头—扩散渠道—技术受体"的技术扩散机制分析框架[④]。杨海蛟、刘源、赵黎明(2012年)以全国36个国家农业科技园区为研究对象,运用修正的不变替代弹性(CES)模型测度产业集聚条件下的园区技术扩散效率[⑤]。杨旭、李竣(2015年)以外部性理论为基础,分析多元化的新型农业经济主体优化农技推广体系的演化逻辑,提出政策体系的优化调整措施[⑥]。李同昇、罗雅丽(2016年)将农业科技园区定义为"技术极",通过考察园区与周边的"位势能"差距,总结农业技术扩散的时间和空间规律,分析农户承载农业科技园区技术扩散的行为机制[⑦]。王昭等(2018年)从园区空间布局的角度,分析农业科技园区的时空演变对要素集聚与技术扩散影响,提出促进对策[⑧]。于正松、李小

---

① 蒋和平.高新技术改造我国传统农业的指导思想[J].科学学与科学技术管理,1995,(12):36~37;蒋和平.高新技术改造我国传统农业的运行机制[J].科技进步与对策,1995,(6):48~50;蒋和平.高新技术改造我国传统农业的研究[J].管理世界,1996,(2):164~172;蒋和平.运用高新技术改造我国传统农业的技术路线选择[J].科学管理研究,1997,(4):34~36;蒋和平.高新技术改造传统农业的经济环境分析[J].经济学家,1997,(4):104~110.

② 刘战平.农业科技园区技术推广机制与模式研究[D].北京:中国农业科学院博士学位论文,2007.

③ 刘笑明.地理学视野中的农业科技园区技术创新扩散研究[J].中国科技论坛,2008,(1):75~78.

④ 康艺之,黄修杰,熊瑞权等.广东农业园区技术扩散与作用机理研究[J].广东农业科学,2011,(7):188~190.

⑤ 杨海蛟,刘源,赵黎明.产业集聚水平下农业科技园区的技术推广效率研究——以36个国家农业科技园区为实证[J].农业科技管理,2012,31(1):85~87.

⑥ 杨旭,李竣.优化农技推广体系的内在经济逻辑分析[J].科学管理研究,2015,(3):88~91.

⑦ 李同昇,罗雅丽.农业科技园区的技术扩散[J].地理研究,2016,35(3):419~430.

⑧ 王昭,谢彦龙,李同昇.国家农业科技园区空间布局及影响因素研究[J].科技进步与对策,2018,(9):23~31.

建、许家伟(2018年)以过程控制论为基础,构建了农户采用农业技术行为的三阶段扩散系统,提出保障农业技术扩散顺畅实现的措施与对策[①]。张跃等(2018年)基于供给侧与需求侧的结构差异,提出科技成果转化的对接机制与实现机制,并从刺激需求与扩大供给两个方面提出改进措施[②]。吴圣等(2019年)基于三产深化融合的视角,以陕西杨凌国家农业高新技术产业示范区建设为例,阐述典型园区在农技扩散层面的经验及启示[③]。关昕、胡志全(2019年)基于科研单位在"一带一路"倡议中如何走出去的视角,论述我国农业科技向国际市场扩散的途径与成效[④]。

三、文献评述

通过梳理与本书研究主题——农业科技园区创新能力形成与发展密切相关的三个方向的研究成果,即"农业科技园区创新能力的评价体系构建与评估""农业科技园区创新能力影响因素与示范效果""农业科技园区要素集聚与技术扩散的机制与模式",可以清晰地作出总结:

一是围绕上述领域和研究方向的成果非常丰富,层次较高,接近国际前沿;二是研究方法新颖多样,引入数理统计和计量经济手段开展相关研究,实证色彩明显;三是结合中国农业科技园区现实运行状况较为紧密,提供了大量的园区实践案例和经验总结。通过对上述研究成果的梳理,为本书研究奠定了坚实的基础。

但是,深入考察上述三个研究方向及其产生的丰硕成果,也存在可弥补的不足,主要体现在以下三个方面:

首先,上述研究成果存在一种共性的研究特征,就是将"农业科技园区

---

① 于正松,李小建,许家伟等.基于"过程控制"的农业技术扩散系统重构研究[J].科学管理研究,2018,(4):65~68.

② 张跃,廖晓东,胡海鹏等.基于供给侧与需求侧视角的科技成果转化机制研究——以广东省科技创新实践为例[J].科学管理研究,2018,(16):30~36.

③ 吴圣,陈学渊,吴永常.农业高新技术产业示范区:背景、内涵、特征和建设经验[J].科学管理研究,2019,(5):114~119.

④ 关昕,胡志全."一带一路"倡议下农业科研单位"走出去"问题研究[J].科学管理研究,2019,(5):120~126.

是否具备创新能力"这个问题的答案假定为"是",从而在这个"已具备创新能力"的框架下,关注园区开展各种活动所产生结果的优劣。显然,园区只要开展工作,必然就会有工作结果,但这种结果却未必是"创新"的结果。如果不具备创新能力,所取得的工作结果可能仅仅是因为"复制"了其他园区的做法,并且这种复制的做法恰好在本地园区也有同样效果。一旦这种复制不能适应本地域独有的特征和环境,则这些无创新性的"复制"就没有效果可言,更不能促进园区良性发展。换言之,不具备真实创新能力的园区确实能够通过"复制"或"模仿"其他园区的做法取得一定工作效果,但这些效果不具备长久的生命力,对园区的长足发展没有意义。反之,如果园区具备真实的创新能力,能够在深入了解本地域、本园区自身特征和优势的基础上开展各项工作和活动,就能够因地制宜、取长补短,保障园区在不同的经济发展阶段都能够完成时代赋予的任务和目标。农业科技园区创新能力形成的基本过程如图1.1所示。

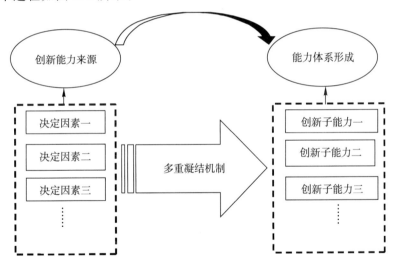

图 1.1　农业科技园区创新能力体系形成的基本过程

随之而来的疑问是:"什么是农业科技园区的创新能力?""创新能力的来源是什么?""怎样形成创新能力?"等问题。回答上述问题的过程,就是为农业科技园区创新建设与高质量发展提供方法论的过程;解决上述问题的关键,就是突破现有研究的"既定框架",厘清农业科技园区创新能力的本质来源,理顺形成创新能力的多重凝结机制。

其次,如果将农业科技园区视为一个能够发挥正外部效应功能的创新增长极,那么,打造这种以农业科技园区为核心、带动周边发展的区域农业经济"局部峰值"的过程。也是锤炼农业科技园区不断形成创新能力、强化辐射力的过程。同时,农业科技园区创新能力培育的"程度"必然内在地决定这种区域创新功效的"峰度"。基于此,若将农业科技园区不断打造创新能力的过程视为一个动态的功能性系统,则其运行发展的逻辑轨迹,应蕴含"创新能力形成—科技成果试验与产出—成果应用与扩散推广—创新发展目标实现"的本质性过程。进一步将上述过程分解,农业科技园区从建设初始到稳态成熟的功能性系统演化轨迹可以分成三个阶段:溯源筑基阶段(寻求创新能力源泉、促进创新能力形成)、试产示范阶段(创新成果研发成功、经验推广示范)和进阶引领阶段(园区功能高效发挥、奋进高层次发展目标),如图1.2所示。

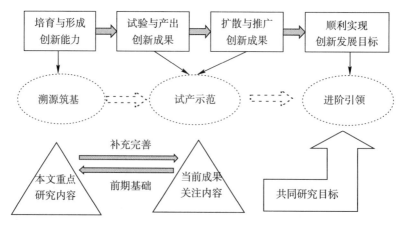

图1.2 农业科技园区功能性系统演化轨迹

"溯源筑基"是最基础也最重要的阶段,直接关系后续两个阶段在时空上的继起和延续,决定园区创新建设的水平和质量。从这个视角出发,农业科技园区应首先形成"创新能力",然后再发挥功能、获得效果;至于能否提高资源集聚和扩散效率、能否达成带动引领的目标,均为"创新能力"形成以后产生的结果,受到第一阶段中形成的"创新能力"高低决定,因此"溯源筑基"为"因","试产示范"和"进阶引领"为"果",三者关系不可混淆。

当前研究成果中业已发现和总结的园区创新建设过程中存在的共性问题,如"运行模式趋于同质引致的发展动力不足""技术扩散与推广模式单一引致的带动辐射能力不足""科技成果研发与转化效率低下引致的创新效率不足"等,均可以归结为"农业科技园区创新引领能力不足或缺失"问题,深入剖析第一阶段的形成与演化过程,是决定园区具备创新引领示范意义、探索现代农业发展新机制以及完成国家赋予的建设目标的关键问题。

再次,农业科技园区所要具备的"创新能力",应是能够适应国家在不同发展阶段对农业经济发展提出的多元化需求,并以与多元化需求相配合的多元化建设目标为导向,包含多种创新子能力且与多元化建设目标形成"对应关系"的功能体系。这种功能体系既不能简单地采用"创新支撑""创新条件"等模糊的概念作为构成要素,也不能大而化之地使用"制度创新""融资创新""企业文化创新""人才政策创新"等无边界的"创新"作为构成要素,必须紧紧抓住现阶段国家赋予农业科技园区的任务和目标,有的放矢地构建园区创新能力体系,明晰各项子能力的内涵,剖析子能力形成的动力机制,实施各类有利于机制顺畅运行的措施与政策。农业科技园区创新能力体系与建设目标体系之间的关系,如图1.3所示。

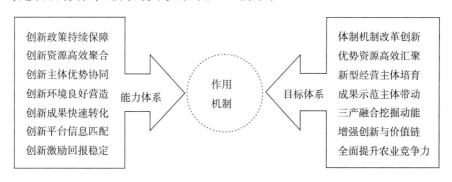

图1.3 创新能力体系与建设目标体系的对应关系

当前研究成果正是因为将农业科技园区"创新能力"的形成过程和构成要素的分析过程视为一个"黑箱",类似于早期新古典经济学的生产理论将企业视为一个"黑箱",从而忽略了对"创新能力"来源问题和维持创新产出动力问题的剖析,仅仅关注对园区工作绩效的评估(诸如年均产生多少专利、多少新品种、带动多少就业等)。因此,对应农业科技园区应实现的建设目标,园区应基于自身现实强化优势、补足短板,构建创新能力体系。

基于对农业科技园区"创新能力"内涵的重新界定与分析,当前研究成果在上述三个方面存在不足,可能引发的研究误解表现为:

第一,将"创新"视为既定研究框架,模糊了"创新行为"和"创新能力"的概念边界,从而将本应是"形成创新能力—开展创新行为—获得创新结果"的过程,误解为"开展创新活动—获得创新成效"的过程,不能认清农业科技园区能够进行创新活动的源泉和动因是因为具备了"创新能力";第二,掩盖了"创新能力"对农业科技园区从事创新行为的重要作用,从而不能认清园区创新行为的结果取决于前期"创新能力"能否得到较好的培育,也就无法解释为什么不同园区后期建设效果存在差别以及产生差别的根源是什么;第三,缺乏对农业科技园区"创新能力"形成机理的分析,从而不能认清这种能力是怎么产生的、应该如何去培育,也就无法为园区在适应"乡村振兴战略""创新驱动战略"等重大部署要求以及面对复杂经济条件时抽离出本质,抓住主要矛盾和矛盾的主要方面,从而提出对策措施与发展建议。

综上所述,本书在重塑农业科技园区创新能力内涵与构成的基础上,深化对创新能力形成机理的分析,构建以园区发展目标为导向的创新能力逻辑体系,提出培育园区创新能力的可行模式,为政府和园区未来实现高质量发展提供理论参考和决策依据。

本章梳理了有关农业科技园区创新能力培育和建设发展的基础理论,重点阐述了企业创新能力理论、复杂系统论、创新网络理论、增长极理论和产业集群理论等思想对园区创新能力的内涵、体系的构成及影响因素的梳理等方面提供的理论指导,为园区及其企业通过集聚、合作及主体协同、优势互补等微观和宏观的创新能力形成机制提供分析框架。进一步针对国内学者近年围绕本书研究主题展开的三个方向,即"农业科技园区创新能力的评价体系构建与评估""农业科技园区创新能力影响因素与示范效果分析""农业科技园区要素集聚与技术扩散的机制与模式"等研究成果进行评述,一方面总结和梳理现有文献成果;另一方面剖析当前研究尚待完善之处。

第二章
农业科技园区创新能力建设现状的统计评价与问题分析

农业科技园区创新能力的形成,是保障园区实现"科技创新""示范引领"等基本功能的关键一环。依托政策扶持、资金投入、研发技术与集聚高新产业等方式与手段,园区迅速成为所在地域农业经济结构优化调整及农业产业高精尖发展的增长极,尤其在成果研发与示范、高新技术推广与应用等领域取得重要成就。但是,20年来的发展过程也暴露了较多弊端和问题,之所以存在弊端与问题,是因为农业科技园区在创新能力建设中仍有较大不足。本章将对20年来中国农业科技园区的建设发展过程加以定量描述和统计评价,通过评价发现问题,为后文进行的机制分析提供事实依据。

第一节 农业科技园区创新能力建设的现实描述

考察当前国家农业科技园区创新能力状况,总结不同时代背景下的阶段性发展特征,有助于依托实践厘清并寻求发展规律,发现亟须解决的共性问题与制约因素,为后文挖掘创新能力形成机制提供理论分析的基础。

一、农业科技园区创新能力建设的历程与特征

自从 2001 年国家科学技术部联合国家农业部(现为国家农业农村部)、中国科学院等六部门牵头启动第一批 21 个国家农业科技园区建设试点工作开始,截至 2020 年已分 8 个批次共批准立项 278 个国家农业科技园区开展创新建设。目前,国家农业科技园区已经形成了政府主导型、科研单位主导型和企业主导型三类发展模式,逐步发展成为农业科技成果应用转化的前沿阵地、创新扩散的动力之源、三产融合发展的链接器、小农户与现代农业对接的大平台。农业科技园区创新能力的形成,需要经过从无到有、从弱到强的过程,因此有必要对我国国家农业科技园区过去 20 年来建设发展的历程进行梳理,清晰地阐明不同发展阶段中围绕科技创新、产业发展并面向农业现代化目标要求进行的阶段性特征。图 2.1 描述了 20 年来国家农业科技园区数量扩展的过程。

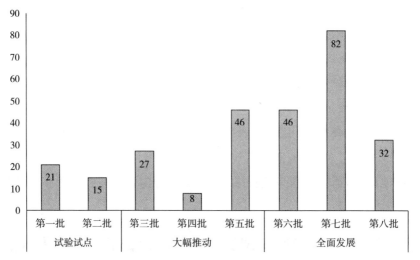

图 2.1 中国农业科技园区三阶段发展的历史进程

(一)发展脉络呈现"试验试点—大幅推动—全面发展"的三阶段特征

第一阶段是 2001 年至 2005 年的建设试点阶段,以 20 世纪 90 年代已经出现的新型农业科技转化与发展模式为基础,根据 2000 年中央农村工作会议的指示精神,在 2001 年和 2002 分别按照两个批次认定了 36 个国家农

业科技园区进行创新试验,2003年又将江西井冈山和辽宁沈阳(辉山)两个农业科技园区纳入试点。该阶段面临着我国加入世界贸易组织、农业经济发展迈入产业结构调整的重要发展时期,对外开放的宏观环境迫切要求农业发展要适应时代要求。

第二阶段是2006年至2013年的大幅推动阶段,第三批、第四批和第五批三个批次认定了81个国家农业科技园区(实际认定了80个。其中,深圳宝安国家农业科技园区在第二批次已进行认定)。这一时期的农业科技园区认定与立项建设的数量迅速增加,从前两批次的38家一跃达到118家,同时认定了"杨凌国家现代农业高新技术示范区"和"黄河三角洲国家农业科技现代示范区",为国家农业科技园区未来"进阶"成为高新技术示范区展开试点与谋划。本阶段以高新技术企业引进数量扩张为特点,完善创新发展体系力度不断加大,初步形成了以科研院所为主导、农业科技企业为主导和政府为主导三类园区建设模式,为我国农业科技园区适应全球化经济发展注入了强劲的科技元素、夯实了重要基础。

第三阶段是2014年至当前的全面发展阶段,按照第六批、第七批和第八批三个批次认定了160个国家农业科技园区,全国范围内各省、自治区、直辖市获批认定建设的国家园区总数达到278家。进一步完善了农业科技创新体系,形成多元化投资主体和参与主体的现代农业科技园区创新发展格局;农业科技园区间合作关系网络初步结成,产业内分工日趋细化与三产融合日趋紧密并行发展;创新人才、先进技术、社会资本与现代信息手段等具备创新性质的要素涌入,不断提升农业科技园区创新水平,并瞄准现代农业的高端产品和国际前沿产业发力,带动农业科技创新创业,有效实现农业科技园区各项经济与社会功能。

(二)地理分布呈现"宏观大体均衡、微观差异显著"的结构性特征

从宏观的东、中、西部地区园区分布数量及具体到每个地区内部省份园区分布数量来考察,国家农业科技园区的地理分布特点是"宏观大体均衡、微观差异显著"两者并存。

1.根据《国家重点园区创新监测报告》和《国家农业科技园区创新能力评

价报告》对中国东部、中部和西部三大区域的划分,现已批准建设的278家国家农业园区中,东部地区101家、中部地区85家、西部地区92家,总体数量相对平衡。从拥有农业科技园区数量的年平均增长速度来考察,西部地区增速最快,从2001年第一批次中仅认定的5家,增长到当前8个批次共92家,年平均增速达到97%;东部地区虽然获批园区数量的总量最多,但年均增速在三大区域中相对最低,仅为45%;中部地区年均增速居中,为88%。三大区域国家农业科技园区总数量及年均增速情况,如图2.2所示。

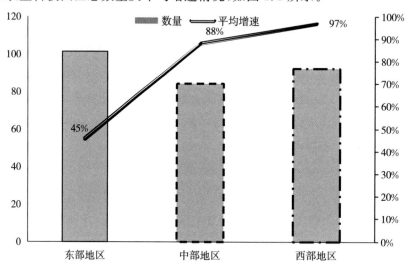

图2.2 国家农业科技园区地域分布与增速(截至2020年)

2.从全国各省、自治区和直辖市获批认定的国家农业科技园区数量来看,现已批准建设的278家国家农业科技园区中,累积数量最多的省份是山东省,共有包括寿光国家农业科技园区等在内的20个国家农业科技园区;其次是新疆维吾尔自治区,获批建设了17个国家农业科技园区;排在第三位的省份是安徽省,共有包括宿州国家农业科技园区在内的16个国家园区。图2.3给出了截至2020年我国各省、自治区和直辖市获批国家农业科技园区的数量排序。

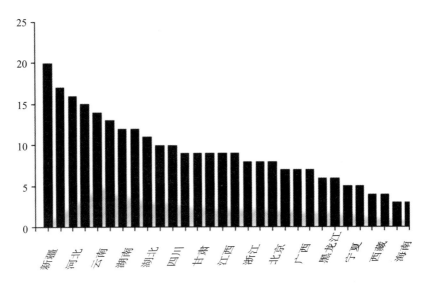

图2.3 各省、自治区、直辖市、获批的国家农业科技园区数量对比(截至2020年)

(三)园区功能与目标呈现由"经济功能向社会功能""单一目标向多元目标"转化过渡的时代特征

国家农业科技园区在建设之初,主要肩负的任务和目标是推动我国农业经济发展,发挥其在农业经济领域的重要功能。国家科学技术部在2001年首次明确提出"农业科技园区"的概念,并对国家农业科技园区的基本特征和发展目标进行规划。根据2001年国家科学技术部发布的《农业科技园区指南》,"农业科技园区是一种现代农业发展的有效模式",通过技术密集等手段,探索体制机制创新,开展科技开发、示范、辐射和推广,最终促进区域农业结构优化调整和产业升级。因此,"结构优化和产业升级"是农业科技园区建设之初的主要功能和单一目标。伴随我国政府对农业发展阶段性的认知变化,农业经济发展的目标随之发生阶段性调整,引致国家农业科技园区应发挥的功能和应肩负的目标任务发生了变化。

一是2007年国家科学技术部结合"推进社会主义新农村建设"的时代背景和《国家"十一五"科学技术发展规划》的任务要求,在"推动农业结构调整"的基础上,将"增加农民收入"和"增强农业国际竞争力"写入农业科技园区"十一五"发展规划的总目标,强调"十一五"期间要提高农业科技园区科技资源积聚能力、自主创新能力、服务引领能力、集成带动能力和创新服务能力[①]。

二是2011年国家科学技术部结合工业化、城镇化和农业现代化"三化同步"的时代背景和《国家中长期科学和技术发展规划纲要（2006—2020年）》的任务要求，进一步将"促进现代农业"和"统筹城乡发展"作为农业科技园区的重要功能写入农业科技园区"十二五"发展规划的总目标，强调"十二五"期间推进农业科技园区产业技术集成创新能力建设、提高成果转化能力、搭建公共服务平台、鼓励科技特派员农村创业和加快信息化建设进程[②]。

三是2018年国家科学技术部在创新驱动发展战略、科技体制改革和推进农业农村现代化的时代背景下，为落实"乡村振兴战略"、《"十三五"国家科技创新规划》和《"十三五"农业农村科技创新规划》的相关要求，将"打造科技先发优势""提高农产品供给质量和效率""服务精准脱贫攻坚战"作为农业科技园区在中长期应承担的任务写入2018—2025年国家农业科技园区发展规划[③]。

从建设之初主要肩负的经济职能和单一的经济目标，到当前包括深化农业供给侧结构性改革、支撑乡村振兴，以及服务脱贫攻坚等经济、社会职能和多元化建设目标，国家农业科技园区建设历程高度体现了我国经济发展不同阶段的时代特征。

二、农业科技园区创新能力建设的基本成效

经过"试验试点—大幅推动—全面发展"三个历史阶段，全国278家国

---

① 中华人民共和国科学技术部.关于印发十一五国家农业科技园区发展纲要的通知（国科发农字〔2007〕284号）[EB/OL]. http://www.most.gov.cn/kjgh/kjfzgh/200708/t20070824_52696.htm

② 中华人民共和国科学技术部.关于印发十二五国家农业科技园区发展规划的通知（国科发农〔2011〕268号）[EB/OL]. www.qhkj.gov.cn

③ 中华人民共和国科学技术部.科技部 农业部 水利部 国家林业局 中国科学院 中国农业银行关于印发《国家农业科技园区发展规划（2018—2025年）》的通知（国科发农〔2018〕30号）[EB/OL]. http://www.most.gov.cn/fggw/zfwj/zfwj2018/201802/t20180227_138265.htm

家农业科技园区已经形成了省份整体覆盖、产业特色明显、技术集聚与扩散模式有效、示范与引领效果凸显的农业科技园区建设体系,初步塑造出以各级政府为主导(政府主导型国家农业科技园区约占全国园区总量的87.0%)、企业与科研单位为辅助(农业科技企业主导型和高校科研院所主导型的国家农业科技园区分别约占全国园区总量的9.7%和3.3%)的园区发展格局。从全国总体层面考察,国家农业科技园区在推动农业科技体制机制改革创新、保障国家粮食安全、增强农业科技成果研发应用与转移转化、带动农业科技创新和农户创业增收、促进农业经济结构调整和产业升级等方面取得了较为显著的成绩,创新产出效果突出。

(一)探索农业科技体制机制改革创新,促进形成长效发展的独特路径

国家农业科技园区是探索乡村产业振兴的试验载体,也是构建符合农业现代化要求的农业科技体系中的领头羊。为了更好地发挥其在传统农业与现代农业衔接的桥梁作用,各地政府在农业科技园区建设过程中均高度重视职能转变、理顺政府与市场关系,在政策支持、信息共享、金融服务及产业规划等层面加大扶持力度,保障其成为探索现代农业前沿发展方向和体制机制改革创新的高层次平台,激发国家农业科技园区内生发展驱动力,找到适合自身发展的合理路径。

一是创新管理模式,处理好政府与市场的关系,带动区域农业发展。如江苏省11家国家农业科技园区,构建政府主导下的"管委会+管理投资公司"管理模式,以"园镇一体""市县联动"等形式带动国家农业科技园区所在乡镇的农业发展与环境建设,集聚60家农业高新技术企业,实现主营业务收入167亿余元;福建省积极探索"科特派+双创""互联网+科特派"等新型科技服务选派模式,在全国首次跨界别、跨区域选拔科技创新人才,发挥国家农业科技园区在集成创新、产业示范等领域的巨大优势,全力打造"科特派+龙头企业+农户""科特派+农业合作社+农户""科特派+金融+流通"等运作平台。

二是产业融合模式创新,促进农村产业兴旺,带动农户就业创业。如贵州湄潭、黔东南等国家农业科技园区,深化"政产学研用"与三产紧密融合,采用"双创载体""物联网中心""繁育基地""农产品加工与交易中心"等多种形式推动产业链延伸及农产品附加值提升,获批"一二三产业融合发展"示范点和"三变"改革示范点,并通过置换土地上市等政策试点破解园区土地使用制约,在山地高效开发、扶贫攻坚等方面发挥良好示范作用;安徽滁州国家农业科技园区,借助于江淮分水岭特殊的江淮丘陵地理结构,构筑"四园一带一中心",将涉及农业生产、加工、服务等三次产业的生态保育、农业生产、农产品加工、设施园艺及涉农服务等领域纳入园区建设与发展规划,同时依托高校院所成立"江淮分水岭综合试验站",充分促进一、二、三产业深度融合。

三是金融服务创新,积极完善各类政策,打通金融、社会资本等多元化投融资渠道,大力引导科技人才、信息技术、社会资金等创新要素不断向国家农业科技园区集聚,促进协同创新。如四川省2019年实施"111"发展计划,重点攻关国家农业科技园区提质增效及长效发展问题,通过集聚现代创新要素培育具有浓郁四川优势特色的农业产业,以提升自然资源利用率、土地利用率、劳动生产率等为抓手,将农业科技园区打造成为集高端化、集聚化、融合化和绿色化"四化同步"发展的示范区。

(二)合理规划宏观区域布局,力保粮食增产增收和质量安全

粮食安全是国民经济发展的基础,更是关乎国计民生、改革深化与社会稳定的重中之重,保障国家粮食安全是我国农业发展的首要任务。国家农业科技园区已逐步成为国家粮食安全的重要保障基地,探索并形成了具备推广和应用价值的系列经验与做法。

一是合理规划区域布局,保证粮食主产区和主产省份均有国家农业科技园区建设试点。随着第八批次国家农业科技园区立项公布,我国已在13个粮食主产省份设立146个国家农业科技园区,重点开展粮食作物育种、丰产创收技术研发等技术性创新探索,以及土地流转、生产托管等社会化服务模式、"三变"改革拓宽农户收入渠道等体制机制创新探索,保障粮食产量,增加生产效益。表2.1是全国13个粮食主产省份批准设立的国家农业科技园区数量及所在地。

表2.1 国家农业科技园区在全国粮食主产区的数量及分布

序号	省份	园区数量	园区名称或所在地
1	黑龙江	6	哈尔滨、建三江、黑河、大庆、佳木斯、绥化
2	吉林	6	公主岭、松原、延边、通化、白山、辽源
3	辽宁	9	阜新、金州、海城、旅顺、铁岭、锦州、朝阳、台安、辉山
4	内蒙古	8	赤峰、和林格尔、乌兰察布、锡林郭勒盟、古巴彦淖尔、通辽、鄂尔多斯、包头
5	山东	20	寿光、青岛、滨州、东营、烟台、济宁、泰安、临沂、德州、威海、菏泽、济南、枣庄、潍坊、聊城、栖霞、邹城、滨城、莒南、莱芜
6	河北	15	三河、唐山、邯郸、藁城、定州、沧州、大厂、固安、涿州、滦平、丰宁、白洋淀、辛集、威县、衡水
7	河南	14	许昌、南阳、濮阳、鹤壁、郑州、新乡、兰考、商丘、漯河、焦作、安阳、周口、驻马店、信阳
8	江苏	12	常熟、南京、盐城、淮安、徐州、泰州、南通、无锡、连云港、镇江、扬州、宿迁
9	安徽	16	宿州、芜湖、铜陵、合肥、蚌埠、安庆、阜阳、马鞍山、滁州、池州、淮北、亳州、淮南、六安、宣城、小岗
10	江西	9	南昌、新余、上饶、丰城、赣州、萍乡、宜春、九江、井冈山
11	湖南	12	望城、永州、衡阳、岳阳、湘潭、怀化、湘西、常德、宁乡、郴州、邵阳、张家界
12	湖北	10	武汉、仙桃、荆州、潜江、荆门、十堰、宜昌、黄石、襄阳、孝感
13	四川	9	乐山、雅安、宜宾、内江、南充、巴中、绵阳、遂宁、德阳

注：根据《国家农业科技园区创新能力评价报告2016—2017》整理所得。

二是依托国家重大农业科技攻关项目，加大开展粮食作物育种与创新技术研发力度，实现增产增效和质量安全。第一，2004年以来，通过实施国家粮食丰产科技工程项目，围绕东北、华北和长江中下游三大粮食主产区，国家农业科技园区以水稻、玉米和小麦三大主粮的增产增效为重点攻关目标，逐步形成了百余套区域特色明显、主体优势强劲的三大粮食作物高产、高效、优质的栽培技术体系，提出并完善了以地域特点为基础的粮食作物产量性能优化技术理论，解决了具备节水省肥、精准栽培等特点的关键技术，进一步强化了农业科技在粮食丰产过程中的集成创新作用[①]。第二,2013年以来,通过实施"渤海粮仓科技示范工程"项目,围绕河北、山东、辽宁三省份和天津市,国家农业科技园区以解决该地区水资源贫乏、土地盐碱含量高等制约粮食产量因素和促进粮食增产增收为重点攻关目标,针对环渤海地域4000万亩中低产田、1000万亩盐碱荒地进行科技攻关和土地改良,共培育出有效针对该地区自然环境和土壤条件的抗旱耐盐新品种,提出了环渤海粮食增产技术模式与盐碱地快速改良技术体系[②]。第三,2014年以来,通过实施"国家良种重大联合科技攻关项目",围绕水稻、小麦、玉米、大豆四种作物,国家农业科技园区在种业人才发展和科研成果权益改革、种业科技创新及体制机制创新、优异种质资源保护利用与育种新材料等多领域开展重点攻关和试验试点,初步总结并形成可推广的良种攻关新模式、新机制和新经验,为实现"藏粮于地、藏粮于技"提供重要的科技支撑[③]。

(三)促进农业科技成果研发与转化,增强科技示范效果

国家农业科技园区的两大基础功能是"科技创新"和"示范推广",创业就业、脱贫增收等其他社会功能的发挥均建立在两大基础功能有效发挥的前提下。经过20年的创新发展与建设提升,国家农业科技园区在有力推动科技创新、增强示范推广效果等层面摸索出了可供选择的经验与模式。

1.高度注重多元化创新主体参与的合作平台。国家农业科技园区积极构建包括政府、农业技术企业、高校与科研院所、科技服务中介机构等多元化主体共同参与的产学研合作平台、高新技术研发中心、电子商务平台、农业科技孵化器或"众创空间"等合作创新与创业平台,吸引科技人才在农业经济领域创新创业、鼓励各级各类农业科技特派员创办科技型企业、推动农

---

① 中华人民共和国科学技术部.国家粮食丰产科技工程成果丰硕[EB/OL]. http://www.most.gov.cn/kjbgz/201208/t20120802_96021.htm

② 中华人民共和国中央人民政府."渤海粮仓科技示范工程"5年推动区域增粮209.5亿斤[EB/OL].http://www.gov.cn/xinwen/2018-07/02/content_5302762.htm

③ 中华人民共和国农业农村部.加快构建现代种业科技创新和产业发展体系[EB/OL].http://www.moa.gov.cn/xw/zwdt/201901/t20190125_6170709.htm

村电商和农产品线上线下销售服务平台建设,不断加速农业科技成果研发、转化与应用推广。以 2018 年通过验收的 106 家国家农业科技园区合作平台建设为例,当年引进新技术、新设备等 2451 项,比上年增长 15.64%;当年建设电子商务平台 736 个,比上年增长接近 3 倍;当年建设各类研发中心与合作研发平台 1807 个,比上年增长 29.81%,同时健全了以农业专家大院、"星创天地"、农业科技服务超市等为代表的新型农业科技社会化服务体系。

2. 高度注重农业科技成果引进、研发与推广。国家农业科技园区的核心目标之一是探索可复制、可示范的科技成果转移转化与应用推广模式,提高农业科技成果的产出效率,提升农业经济发展的科技含量和附加值,达到产业链和价值链的"双链"延伸。以当前建成的 246 家国家农业科技园区为例,在"核心—辐射—示范"三级园区建设体系方面,已建成的核心区面积达到 579 万亩,示范与辐射范围扩展到 2 亿亩;重点引进的农业高新技术龙头企业达到 1555 家,占园区全部培育的农业企业数量约为 20%;累计引进新品种、新技术达到 4.1 万项,研发并推广的新品种、新技术达到 3.66 万项;取得发明专利、植物新品种审定等各类知识产权超过 4000 项。

(四)优化农业产业结构,带动农户创业就业与收入提升

国家农业科技园区的设立,具有明显的强制性制度变迁的色彩,从而在推动农业产业结构优化调整、加快农业产业转型升级过程中发挥着重要的功能与作用。现代农业的发展要求,促使我国农业发展面临迫切的转型与升级压力,只有以创新为驱动力,进一步加快引入现代产业组织模式与生产方式,才能适应国内和国际双重经济环境对我国农业发展的要求。国家农业科技园区在促使农业生产理念由"生产导向"向"消费导向"、农业生产方式由"资源依赖到环境破坏"向"科技先行到内涵提升"等两个重大转变方面,成为农业结构调整优化和农业产业转型升级的重要推进载体。因地制宜、挖掘优势是当前国家农业科技园区秉持的主要发展理念,地域分布不同的园区在依托自身传统产业优势和产品优势的同时,加速培育电商物流、农业科技服务等第三产业,逐步推动三产融合发展成为各个国家农业科技园区的发展方向。图 2.4 给出了 2018 年农业科技园区产业结构优化程度前

15名的排序结果。其中,产业结构优化测度指标的内涵是第二和第三产业产值占三次产业总产值比重。

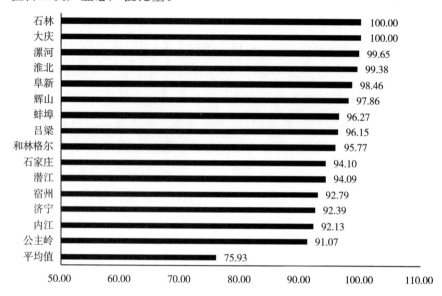

图 2.4 国家农业科技园区三产融合指标测度前 15 位的排序结果(2018 年)

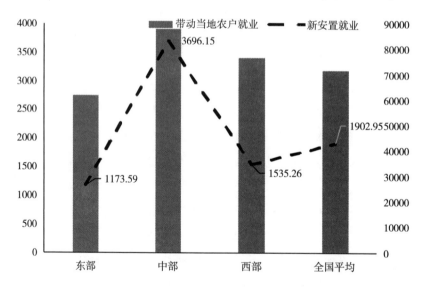

图 2.5 三大区域国家农业科技园区安置就业与带动农户情况对比(2018 年)

同时,国家农业科技园区肩负着对职业农民及新型农业经营主体进行培育的使命,以及带动园区所在地农户就业、科技人才创业及周边产业发展的重要任务。仍以2018年接受国家科技部园区创新发展评价的157家国家农业科技园区为例,东部、中部、西部三大地理区域新安置就业人数与带动当地农户就业人数情况如图2.5所示。

从统计结果可以看出,中部地区在安置就业人数与带动当地农户就业效果两个方面,均比东部和西部地区显著。从157家国家农业科技园区开展农业技术培训指标来看,全年共培训农民达到374万人次,实现全员劳动生产率14.25万元/人,比全国平均水平高出60.1%;其他各项创新指标中,国家农业科技园区总体表现均明显高于全国平均水平[①]。

三、农业科技园区创新能力建设的运行机制

创新能力形成过程的剖析,必须建立在对农业科技园区建设运行机制、技术集聚与扩散模式、功能目标实现路径等分析的基础上。农业科技园区创新能力的形成过程蕴含在园区运行过程中,不同类型园区的运行机制与建设模式存在差异,这些差异也将通过机制效应传导成为影响创新能力差异的因素。本书将按照政府主导型、企业主导型和科研单位主导型三类园区主导模式,分析和比较当前国家农业科技园区在创新能力培育过程中运行机制的特征与差异。

(一)政府主导型园区的运行机制

政府主导型农业科技园区占据国家农业科技园区的主体地位,占据园区总量的87%。该类型园区的资金投入、产业选择、基建和信息化建设、发展规划与政策制定等均由政府主导实施;园区建设目标是促进宏观层面的农业产业结构调整、促进传统农业向现代农业转型,通过体制机制改革创新将小农户与现代农业进行有效衔接,实现农民增收、精准扶贫等经济和社会综合目标。由于政府主导及目标定位,该类园区不以经济效益为唯一目的,更多侧重于通过产业政策盘活创新要素,实现具有公益性质的社会公共目

---

① 中国农村技术开发中心.国家农业科技园区创新能力评价报告2016—2017[M].北京:科学技术文献出版社,2018:80~83.

标,其运行机制如图 2.6 所示。

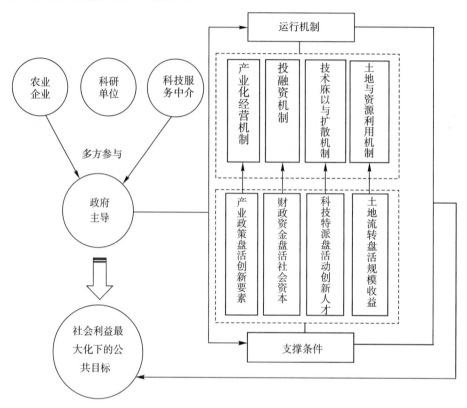

图 2.6　政府主导型国家农业科技园区运行机制与发展目标

1.产业化经营机制依托政府产业政策调控的特征明显。政府主导型国家农业科技园区在组织管理模式、产业发展规划、投资项目选择、经济和社会资源供给等方面均具有明显的产业政策依托特征。在组织管理方面,农业科技园区管委会下设财政、金融、法律、环保等二级机构,承担政府与园区内多元化参与主体的协调运作,贯彻政府为园区制定的计划目标和功能定位,实现政府对园区产业发展的战略意图。在主导产业发展方面,农业科技园区根据政府意图制定发展规划,政府科技主管部门承担监督、激励、考核等责任,对主导产业发展过程进行任务分解和指标量化,推动园区每个发展阶段达到产业政策目标。在投资项目选择方面,农业科技园区更注重项目实施后能否高效发挥示范带动作用,能否实现社会公共目标,而不是只追求经济利益最大化。在调动经济社会各类资源方面,政府主导型农业科技园区优势明显,为服务社会效益最大化目标进行资源配置、要素整合,盘活人才、资本、技术等创新要素向园区汇聚集中。

2.投融资机制发挥财政资金引导效应的特征明显。基础设施建设完善、信息化水平程度较高、村庄生态环境优良等因素对社会资本进入农业科技园区投资具有较强的吸引力。政府主导型国家农业科技园区依托产业扶持政策,通过财政资金、帮扶项目、科技攻关项目等投入渠道和"政府引导、企业运作、社会参与"的运行模式,发挥财政资金引导效应,增强吸引社会资本的能力。首先是对园区道路交通、水电设施等基础条件进行改造或完善。在园区自身区位特征的基础上,进一步打造轨道交通、物流运输等区位优势,吸引社会资本进入园区投资产业发展。2018年157家国家农业科技园区累积吸引投资550余亿元,其中社会资本占比约为82%。其次是对园区信息化建设进行推动和扶持。运用互联网、大数据和智能信息等技术搭建电子商务平台,拓展农产品销售渠道,同时加强信息资源共享机制建设,建立科技成果数据、专利信息、新产品研发等系统数据库,为社会投资搭建公共信息服务平台,稳定社会投资回报。2018年157家国家农业科技园区共搭建信息技术平台1330个,信息化总投资已达5.51亿元[①]。再次是加大力度改善园区所在村庄的人居环境和村容村貌,通过财政资金保护"绿水青山",通过"绿水青山"吸引多元化资金投入打造"金山银山"。园区配合村庄开展农村环境整治"三大革命"、改善村容村貌,为社会投资主体和科技人才营造生态宜居的投资环境和生活环境。

3.技术扩散机制强调科技特派人才链条的特征明显。创新要素集聚与先进技术扩散是国家农业科技园区发挥主体带动功能的重要途径。创新要素的核心要素是农业科技创新人才,通过人才汇聚可以盘活其他创新要素;先进技术扩散的有效方式更是在农业科技创新人才的交流、合作及研发基础上对技术承接方进行知识传播与技术培训。因此,政府主导型国家农业科技园区大都建立起完善的"科技特派员"制度,通过吸引"科技特派员"或

① 中国农村技术开发中心.国家农业科技园区创新能力评价报告2016—2017[M].北京:科学技术文献出版社,2018:80～83.

"科技特派团队"进入园区创办科技型企业或农业科技服务型组织,强力推动农业科技成果研发和落地转化,带动土地要素产出率、农民劳动生产率及社会资本投资回报率的"三率"提升。从东部、中部和西部园区传统的农业发展特点来看,东部地区的国家农业科技园区资金基础雄厚、工业体系成熟健全,园区一二产业融合紧密,注重吸引个人"科技特派员"主导科技创新;中部和西部地区的国家农业科技园区基础设施条件与东部园区相比相对薄弱,依靠政府财政资金项目支持较多,更需要科研团队等集体力量进行承载,因此注重法人"科技特派员""科技特派团队"等形式的科技研发与推广力量的引入。

4.土地与资源利用机制改革"借力"制度创新的特征明显。土地是农业经济活动赖以持续的重要生产要素,也是当前制约我国农业经济发展的主要因素。国家农业科技园区的重要功能之一,是探索包括土地经营制度改革在内的各项农业领域体制机制改革创新。通过依附农村"三变"改革、集体产权制度改革、土地流转及社会化服务等一系列改革措施,政府主导型国家农业科技园区在提升土地产出率、劳动生产率、土地经营规模收益及焕发农村集体经济活力层面取得显著进展,2018年157家国家农业科技园区平均土地产出率达到9.49万元/公顷,同比增长34.42%;平均劳动生产率达到13.27万元/每人,同比增长1%[①]。蕴含其中的基本特征是通过政府主导推动大规模土地流转,引进社会投资主体进入园区进行企业化运营,吸纳当地土地流转农户劳动力成为企业工人,提供就业岗位和脱贫途径;土地流转农户通过流转土地、进企业务工及合作社参股等形式获得土地租金、工资和股利分红等多种形式收入,实现脱贫、就业和增收。

(二)企业主导型园区的运行机制

企业主导型国家农业科技园区是指由农业高新技术企业为园区运营管理主体而兴办的园区,该类型园区在建设规划、资金筹措、主导产业选择、市

① 中国农村技术开发中心.国家农业科技园区创新能力评价报告2016—2017[M].北京:科学技术文献出版社,2018:80~83.

场定位与产品营销等方面均由企业主导实施,政府在园区建设过程中主要提供相应的优惠扶持政策。企业主导型国家农业科技园区虽然也承担产业结构调整、科技体制机制改革创新、实现农民增收等建设任务,但其与政府主导型园区最大不同在于追求园区经济效益最大化,以市场需求为导向获取经济利润。其运行机制如图2.7所示。

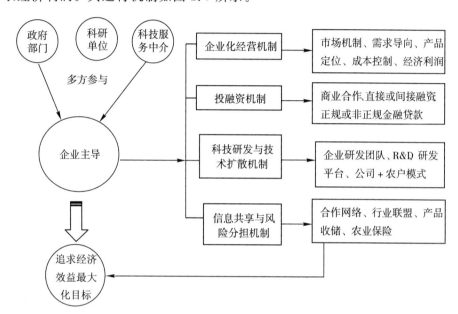

图2.7 企业主导型国家农业科技园区运行机制与发展目标

企业主导型国家农业科技园区是在紧密结合行业动态和市场需求的基础上,以企业利润最大化为目标,将现代企业管理制度和运行机制引进园区,并通过农业高新技术企业的市场化运营推动园区建设发展。在企业经营方面,以地方市场实际需求为导向,明确产品定位,塑造品牌价值,通过市场机制倒逼园区进行产业选择和成本收益核算,紧紧围绕经济效益最大化目标进行园区规划和目标方向;在资金融通方面,以企业融资为主要方式,通过直接或间接融资、银行贷款或民间金融等多种方式筹措园区发展资金;在农业科技成果研发和技术推广方面,通过加大研究与发展(R&D)投入力度,依托企业研发团队并联合高校、科研院所等研发机构进行农业科技成果开发,利用"公司＋农户""公司＋基地＋农户"等多种龙头企业带动模式进行技术和成果的试验、转化与产业化。在信息与风险规避方面,利用产业联盟或行业协会等组织进行信息共享和交流互助,形成合作网络,获取商业信息;借助于企业具备的销售渠道丰富、质量标准统一等标准化优势,对企业基地内的小农户生产进行托底收购,分担小农户生产经营风险,同时依托农业保险制度形成风险分担保障。根据《国家农业科技园区发展规划(2018—2025年)》的目标规划,企业主导型国家农业科技园区的未来发展定位将发生改变,由注重企业生产逐步向注重企业科技服务方向转变。

(三)科研机构主导型园区的运行机制

科研机构主导型国家农业科技园区是由农林高校、农业科学或林业科学研究机构等主办的以科技研发和成果应用为主要发展方向的园区。其运行机制如图2.8所示。

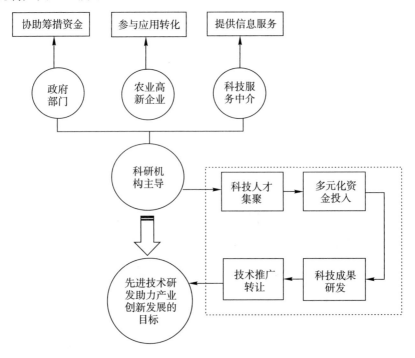

图2.8 科研机构主导型国家农业科技园区运行机制与发展目标

该类园区最大的发展优势是科技人才集聚效应明显,研发队伍和技术层次均高于政府主导型园区和企业主导型园区,依托农林类高等院校或农业科学院、林业科学院等高水平研究院所,科研机构主导型园区在创新产品研发领域发挥着重要和显著的科技先导功能。该类园区的建设目标是通过先进技术和创新产品研发,助力产业转型升级与创新发展。同时,该类园区一般建立在大学校园或与科研院所距离较近的地域,园区核心区环境优美,生态宜居。但是,由于该类园区的运行主体是高等院校等事业单位法人,导致其在市场经济环境中受到资金筹集与使用、研发人员报酬与激励、成果转化收益与分配等多种规章制度制约,园区发展动力不足。制约因素的客观存在,导致科研机构主导型国家农业科技园区数量仅占园区总数量的3.3%,亟须政府部门、企业和科技服务机构给予支撑。伴随我国政府不断深化科技体制机制改革,尤其是围绕科技经费使用、财务管理制度、科技人员创新创业等领域,针对高等院校、科研院所进行的政策激励与改革完善,未来科研机构主导型农业科技园区将得到更多发展机会。

第二节 农业科技园区创新能力建设现状的统计评价

对当前国家农业科技园区创新能力建设情况进行监测和评价,有助于发现园区创新能力培育过程中尚存的问题、分析原因并提供解决措施。对农业科技园区建设情况进行评价,较好的方式是利用园区实践运行过程中积累的各项指标数据进行统计估测,通过数理模型和方法分析数据和指标间的内在关系和逻辑联系,对评价对象进行客观描述。从当前文献成果关于评价研究的方式和方法来考察,研究者大多通过实地调研、问卷调查等统计调查手段,依据国家科学技术部《国家农业科技园区创新能力报告》提供的评价体系或者依据研究需要自行确定能够反映园区创新能力水平的评价体系,利用层次分析或因子分析等统计方法确定指标权重,对已完成一个以上建设周期的国家农业科技园区创新能力水平进行估测,按照估测结果比较园区之间创新能力水平的程度和差异。本书将国家农业科技园区创新能力定义为一个功能体系,该体系包含多项子能力,各项子能力对应着园区建设应实现的总目标。从该视角出发,当前文献针对农业科技园区创新能力水平进行统计评价的研究至少存在三个可供深入挖掘之处:

一是从"功能—目标"视角考察创新活动绩效,发现当前研究选取的评价指标相对粗放,没有将创新能力建设与园区应实现的任务目标进行对应联系,从而各项评价指标虽然整体关联,但缺乏系统关系。本书将对应国家农业科技园区肩负的建设任务和发展目标,构建包含七个支撑项的评价体系,选取能够反映支撑项的统计指标,通过因子分析进行权重估计,给出园区创新能力绩效评价结果。

二是从"投入—产出"视角考察资源利用效率,发现当前研究尚没有针对农业科技园区要素投入与创新产出之间的技术效率问题进行深入研究。具备同样产出能力的园区,投入—产出效率越高,越能体现创新能力水平。因此,对农业科技园区创新能力水平的评价必然涉及投入与产出的效率问题。同时,园区创新能力培育过程本身,也是一个投入—产出过程:投入具有创新性质的各类要素,通过能力形成机制凝结成为能够实现各类经济社会目标的创新能力。本书将国家农业科技园区创新要素投入与产出的技术效率定义为园区创新效率,通过选取能够反映园区创新要素投入和创新能力产出的指标与数据,利用随机前沿生产模型测度技术效率,给出基于效率层面的创新能力评价结果。

三是从"空间—布局"视角考察集聚—扩散综合效应,发现当前研究对园区技术扩散模式的探讨居多,而对要素集聚和创新扩散的机理、效应的研究鲜见。农业科技园区作为区域农业创新"增长极",首先需要具备强劲的创新要素集聚能力,然后才能通过成果研发和技术转化形成对周边产业的创新扩散与辐射带动。在集聚—扩散的过程中,如果空间结构合理、层次梯度适宜,就能在各自比较优势的基础上实现最大化的外部溢出,规避辐射效应在空间上的"效力重叠"或"效力空白"。本书借鉴"增长极理论"关于集聚与扩散的效应测度方法,给出基于空间关联层面创新能力发挥的综合效应评价结果。

基于三类不同视角的园区创新能力统计评价,可以较为客观和全面地对园区创新能力建设状况加以总结,其目的是通过评价结果的对比分析,最大限度地挖掘当前农业科技园区创新能力建设过程中的共性问题和瓶颈困惑,为分析症结成因、理顺形成机制提供框架基础。

一、基于"功能—目标"视角的创新绩效评价

国家农业科技园区所要具备的"创新能力",应是包含多种"对应关系"子能力的功能体系,该体系能够适应我国政府根据国内国际经济环境和农业发展不同阶段的变化对园区发展提出的多元化需求,并以与需求相配合的多元化建设目标为导向。园区建设的多元化目标主要涵盖优势资源高效汇聚、新型农业经营主体良好培育、先进成果示范与主体带动、一二三产业深度融合、产业链与价值链双链延伸、农业竞争力全面提升、科技体制机制改革创新。与之相对应,国家农业科技园区应发挥包含创新要素高效集聚能力、创新主体优势协同能力、创新环境良好营造能力、创新成果转化带动能力、创新平台优质服务能力和创新激励回报稳定能力和创新政策持续保障能力等七项支撑能力的辅助功能体系作用。

因此,评价农业科技园区创新能力水平高低可以从上述七个方面着手,收集能够反映各项支撑能力的指标数据,分项评价各项功能运行与实现情况。但是,由于现有研究成果鲜有目标导向视角下的能力分析,缺少关于指标选取、数据处理、模型方法等方面的经验借鉴,本书通过园区实地调查并结合国家科学技术部关于园区创新能力监测与评价数据,选取能够量化上述子能力的指标,利用因子得分方法进行指标权重赋值,实现绩效评价。测算结果及图表均由SPSS22.0软件输出。

(一)评价体系与因子分析模型

根据能力内涵确定22个二级指标构建国家农业科技园区目标导向下的创新能力评价体系。表2.2给出了各项指标的定义,并根据106个通过验收的国家农业科技园区运行数据进行统计描述。

表 2.2 国家农业科技园区科技创新能力监测指标体系

一级指标	二级指标	均值	标准差
要素集聚	研发人员(个)	331.46	566.66
	财政投资总额(亿元)	1.19	1.82
	社会融资总额(亿元)	1.69	9.11
	建成面积(公顷)	52897.89	167294.17
主体协同	投资机构(个)	1.08	1.78
	龙头企业(个)	9.32	9.99
	高新技术企业(个)	2.58	5.29
环境营造	大型仪器设备(亿元)	2.05	4.35
	R&D 投入(万元)	173.63	541.06
	信息化投入(亿元)	0.98	0.22
成果研发	研发新产品、新技术、新设施(个)	31.58	161.43
	研发植物、粮食、畜禽新品种(个)	13.58	30.71
	发明专利(件)	17.23	74.74
示范带动	孵化企业(个)	5.25	19.76
	带动农户(万人)	6.54	16.53
	技术培训人数(万人)	1.18	2.15
平台建设	研发中心(个)	12.28	29.14
	电子商务平台(个)	1.53	2.81
激励回报	主营业务收入(亿元)	74.61	430.16
	技术性收入(亿元)	5.71	41.37
	生产资料收入(亿元)	7.44	23.17
	净利润(亿元)	2.79	6.46

(二)因子分析模型构建与方法说明

利用因子分析方法构建公因子得分模型,为子能力指标进行权重估计。假定 X_i 为总体观测变量,则存在均值 $E(X)=\mu$、协方差矩阵 $Cov(\sigma_{ij})_{n\times n}$,当前总体观测指标共 22 个,公因子与观测指标的关系模型由公式(2-1)给出。

$$X - \mu = AF + \varepsilon \tag{2-1}$$

其中,各项子能力体现为模型公因子 $F=(F^1,F^2,\cdots,F^m)$;A 为因子载荷矩阵,ε 为除了公因子以外,可能对观测变量发生影响的随机因素。载荷矩阵形式由公式(2-2)给出,a_{ij} 为变量在公因子上的载荷,对样本进行标准化处理后,a_{ij} 即转化为观测变量与公因子之间的相关系数,即,$a_{ij}=\rho(X_i,F_j)$。

$$A = \begin{bmatrix} a_{11} & \cdots & a_{1m} \\ \vdots & \ddots & \vdots \\ a_{n1} & \cdots & a_{nm} \end{bmatrix} \tag{2-2}$$

为保证上述关系模型成立,还应满足如下前提:一是公因子的提取个数应不多于观测变量个数,从当前样本来看,拟提取公因子数量为7,观测指标变量为22,满足该条件;二是公因子与随机影响因素不相关;三是公因子之间不相关且方差矩阵为单位阵。在满足上述条件基础上,运用因子分析模型进行指标权重估计,模型参数将具有良好的统计意义。

首先,因子载荷 a_{ij} 作为标准化处理之后的变量与公因子之间的相关系数,体现着观测变量对公因子的影响程度。因子载荷系数值越大,表明这种影响程度越深,即评价体系中,对应一级指标的某项二级指标对子能力的影响程度越大。二者关系由公式(2-3)给出。

$$E(x_i F_j) = \sum_{p=1}^{n} a_{ip} E(F_p F_j) = \sum_{p=1}^{n} a_{ip} r_{(F_p F_j)} = a_{ij} \tag{2-3}$$

其次,将载荷矩阵第 i 行元素进行平方和处理,得到的结果由公式(2-4)给出,记为"变量共同度":

$$H_i^2 = \sum_{j=1}^{m} a_{ij} (i = 1, \cdots, n) \tag{2-4}$$

对观测变量方差进行运算并分解可以发现:变量方差由上述变量共同度与除公因子外的随机影响因素的方差构成。因此,当共同度数值越大时,在观测变量总方差中所占比重就越大,模型公因子对观测变量的解释能力就越强。变量共同度与观测变量总方差之间的关系由公式(2-5)给出。

$$\text{var } X_i = \text{var}(a_{i1} F_1 + \cdots + a_{in} F_m + \varepsilon_i) = \sum_{j=1}^{m} \text{var}(a_{ij} F_j) + \text{var}(\varepsilon_i) =$$
$$\sum_{j=1}^{m} a_{ij}^2 \text{var}(F_j) + \sigma_i^2 = H_i^2 + \sigma_i^2 = 1 \tag{2-5}$$

通过构建上述模型并分析参数性质与意义,可以将子能力指标权重赋值问题转化成为因子载荷系数的估计问题,主要估计方法为极大似然估计法(Maximum likelihood estimation)。似然函数形式由公式(2-6)给出。

$$L(\hat{\mu}, \hat{A}, \hat{D}) = f(X) = f(x_1)f(x_2)\cdots f(x_n) = \prod_{i=1}^{n}(2\pi)^{-p/2}\left|\sum\right|^{1/2}\exp\left[-\frac{1}{2}(X_i-\mu)^T\sum\nolimits^{-1}(X_i-\mu)\right] \quad (2\text{-}6)$$

令 $\forall \Lambda$ 为对角阵,当 $A^T\sum_{\varepsilon}^{-1}A = \Lambda$ 成立时,对角矩阵成立且(2-6)式取最大值。进一步采用因子旋转方法保证观测变量对公因子相关系数最大化。利用方差最大化进行处理,使载荷矩阵列元素平方和向 0 或 1 分开,实现两极分化。最后利用标准化处理和回归分析等方法得到系数的参数估计值,给出因子得分结果,回归方程形式由公式(2-7)给出:

$$\hat{F}_j = b_{j0} + b_{j1}X_1 + \cdots + b_{jP}X_P, j=1,2,\cdots,m \quad (2\text{-}7)$$

回归系数矩阵如下:

$$\begin{bmatrix} b_{11} & b_{12} & \cdots & b_{1p} \\ b_{21} & b_{22} & \cdots & b_{2p} \\ \cdot\cdot & \cdot\cdot & \cdot\cdot & \cdot\cdot \\ b_{m1} & b_{m2} & \cdot\cdot & b_{mp} \end{bmatrix} = \begin{bmatrix} b'_1 \\ b'_2 \\ \cdot\cdot \\ b'_m \end{bmatrix} = B$$

回归系数矩阵、因子载荷矩阵与因子得分结果的关系式由(2-8)给出。

$$\hat{F} = BX = A^T R^{-1} X \quad (2\text{-}8)$$

(三)评价结果

运用 SPSS22.0 统计分析软件,分别采用 KMO(Kaiser-Meyer-Olkin)和 Bartlett 球形度检验比较变量相关与偏相关系数、最大方差法进行因子旋转处理、固定提取因子数量确定公因子及因子得分。表2.3给出了变量共同度的计算分析结果,变量共同度取值均较接近1,根据公式(2-5)可知选取的二级指标能够促使抽取的公因子较好地解释观测变量。

表 2.3 变量共同度

变量	含义	初始值	变量共同度
X_1	研发人员	1.00	0.985
X_2	财政投资总额	1.00	0.996
X_3	社会融资总额	1.00	0.951
X_4	建成面积	1.00	0.829
X_5	投资机构	1.00	0.867
X_6	龙头企业	1.00	0.749
X_7	高新技术企业	1.00	0.696
X_8	大型仪器设备	1.00	0.851
X_9	R&D 投入	1.00	0.831
X_{10}	信息化投入	1.00	0.996
X_{11}	研发新产品、新技术、新设施	1.00	0.954
X_{12}	研发植物、粮食、畜禽新品种	1.00	0.836
X_{13}	发明专利	1.00	0.831
X_{14}	孵化企业	1.00	0.947
X_{15}	带动农户	1.00	0.984
X_{16}	技术培训人数	1.00	0.889
X_{17}	研发中心	1.00	0.886
X_{18}	电子商务平台	1.00	0.866
X_{19}	主营业务收入	1.00	0.915
X_{20}	技术性收入	1.00	0.996
X_{21}	生产资料收入	1.00	0.952
X_{22}	净利润	1.00	0.908

注：提取方法为最大似然值。

结合因子总方差分解（表 2.4），固定抽取 7 个公因子的累积解释方差为 72.7%，特征值均大于 1；KMO 和 Bartlett 球形度检验结果为 0.834，可以认为参数估计和指标权重赋值合理、选取的公因子对观测变量的解释有效。

表 2.4 累积解释总方差

变量	起始特征值			提取载荷平方和			旋转载荷平方和		
	总计	方差百分比	累加(%)	总计	方差百分比	累加(%)	总计	方差百分比	累加(%)
1	4.685	21.295	21.295	4.685	21.295	21.295	4.382	19.916	19.916
2	2.945	13.387	34.682	2.945	13.387	34.682	2.639	11.995	31.911
3	2.619	11.903	46.585	2.619	11.903	46.585	2.385	10.842	42.753
4	2.039	9.268	55.853	2.039	9.268	55.853	2.141	9.732	52.485
5	1.397	6.351	62.204	1.397	6.351	62.204	1.708	7.763	60.248
6	1.228	5.581	67.785	1.228	5.581	67.785	1.479	6.725	66.973
7	1.083	4.925	72.710	1.083	4.925	72.710	1.262	5.737	72.710
8	1.030	4.682	77.391						
9	0.988	4.490	81.881						
	……	……	……						
	……	……	……						
22	0.003	0.014	100.000						

注:提取方法为最大似然值。

通过最大方差法进行因子载荷旋转处理,将 22 个描述园区七项辅助能力的二级指标归结七个公因子并给出公因子得分。以每个公因子在表 2-4 中的旋转后载荷平方和方差百分比作为权重,可以通过加权求和得到 38 个国家农业科技园区创新能力水平的综合评价结果,由表 2.5 给出。

表 2.5 东部 38 个国家农业科技园区因子分析法综合评价结果

排序	园区代码	得分估计	排序	园区代码	得分估计
1	S9	0.996	20	S5	−0.094
2	S25	0.710	21	S1	−0.101
3	S26	0.565	22	S34	−0.109
4	S13	0.414	23	S11	−0.117
5	S23	0.261	24	S15	−0.128

续表

排序	园区代码	得分估计	排序	园区代码	得分估计
6	S21	0.261	25	S24	−0.128
7	S17	0.250	26	S6	−0.129
8	S12	0.167	27	S36	−0.141
9	S7	0.136	28	S8	−0.153
10	S28	0.130	29	S4	−0.171
11	S19	0.055	30	S33	−0.180
12	S10	0.032	31	S35	−0.202
13	S18	0.021	32	S38	−0.203
14	S29	0.014	33	S3	−0.240
15	S20	0.008	34	S27	−0.287
16	S16	0.000	35	S31	−0.323
17	S22	−0.012	36	S14	−0.326
18	S30	−0.044	37	S32	−0.355
19	S37	−0.046	38	S2	−0.531

注：根据SPSS22.0软件测算的因子得分进行加权处理所得。

依据上述方法,将中部36个国家农业科技园区、西部32个国家农业科技园区的评价结果列于表2.6和表2.7。

表2.6 中部36个国家农业科技园区因子分析法综合评价结果

排序	园区简称	得分估计	排序	园区简称	得分估计
1	M28	1.785	19	M18	−0.121
2	M14	0.523	20	M23	−0.125
3	M29	0.521	21	M34	−0.129
4	M5	0.420	22	M13	−0.145
5	M30	0.221	23	M9	−0.169
6	M11	0.117	24	M1	−0.187
7	M32	0.112	25	M15	−0.188
8	M27	0.082	26	M3	−0.194

续表

排序	园区简称	得分估计	排序	园区简称	得分估计
9	M2	0.060	27	M35	−0.207
10	M7	0.042	28	M19	−0.220
11	M12	0.028	29	M4	−0.220
12	M31	0.007	30	M25	−0.222
13	M6	−0.010	31	M24	−0.228
14	M20	−0.020	32	M10	−0.228
15	M26	−0.041	33	M22	−0.235
16	M33	−0.052	34	M36	−0.261
17	M8	−0.085	35	M17	−0.265
18	M21	−0.096	36	M16	−0.270

注：根据 SPSS22.0 软件测算的因子得分进行加权处理所得。

表 2.7 西部 32 个国家农业科技园区因子分析法综合评价结果

排序	园区简称	得分估计	排序	园区简称	得分估计
1	W21	0.758	17	W29	−0.152
2	W20	0.755	18	W32	−0.172
3	W12	0.435	19	W15	−0.173
4	W16	0.414	20	W11	−0.181
5	W5	0.406	21	W19	−0.202
6	W10	0.370	22	W27	−0.217
7	W17	0.178	23	W4	−0.219
8	W1	0.170	24	W9	−0.226
9	W6	0.143	25	W18	−0.230
10	W31	0.115	26	W23	−0.233
11	W30	0.112	27	W28	−0.237
12	W22	0.086	28	W8	−0.288
13	W7	0.033	29	W26	−0.299
14	W3	0.009	30	W13	−0.306
15	W24	−0.073	31	W2	−0.311
16	W25	−0.142	32	W14	−0.324

注：根据 SPSS22.0 软件测算的因子得分进行加权处理所得。

二、基于"投入—产出"视角的创新效率评价

从经济学视角考察国家农业科技园区创新能力培育过程,可以视为"投入—产出"过程:投入的是科研人员、研究与发展项目资金等有别于传统劳动力、资本或土地要素的、具有创新性质的各类要素,产出的是通过能力形成机制凝结而成的能够实现各类经济社会目标的创新能力及其包含的各项创新子能力。具备同样创新产出的农业科技园区,投入产出效率越高,创新能力水平体现得越好。因此,将农业科技园区创新效率问题纳入对园区创新能力水平的评价问题中,就具有了现实意义。

索洛(1956年)将技术进步视为经济增长的重要源泉,将产出增长率中除去生产要素增长率的部分定义为全要素生产率(TFP)[1]。技术效率是全要素生产率的重要主要部分和度量指标,国内外学者在进行技术效率研究时,通常采用生产前沿分析方法,即在既定的生产技术水平下测度不同比例的要素投入所能获得的最大产出水平。生产前沿分析方法可以根据生产函数的形式是否已知区分为非参数估计方法和参数估计方法。非参数估计方法主要是数据包络分析(Data Envelope Analysis),国内学者张乐和曹静(2013年)、朱喜等(2015年)、宋马林和金培振(2016年)、刘战伟(2019年)、匡远配和杨佳利(2019年)等分别运用关联网络数据包络、Malmqusit生产率指数等方法对我国农业全要素生产率动态演进、资源错配与环境绩效、农地流转的全要素增长率影响效应等问题进行分析[2]。参数估计方法主要是随机前沿分析(Stochastic Frontier Analysis),国外学者 Aigner & Lovell(1977年)、Battese & Coelli(1988年)等在早期发展了截面数据的随机前沿

---

[1] Robert M. Solow. Technical Change and The Aggregate Production Function[J]. Review of Economics and Statistics,1957,39(3):312~320.

[2] 张乐,曹静.中国农业全要素生产率增长:配置效率变化的引入[J].中国农村经济,2013,(3):4~15;朱喜,史清华,盖庆恩.要素配置扭曲与农业全要素生产率[J].经济研究,2015,(5):86~98;宋马林,金培振.地方保护、资源错配与环境福利绩效[J].经济研究,2016,(12):49~63;刘战伟.中国农业全要素生产率的动态演进及其影响因素分析[J].中国农业资源与区划,2018,(12):104~111;匡远配,杨佳利.农地流转的全要素生产率增长效应[J].经济学家,2019,(3):102~112.

分析方法,而当前主流研究已由大量运用截面数据转向运用面板数据,解决参数估计过程中截面数据存在的若干问题[1]。国内外学者提出了随机前沿分析比农业科技数据包络分析在估计稳健性、结果可靠性等方面具有特有优势,而且将随机因素对产出的影响也纳入处理因素中,应用前景与范围更为广泛(Kurt,2020 年;刘琼、肖海峰,2020 年;李翔、杨柳,2018 年)。本书借鉴上述成果,采用随机前沿分析方法和平衡面板数据,对农业科技园区创新效率进行综合评价[2]。使用的样本为已通过国家科学技术部验收并完整公布了最新年度数据(2016—2017 年度数据)的 38 个东部地区国家农业科技园区。测算结果均由 Frontier4.1 软件输出。

(一)评价体系与指标定义

构建评价国家农业科技园区创新效率的评价体系,如表 2.8 所示。

表 2.8 创新效率评价指标体系

一级指标	二级指标	指标定义(单位)
创新成果产出	总产出 Y	园区年度总产值(万元)
创新要素投入	人员投入 L	研发成员总量(人)
	资本投入 K	R&D 经费投入(万元)
	土地投入 E	园区建成面积(公顷)

选取 2018 年 38 个东部地区的国家农业科技园区反映创新要素投入和创新成果产出的两个年度平衡面板数据,由 Frontier 软件处理多个投入、一个产出的技术效率测度问题。创新成果产出指标,主要选取园区年度总产

---

[1] Aigner D,Lovell C,Schmidt P. Formulation and estimation of stochastic frontier production function models[J]. Journal of Econometrics,1977,6(1):21~37;E. Battese, J. Coelli. Prediction of firm-level technical efficiencies with a generalized frontier production functionand panel data[J]. Journal of Econometrics,1988,38(3):387~399.

[2] Kurt A. Hafner. Diversity of industrial structure and economic stability:evidence from Asian gross value added [J]. Asia-Pacific Journal of Regional Science ,2020,4(1):413~441;刘琼,肖海峰. 贸易引力、社会环境与中国羊毛进口贸易效率——基于随机前沿引力模型的分析[J]. 中国农业大学学报,2020,(5):187~197;李翔,杨柳. 华东地区农业全要素生产率增长的实证分析——基于随机前沿生产函数模型[J]. 华中农业大学学报,2018,138(6):68~74、160.

值来反映;创新要素投入指标,则选取研发人员总量、研究与发展经费投入和已建成的园区面积情况等具有园区创新性质的要素指标来对应反映生产函数中的劳动、资本与土地等生产要素。

(二)随机前沿分析模型与方法说明

根据 Battese & Coelli(1992 年),面板随机前沿生产函数基础形式为[①]:

$$Y_{it} = f(x_{it},t)exp(-u_{it})exp(v_{it}) \quad i=1,2,\cdots,N; t=1,2,\cdots,T \quad (2\text{-}9)$$

其中,Y_i 为园区总产出,X_i 为园区创新要素投入,i 为考察的园区个数,t 为时间跨度。园区创新要素投入产出的技术效率可以表示为园区总产出与要素投入后的前沿产出或最大产出的比值,由公式(2-10)给出:

$$TE_i = exp(-u_{it}) = \frac{Y_{it}}{f(x_{it},t)exp(v_{it})} \quad (2\text{-}10)$$

其中,每个园区的技术效率 $TE \in (0,1)$。V_{it} 和 U_{it} 均与自变量相互独立。V_{it} 是独立同分布的正态随机变量 $V_{it} \sim (0,\sigma_v^2)$,表示在样本观测时间内,生产过程中由不可预测的因素造成的随机误差项。$U_{it} = U_i exp[-\eta(t-T)]$ 是与技术非效率相关的非负的随机变量,服从截断正态分布并随时间变化 $U_{it} \sim (\eta,\sigma_u^2)$。其中,$\eta$ 为需要估计的参数。根据上述基础形式及相关性质假定,设定园区技术效率评价模型由公式(2-11)给出:

$$Ln Y_{it} = \beta_0 + \beta_l ln L_{it} + \beta_k ln K_{it} + \beta_e ln E_{it} + (v_{it} - u_{it}) \quad (2\text{-}11)$$

公式(2-11)中,i 为园区编号,通过数据对数处理,剔除无效数据,东部地区共有 32 家国家农业科技园区可以进行技术效率测算,即 i=1,2,……,32;LnL_{it} 为第 i 家园区第 t 年科研人员投入,LnK_{it} 为第 i 家园区第 t 年 R&D 经费投入总量,LnE_{it} 为第 i 家园区第 t 年土地要素投入。V_{it} 和 U_{it} 分别为园区创新产出过程中不可控因素引起的随机误差项及技术非效率项。

[①] E. Battese, J. Coelli. Frontier Production Functions, Technical Efficiency and Panel Data: With Application to Paddy Farmers in India[J]. Journal of Productivity Analysis,1992,2 (3):153~169.

假定它是服从正态分布的非负的随机变量。根据 Battese & Corra (1977)①,定义 $\sigma^2=\sigma_v^2+\sigma_u^2$ 为复合残差的方差,则参数 $\gamma=\sigma_u^2/\sigma^2$ 体现了非效率因素对园区技术效率总差异的影响程度,当该指标取值范围在(0,1)时,可以使用极大似然估计进行随机前沿模型处理。

(三)评价结果

运用Frontier4.1软件对园区技术效率评价模型(2-11)进行参数估计,表2.9给出了极大似然估计结果。根据表2.9可以看出,对数似然估计的单尾LR检验统计量数值为15.594,大于混合χ^2分布自由度为3、1%显著性水平下的临界值11.34,拒绝原假设"不存在无效率项";γ值0.709且在1%显著性水平下显著,表明技术效率总差异中约71%来源于技术非效率因素;η参数不显著,表明两个年度间的园区技术效率变化无差异,技术效率与时间变化关系不明显。从变量系数的T检验看,研发人员投入、R&D经费投入等变量的系数在10%显著性水平下显著,但园区建成面积变量不显著。

表2.9 随机前沿模型极大似然估计结果

变量	参数	标准差	t统计量
LnL_{it}	0.531*	0.185	2.864
LnK_{it}	0.267*	0.151	2.362
LnE_{it}	0.159	0.091	1.750
_cons	7.984***	0.993	8.036
γ	0.709***	0.081	8.82
σ^2	2.022**	0.595	3.397
μ	2.395**	0.479	5.001
η	−0.048	0.081	−0.588
对数似然估计函数值	−101.827		
LR单尾检验	15.594(DF=3)		

注:***、**、*分别表示在1%、5%和10%显著性水平下显著。

---

① E. Battese, G. Corra. Estimation of Production Frontier with Application of the Pastoral Zone of Eastern Australia[J]. Australian Journal of Agricultural Economics, 1977, (21):169〜179.

根据公式(2-10)给出的技术效率测度方法,剔除无效指标数据的6个园区,32个东部地区国家农业科技园区创新效率测算结果排序如表2.10所示。根据表2.10可以看出,综合排序最高的园区,在两个年度内技术效率值均低于0.8,园区创新效率水平有待进一步提升。

表2.10 东部32个国家农业科技园区创新效率随机前沿分析(SFA)结果

园区简称	效率测度			排序
	年度一	年度二	平均效率	
S5	0.754	0.745	0.750	1
S6	0.454	0.438	0.446	2
S25	0.419	0.403	0.411	3
S30	0.383	0.367	0.375	4
S16	0.342	0.326	0.334	5
S10	0.324	0.308	0.316	6
S9	0.310	0.294	0.302	7
S23	0.290	0.274	0.282	8
S27	0.184	0.171	0.178	9
S11	0.148	0.136	0.142	10
S13	0.133	0.122	0.127	11
S21	0.128	0.116	0.122	12
S18	0.115	0.104	0.109	13
S22	0.114	0.103	0.109	14
S20	0.098	0.088	0.093	15
S24	0.089	0.079	0.084	16
S4	0.086	0.076	0.081	17
S2	0.086	0.076	0.081	18
S35	0.084	0.075	0.079	19
S15	0.082	0.073	0.077	20
S14	0.069	0.061	0.065	21
S29	0.068	0.060	0.064	22

续表

园区简称	效率测度			排序
	年度一	年度二	平均效率	
S28	0.056	0.049	0.053	23
S19	0.051	0.044	0.048	24
S12	0.051	0.044	0.048	25
S26	0.045	0.038	0.041	26
S1	0.041	0.035	0.038	27
S38	0.035	0.030	0.032	28
S37	0.028	0.024	0.026	29
S34	0.027	0.023	0.025	30
S17	0.026	0.022	0.024	31
S33	0.021	0.017	0.019	32

注:根据Frontier4.1软件测算的技术效率结果整理所示。

依据上述方法,将中部36个国家农业科技园区、西部32个国家农业科技园区的评价结果列于表2.11和表2.12。其中,剔除无效指标数据的样本点,中部共有30个园区、西部共有25个园区给出了随机前沿分析结果。

表2.11 中部30个国家农业科技园区创新效率随机前沿分析(SFA)结果

园区简称	效率测度			排序
	年度一	年度二	平均效率	
M12	0.635	0.648	0.642	1
M27	0.492	0.508	0.500	2
M7	0.387	0.405	0.396	3
M5	0.381	0.398	0.390	4
M14	0.315	0.332	0.324	5
M11	0.219	0.235	0.227	6
M28	0.127	0.141	0.134	7
M32	0.125	0.138	0.132	8
M3	0.101	0.112	0.107	9

续表

园区简称	效率测度			排序
	年度一	年度二	平均效率	
M6	0.093	0.104	0.099	10
M31	0.089	0.100	0.095	11
M19	0.082	0.092	0.087	12
M29	0.079	0.090	0.085	13
M23	0.062	0.070	0.066	14
M26	0.053	0.061	0.057	15
M20	0.048	0.056	0.052	16
M33	0.046	0.054	0.050	17
M35	0.045	0.053	0.049	18
M18	0.042	0.049	0.046	19
M13	0.040	0.047	0.044	20
M4	0.037	0.043	0.040	21
M17	0.036	0.043	0.039	22
M1	0.032	0.038	0.035	23
M15	0.032	0.038	0.035	24
M21	0.020	0.024	0.022	25
M34	0.017	0.021	0.019	26
M25	0.016	0.019	0.018	27
M22	0.013	0.016	0.015	28
M10	0.013	0.015	0.014	29
M2	0.002	0.003	0.003	30

注：根据Frontier4.1软件测算的技术效率结果整理所得。

表2.12 西部25个国家农业科技园区创新效率随机前沿分析(SFA)结果

园区简称	效率测度			排序
	年度一	年度二	平均效率	
W30	0.809	0.768	0.788	1
W3	0.794	0.752	0.773	2

续表

园区简称	效率测度			排序
	年度一	年度二	平均效率	
W6	0.784	0.741	0.763	3
W21	0.715	0.662	0.689	4
W12	0.703	0.649	0.676	5
W20	0.698	0.644	0.671	6
W17	0.689	0.634	0.662	7
W32	0.65	0.59	0.620	8
W1	0.647	0.587	0.617	9
W15	0.618	0.554	0.586	10
W26	0.593	0.528	0.561	11
W22	0.588	0.524	0.556	12
W31	0.579	0.514	0.547	13
W9	0.565	0.498	0.532	14
W28	0.561	0.493	0.527	15
W2	0.539	0.472	0.506	16
W10	0.486	0.415	0.451	17
W4	0.435	0.363	0.399	18
W14	0.435	0.363	0.399	19
W23	0.371	0.298	0.335	20
W5	0.327	0.255	0.291	21
W25	0.317	0.247	0.282	22
W19	0.258	0.192	0.225	23
W24	0.152	0.098	0.125	24
W13	0.038	0.017	0.027	25

注：根据 Frontier4.1 软件测算的技术效率结果整理所得。

三、基于"空间布局"视角的集聚扩散综合效应评价

农业科技园区作为区域性农业经济"增长极"，其核心内容是那些增速

快、创新能力强的推进型产业、企业对相对落后的产业、企业的支配,发挥带动与辐射周边地区经济发展的作用①。保障作用效果的实现,是"极化效应""扩散效应"以及两种效应的合力——"综合效应"的机制能够高效发挥。

极化效应是指某些具备迅速增长的产业,在率先增长的过程中引起其他经济资源或要素不断向该产业集中,形成产业集聚和规模经济的现象;扩散效应是指区域经济"增长极"形成后,通过联动机制不断向周边地区或产业发散正外部性的过程。极化效应能够在短期迅速集聚产业、要素;扩散效应则在长期通过空间关联,形成行业、企业及农户的社会带动②。鉴于空间布局所形成的关联具有明显的跨区域特征,本书以长三角区域15个国家农业科技园区为例,采用"集聚—扩散"模型和平衡面板数据,对跨区域的园区集聚—扩散效果的综合效应进行统计评价。

(一)评价体系与综合效应模型

对园区集聚—扩散综合效应的评价,需要建立在"集聚效应"和"扩散效应"的测度之上。本书基于"增长极"理论和产业经济学理论中关于极化效应和扩散效应的测算方法,先构建极化指数 H 和扩散指数 R 来刻画短期要素集聚和长期创新能力辐射的效果;然后借鉴国际贸易"引力模型"对空间距离在贸易过程中的作用分析,将空间距离引入农业园区之间的集聚与辐射的分析中,构建集聚—扩散综合效应指数 ξ,以此来刻画园区作为增长极的效应发挥程度。

1.对极化指数的估计。根据已有文献的做法,对柯布—道格拉斯生产函数(C-D函数)进行各变量内涵修正,得到要素生产弹性的参数估计值,并利用该估计值构造极化效应测度指数 H,通过判断 H 靠近取值区间临界值的程度来反映效应程度。令不变替代弹性 C-D 生产函数形式为:

$$Y = A_{it} G_{it}^{\varrho} K_{it}^{\vartheta}$$

---

① 闫俊文,刘庭风.华北地区休闲型农业园区空间分布特征及影响因素分析[J].中国农业资源与区划,2019,(9):250~256.
② 张建中,赵子龙,乃哥麦提·伊加提等.综合保税区对腹地区域经济增长的影响:"极化效应"还是"涓滴效应"[J].宏观经济研究,2019,(9):153~167.

其中,Y 为农业科技园区的年度总利润,G 为年度生产总值,K 为年度资产净值,则指数 ρ 为产出利润弹性,指数 υ 为资产利润弹性。通过对两类弹性参数的估计,构建极化效应系数 H 为:

$$H = \frac{1+\rho}{1+\vartheta}$$

当 H>1 时,以资产投入为量化指标的成本低于以总利润为内涵的收益,H 值越大,极化效应越明显。

2.对扩散指数的估计。扩散效应是一种知识、技术的空间外溢,依托的是园区具备的科技创新与示范推广的能力水平。对已有文献测度方法进行修订,利用能够反映园区科技创新和示范推广能力的相关指标构建扩散效应系数 R 为:

$$R_{it} = \frac{(Z_M + Z_P + Z_s)}{\sum f_i} f_i \quad 且\ f_i = \frac{TE_{it} \times TL_{it}}{\sum TE_{it} \times TL_{it}}, Z_{(M;P;S)} = \frac{x_{(M;P;S)} - \overline{x}_{(M;P;S)}}{\sigma_{(M;P;S)}}$$

其中,变量 M 是包含园区孵化企业和高新技术企业等在内的创新主体,P 为技术培训规模,S 为高级研发平台,Z 为标准化变量;f 为创新投入权重系数;TE 为研究与发展投入,TL 为研发人才投入,两者加成可以刻画园区科技创新实力。当 R>0 时,表明园区科技创新和示范推广的能力显著,存在扩散效应①。

3.对集聚—扩散综合效应指数的估计。对于同一个园区而言,极化效应和扩散效应的作用过程存在重叠的情况,两种效应的综合效果也与被辐射客体间的地理距离关联②。根据国际贸易"引力模型"的原理,地理距离相近的园区之间,资源集聚过程可能会产生冲突,但园区各自的扩散效应也存在重叠的情况,创新辐射效果可能更好;地理距离较远的园区,各自在本地域范围内形成要素集聚,汇聚效果明显,但创新辐射的程度可能偏低。令

---

① 黄蕊,张肃.梯度转移理论下我国区域创新极化效应与扩散效应的非对称性影响研究[J].商业经济与管理,2019,(12):88~97.

② 张安驰,范从来.空间自相关性与长三角区域一体化发展的整体推进[J].现代经济探讨,2019,(8):15~24.

D_{ij} 为 i 园区和 j 园区间的地理距离，D_{ik} 为 i 园区和 k 园区间的地理距离，且 i≠j，i≠k，则相对距离表达式为：

$$\eta = \frac{D_{ij}}{D_{ik}}$$

园区之间集聚—扩散综合效应指数可以定义为：

$$\xi = \frac{H}{\eta} + \eta \cdot R$$

通过对综合效应进行量化测度，按照测度数值进行区间分类，就可以对增长极效果或程度进行评估：

$$\xi = \xi_\eta = \begin{cases} 0 < \xi < 0.5, \text{增长极暂未形成} \\ 0.5 < \xi < 1, \text{增长极初步显现} \\ 1 < \xi, \text{增长极作用明显} \end{cases}$$

(二)评价结果

根据构建的极化指数、扩散指数及综合效应指数，对长三角区域 15 个国家农业科技园区的创新能力综合效应进行评估。极化效应与扩散效应的测算结果由图 2.9 给出。极化效应 H 指数高于 1 的长三角园区有 7 所，约占整体园区数量的 46.7%；指数低于 0.8 的园区有 4 所，仅占整体园区数量的 26.7%。扩散效应 R 指数为正数的长三角园区有 9 所，约占整体园区数量的 60%；指数为负数的园区有 6 所，约占整体园区数量的 40%。

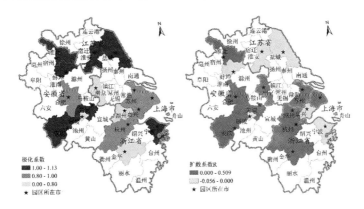

图 2.9 长三角区域园区极化效应和扩散效应的系数估计

选取东部地区国家农业科技园区 S11 与 S12 的距离为标准距离，其他

13个园区的距离与该标准距离的比值作为系数 η 的估计值,依据综合效应指数计算公式,对长三角区域15个国家农业科技园区之间的创新能力综合效应进行评价,结果由表2.13所示。

表2.13 长三角区域国家农业科技园区"两两组合"之间的综合效应估计结果

园区	S11	S12	S13	S14	S15	S16	S17	S18	S38	M14	M15	M16	M17	M18	M19
S11	0.00														
S12	1.02	0.00													
S13	0.45	0.80	0.00												
S14	0.40	0.80	1.22	0.00											
S15	0.45	0.79	1.47	0.90	0.00										
S16	1.09	1.01	1.53	0.29	0.35	0.00									
S17	0.43	0.84	2.27	0.18	0.19	0.38	0.00								
S18	0.70	0.90	1.26	0.31	0.33	1.06	0.75	0.00							
S38	0.55	0.78	2.12	0.21	0.22	0.63	0.73	0.18	0.00						
M14	0.38	0.94	1.57	0.44	0.28	0.13	1.42	0.32	0.09	0.00					
M15	0.42	0.78	1.10	0.42	0.31	0.31	0.95	0.17	0.22	0.37	0.00				
M16	0.38	0.84	1.17	0.35	0.26	0.19	1.10	0.25	0.14	0.51	0.77	0.00			
M17	0.40	0.82	1.20	0.32	0.25	0.28	0.90	0.19	0.19	0.31	1.10	0.64	0.00		
M18	0.38	0.91	1.56	0.24	0.19	0.20	0.95	0.24	0.15	0.31	0.62	0.62	0.73	0.00	
M19	0.38	0.86	1.26	0.49	0.27	0.16	1.29	0.27	0.12	1.15	0.52	0.70	0.28	0.58	0.00

注:根据测算结果整理。

利用SPSS22.0提供的联机分析处理(Online Analytical Processing,OLAP)和聚类分析处理两种方法,对15个国家农业科技园区的极化与扩散效应进行分类,同时对综合效应进行聚类区分,展现长三角区域园区创新能力的辐射带动效果。根据表2.14可以看出,每一类园区的极化和扩散效应的总体信息:第一类12个园区呈现出极化效应显著,扩散效应属于中等程度的特点,这表明长三角地区绝大部分农业科技园区的创新要素集聚能力较强,扩散辐射能力仍处于有待提升的发展阶段①。

表 2.14 长三角区域国家农业科技园区极化与扩散效应的 OLAP 分析结果

组别	描述统计指标	极化效应	扩散效应
第一类 S11　S12　S14　S15 S16　S38　M14　M15 M16　M17　M18　M19	总和	12.88	0.23
	样本量	12.00	12.00
	平均数	0.99	0.02
	标准差	0.09	0.05
第二类 S13 和 S17	总和	1.24	0.71
	样本量	2.00	2.00
	平均数	0.62	0.35
	标准差	0.06	0.22
第三类 S18	总和	0.08	0.07
	样本量	1.00	1.00
	平均数	0.08	0.07
	标准差	0.00.	0.00
总计	总和	14.19	1.00
	容量	16.00	16.00
	平均数	0.88	0.06
	标准差	0.27	0.14

注:根据 SPSS22.0 计算整理所得。

进一步针对表 2.13,对长三角区域 15 个国家农业科技园区在"增长极"形成过程中的效果显现程度进行统计分析,结果由表 2.15 给出。根据表 2.15,已经初具"增长极"形态或"增长极"作用发挥较为明显的园区数量占全部数量的比例约为 47.5%,仍有数量比例约为 52.5%的园区尚未形成明显的地域"增长极",所占比例超过总数的一半,对综合效应的评价结果与对极化—扩散效应的评价结果保持一致,再次表明长三角区域的国家农业科技园区仍需进行创新能力的培育与提升。

---

① 张志强,乔怡迪,刘璇.中关村科技园区创新质量的时空集聚效应研究[J].科技进步与对策,2020,(5):1~9.

表 2.15　长三角区域国家农业科技园区的增长极作用发挥程度分类

分析对象	园区组别	统计指标	统计值
综合效果 （增长极作用程度）	第一组 ξ≥1 增长极作用明显	占总体百分比 均值 最小值 最大值	20.00 1.33 1.01 2.27
	第二组 0.5≤ξ<1 增长极作用初步显现	占总体百分比 均值 最小值 最大值	27.50 0.76 0.51 0.95
	第三组 ξ<0.5 增长极暂未形成	占总体百分比 均值 最小值 最大值	52.50 0.28 0.00 0.49

注：根据 SPSS22.0 计算整理所得。

四、三类效应评价结果的比较

为排除现存问题、理顺形成机制，将基于三种不同评价视角的统计分析结果进行比较，力图对当前园区创新能力建设的总体状况作出全面、客观地刻画。

1.将采用基于"功能—目标"视角的园区创新绩效评价结果与基于"投入—产出"视角的园区创新效率评价结果进行对比，考察两类评价结果之间的差异。限于篇幅，表 2.16、表 2.17 和表 2.18 分别按区域给出了各自园区的排序（前十名）。

表 2.16　东部国家农业科技园区两类评价结果的前十名排序

创新绩效评价			创新效率评价		
园区名称	估计值	排序	园区名称	估计值	排序
S9	0.996	1	S5	0.750	1
S25	0.710	2	S6	0.446	2
S26	0.565	3	S25	0.411	3

续表

创新绩效评价			创新效率评价		
园区名称	估计值	排序	园区名称	估计值	排序
S13	0.414	4	S30	0.375	4
S23	0.261	5	S16	0.334	5
S21	0.261	6	S10	0.316	6
S17	0.250	7	S9	0.302	7
S12	0.167	8	S23	0.282	8
S7	0.136	9	S27	0.178	9
S28	0.130	10	S11	0.142	10

注:根据表 2.5 和表 2.10 测算的结果整理所得。

表 2.17　中部国家农业科技园区两类评价结果的前十名排序

创新绩效评价			创新效率评价		
园区名称	估计值	排序	园区名称	估计值	排序
M28	1.785	1	M12	0.642	1
M14	0.523	2	M27	0.500	2
M29	0.521	3	M7	0.396	3
M5	0.420	4	M5	0.390	4
M30	0.221	5	M14	0.324	5
M11	0.117	6	M11	0.227	6
M32	0.112	7	M28	0.134	7
M27	0.082	8	M32	0.132	8
M2	0.060	9	M3	0.107	9
M7	0.042	10	M6	0.099	10

注:根据表 2.6 和表 2.11 测算的结果整理所得。

表 2.18 西部国家农业科技园区两类评价结果的前十名排序

创新绩效评价			创新效率评价		
园区名称	估计值	排序	园区名称	估计值	排序
W21	0.758	1	W30	0.788	1
W20	0.755	2	W3	0.773	2
W12	0.435	3	W6	0.763	3
W16	0.414	4	W21	0.689	4
W5	0.406	5	W12	0.676	5
W10	0.370	6	W20	0.671	6
W17	0.178	7	W17	0.662	7
W1	0.170	8	W32	0.620	8
W6	0.143	9	W1	0.617	9
W31	0.115	10	W15	0.586	10

注：根据表 2.7 和表 2.12 测算的结果整理所得。

通过对比表 2.16 至表 2.18，发现采用不同视角和测度方法的能力评价结果之间存在明显差异：

(1)创新绩效水平和创新效率水平不匹配，揭示出以创新绩效体现出的各种功能效果，未必是投入相同条件下效率最高的结果，存在改进空间。以东部地区国家农业科技园区的评价结果为例，利用基于功能指标的因子分析进行测度，排序前十位的园区中，仅有两个园区出现在基于投入产出效率随机前沿分析的排序前十位中，测度结果匹配率仅为 20%。由此可以初步推断，绝大部分国家农业科技园区的创新绩效水平和创新效率水平不匹配，存在着较大的效率改进和水平完善的空间。

(2)创新绩效和创新效率的估计值整体偏低，揭示出成效获得的背后，依托的仍是巨大的资源投入，没有真正实现"创新驱动发展"的目标。除了武汉园区等少数园区以外，其他各园区的创新绩效与创新效率指标测度数值均低于 0.7，它表明园区资源投入与产出明显不匹配，投入产出效率较为低下。农业科技园区的核心主旨是通过创新驱动高质量发展，而当前状况与园区发展的目标存在较大差距。

(3)创新绩效和创新效率存在明显的地域差异和主导类型差异,揭示出区域发展不平衡及投资主体的主导偏好,与农业科技园区充分发展和分类发展的目标有所背离。以两类水平评价结果的匹配程度为标准考察地域差异,东部地区匹配程度最低,仅达到20%;中部和西部地区匹配程度较好,分别达到70%和60%,在园区创新能力塑造和功能发挥方面,不同区域的园区存在程度差别。进一步以园区主导类型为标准考察投资主体,除广州、建三江、武汉等少数园区为企业和科研单位主导类型以外,其余进入各区域排序前十的园区均为政府主导型园区,不同类型园区的分类有序发展目标没有充分体现。

2. 将基于"空间—布局"视角的长三角局部园区综合效应评价结果,与东部、中部园区的绩效评价和效率评价结果进行对比,考察评价结果之间的差异。

长三角地区包含三个东部省份(或直辖市)和一个中部省份,因此只能与前两类评价中的东部和中部园区的评价结果进行对比。对比结果的含义是:由于前两类评价侧重对园区自身是否具备较高的活动绩效和技术效率进行评估,而第三类评价侧重对园区是否形成了"增长极"并发挥外部效应进行评估,将其进行对比可以看出园区对内打造创新发展能力与对外发挥辐射带动能力之间的匹配程度。表2.19给出了长三角区域15个国家农业科技园区的对比结果。

表2.19 内部创新程度与外部辐射水平的匹配结果(长三角园区)

园区名称	评价结果对比	
	绩效与效率评价匹配程度	极化—扩散效应匹配程度
S11	偏低	集聚能力高、扩散能力中等
S12	偏低	集聚能力高、扩散能力中等
S13	偏低	集聚能力中等、扩散能力高
S14	偏低	集聚能力高、扩散能力中等
S15	偏低	集聚能力高、扩散能力中等
S16	偏低	集聚能力高、扩散能力中等

续表

园区名称	评价结果对比	
	绩效与效率评价匹配程度	极化—扩散效应匹配程度
S17	偏低	集聚能力中等、扩散能力高
S18	偏低	集聚能力高、扩散能力中等
S38	偏低	集聚能力高、扩散能力中等
M14	高	集聚能力高、扩散能力中等
M15	偏低	集聚能力高、扩散能力中等
M16	偏低	集聚能力高、扩散能力中等
M17	偏低	集聚能力高、扩散能力中等
M18	偏低	集聚、扩散能力低
M19	偏低	集聚能力高、扩散能力中等

注：根据表2.14、2.16和2.17进行整理所得。

综上所述，通过对当前农业科技园区创新绩效与创新效率进行统计评价，从现象上揭示出了园区创新能力的培育、形成与提升过程中存在着诸多现实问题。尤为重要的是，需要从上述现象出发，挖掘现象背后更为深切的原因，为解决农业科技园区"创新能力不足"问题提供对策与建议。

第三节　农业科技园区创新能力建设现状的问题分析

以园区功能和效率为视角，对园区创新能力进行三个层面的测度与评价，其目的是在评价过程中发现目前农业科技园区存在的主要问题，以及导致这些问题的原因，为进一步剖析创新能力的影响因素、形成机制和效果发挥模式提供解决对策。根据前文评价结果，我国农业科技园区创新能力建设方面存在的问题主要表现为五个方面。

一、创新驱动效率不高、动力不足,能力形成的机制没有理顺

当前大部分园区形成创新能力的模式,仍是以"资源驱动"为特征的传统要素推动方式为主,以现代创新要素驱动创新能力培育与提升的模式没有建立,以农业高新技术人才和现代企业管理人才为核心的创新要素带动能力形成的机制也没有理顺,持续创新的动力明显不足[①]。地方拥有的资源禀赋固然是农业科技园区挖掘产业发展优势的重要依据,但传统的"靠山吃山、靠水吃水"思维应在农业供给侧结构性改革、创新驱动发展战略及乡村振兴战略的实施背景下赋予新的内涵与理解:摆脱以规模扩张与数量投入为特征的传统产业发展模式,探索以资源禀赋为依托、以科技创新为核心竞争力的产业升级路径。如果不能建立以"人才"为核心的现代创新要素驱动模式,就无法摆脱资源枯竭与不可持续发展的窠臼,无法实现农业科技园区自我发展的长效机制。

二、创新方式与运行模式趋于同质化,分类发展的边界模糊

政府主导型园区、企业主导型园区、科研机构主导型园区三类农业科技园区,应根据推动建设的主体差异、发展目标的定位差异、功能指向的效果差异等特征,展开和完成园区的各项创新工作与目标任务。但从当前实际运行结果来看,三类园区的运行方式同质化倾向较重、模式相似程度较高,甚至存在企业主导型园区和科研机构主导型园区功能弱化与地位边缘化的现象,没有很好地发挥市场机制、科技服务及研发转化等重要功能。同时,由于政府主导型园区在全国园区总量中的比重较高,本应分类发展的园区体系出现了企业主导型和科研机构主导型向政府主导型园区运行模式靠拢和同化的现象,三类园区间的区分与边界日趋模糊,不利于园区实现差异化

---

① 韩长赋.坚持姓农务农为农兴农建园宗旨 高质量推进现代农业产业园建设[EB/RL]. http://www.moa.gov.cn/xw/zwdt/201904/t20190419_6212068.htm

发展目标的建设要求。

三、创新能力培育资源短缺，筹措渠道狭窄与使用效率低下并存

农业科技园区培育和激发域内企业创新能力，既需要企业投入资金进行技术研发、新品试验、设备改造，也需要园区投入资源加强基础设施与信息化建设，因为园区与农业企业短期内对各类资源的需求都会迅速扩张。从企业视角来看，为培育创新能力而投入的资金，其性质与研发投入资金相似，存在着研发失败与回报风险，因此企业对该项资金的投入明显存在着政府依赖思维；从园区视角来看，管委会作为园区管理机构仅能获得少量保证日常工作运行的事业性拨款，若想加强基础设施与信息化建设、营造企业创新环境，除了依赖各类科技项目的财政资金以外，只有依赖招商引资。但是，在财政资金使用日趋规范严格的环境下，招商引资成为筹措园区创新发展主要却狭窄的渠道，进而在创新能力培育的资源投入问题上，陷入了企业希望依赖园区、园区希望企业投入的两难境地，缺乏自身"造血"功能[①]。加之由于产业规划不充分、不科学，或建设发展规划不合理等因素而造成的资源使用分配不均衡、注重局部忽略整体或注重短期利益忽略长期效益等现象的存在，资源利用效率还有待提高。

四、创新能力辐射带动效果不显著，示范引领的外部效应不明显

农业科技园区的核心功能是科技创新和示范引领，需要结合园区所在的区位情况、产业前景等具有自身特色的因素寻求发展源动力。部分园区缺乏挖掘自身特色的能力和把握市场动向的观察力，照搬和复制其他园区的产业发展模式，不分地域差异、产品差异，盲目推广"大棚＋作物"或其他设施农业运行模式；部分园区大量引进新品种、新技术，却没有高度重视技

① 刘战平.农业科技园区技术推广机制与模式研究[M].北京：经济科学出版社，2010：165～166.

术专家、专业人才,没有对农民进行必要的技术培训和操作培训,导致花费财力、物力引进的新品种、新技术没有获得高效益,反而挫伤了农户积极性,降低了农户对科技创新的信任度与认同度,甚至不愿参与园区创新目标的实现。园区龙头企业的培育缺乏规划、定位、目标不准确,导致部分龙头企业没有瞄准优质农产品生产、创新技术推广、公益性科技示范,反倒长期从事传统规模化生产,缺乏科技内涵和质量内涵,没有很好地发挥正外部性。

五、创新合作意识薄弱,知识与技术流动的成果没有显现

农业科技园区之间的合作形式和合作内容均较为松散,主要集中于流通环节的产品销售,核心内容是扩展销售渠道,而对创新能力培育有重要作用的知识流动、技术互补等领域基本没有实质性交流或合作,更没有通过分析厘清技术差距来促进学习和赶超。形成上述问题的原因,一方面是资源短缺和预算约束,逼迫园区和域内企业将关注点更多地转移到流通领域和货币实现上,加之农业技术产权界定与收益功能弱化,公益性质较明显,企业投入创新的意愿不高,不能形成良好的合作;二是园区内培育或引进的企业自身实力偏弱,研发能力、知识传播能力及技术交流能力等均较为缺乏,无法实现交互学习与能力升级需要的网络化合作形式,进一步削弱了园区间及域内企业间的合作交流。

产生上述问题的根源,是农业科技园区"创新能力缺失和不足"。园区作为制度干预的产物,只有促使其自身的运行逻辑与制度框架下必须遵循的发展规律相符合,才能最终实现政府对其设定的目标要求、发挥应有的功能。农业科技园区承担的历史任务,是实现创新驱动农业发展、促进小农户与现代农业有效衔接并承载国家农业经济宏观发展目标。因此,园区必将通过促进知识研发与创造、促进农业经济生产与供应,以及带动产业和农户发展以实现社会福利等方式,完成上述任务。"知识创造""经济生产"与"社会带动"的实现,归根结底需要园区凝塑强劲的创新能力乃至完备的能力体系。探究具有中国特色的农业科技园区创新能力体系与构成,挖掘影响创新能力形成的因素与条件,理顺创新能力形成的机制与效应,提出有效促进能力形成的路径与措施,才能从根本上解决园区当前由于创新能力不足所

引发的各类问题和弊端,最终实现园区的高质量发展。

  本章梳理了国家农业科技园区创新能力建设的现况,利用三种统计测算方法对 106 家国家农业科技园区样本进行能力评价,指出了当前园区创新能力培育方面存在的问题。国家农业科技园区的发展脉络特征包括"试验试点—大幅推动—全面发展"的三阶段性、"宏观大体均衡、微观差异显著"的地理结构性,以及"由经济功能向社会功能转化"和"由单一目标向多元目标转化"的双重过渡性等特点。分类比较了政府主导型、企业主导型和科研单位主导型三种类型模式的运行机制。基于"功能—目标""投入—产出"和"空间—布局"三个视角,分别对园区创新能力、创新效率、"增长极"效应进行了统计分析与测算评价。根据评价结果,发现当前园区建设存在五个层面的发展问题,并发现引起这些问题的根本原因在于园区创新能力不足或缺失。

第三章
农业科技园区创新能力形成过程的机理分析

将农业科技园区不断打造自身功能的过程视为一个动态的经济系统，则"科技创新"是"示范推广"的基础，"创新能力"是"科技创新"的源泉，"功能目标"是"创新能力"的靶向。按照国家对农业科技园区未来发展定位的要求，园区面对的是包括多项经济目标和社会目标所组成的"目标体系"。因此，若将农业科技园区创新能力的形成过程纳入该"目标体系"实现的框架中来，园区创新能力的具体表现就应是与该"目标体系"相适应的"功能体系"，从而创新能力的形成过程就是一个以农业科技园区为系统的演化过程，遵循"创新要素投入—决定因素影响—形成机制作用—功能体系形成"的逻辑链条。综上所述，基于实现功能目标的维度，对农业科技园区创新能力形成过程进行理论剖析，可以分解为两个具有密切联系的问题：创新能力形成的决定因素研究和创新能力形成的过程机制研究。

本章围绕上述问题，对影响创新能力形成的内部和外部因素，以及各种因素相互作用的动力机制进行理论分析，以期在理论层面对能力形成问题划定研究边界，为下一步进行的实证分析奠定基础。

第一节 农业科技园区创新能力形成过程的决定因素

农业科技园区创新能力的实现,一方面需要园区内部各类型参与主体围绕目标任务开展创新活动;另一方面也需要与园区外部更为先进的生产力建立积极联系。这种依托内外部先进力量带动发展的需求,决定了农业科技园区在塑造自身创新能力的过程中同时受到内部和外部运行环境等因素的影响,园区也正是在充分协调各级政府、科研院所、内外部农业企业和科技服务机构等多重主体互动和反馈的基础上,形成制度创新、知识流动、技术互补、平台服务等创新子能力,最终成为具备强劲创造力、能够适应国家对农业不同发展阶段要求的创新系统。

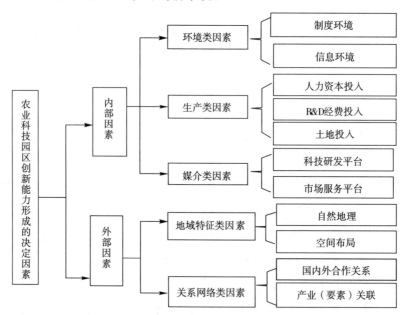

图 3.1 农业科技园区创新能力形成的决定因素

从影响园区创新能力形成的内部因素来看,主要包括三个类别:环境类因素、生产类因素、平台类因素;从影响园区创新能力形成的外部因素来看,主要包括两个类别:地域特征类因素和关系网络类因素。图 3.1 展示了影响农业科技园区创新能力形成的内外部决定因素。这些因素通过不同的作用渠道,对农业科技园区创新能力的形成过程发生影响;同时,农业科技园区创新能力的作用渠道(即形成机制)受到"系统开放环境"与"系统封闭环境"下的条件差异影响,从而在差异化的形成机制作用下,上述因素受到机制调用,形成"双重机制调动两类因素"的作用模式。

一、内部决定因素

信息化水平、政策制度、创新性质的生产要素及知识研发与生产平台等要素,共同构成了影响农业科技园区创新能力的内部决定因素。从农业科技园区内部运行视角出发,按照涉及的企业、政府、高校科研院所、科技中介机构及农户等多类型参与主体各自在园区创新发展进程中的作用,可以将上述要素划分为环境类因素、生产类因素和平台类因素。

(一)环境类因素

企业创新活动的顺利实施离不开企业所处的生产环境,这种生产环境既包含以交通运输、厂房设备等物质生产所必需的基础设施硬环境,也包含政策制度、知识技术、企业文化等在内的软环境[①]。结合农业科技园区建设运行的现实而言,影响园区创新能力形成的环境因素主要是以促进知识、技术和信息共享的信息化建设因素,以及以激励政策和规范制度提升企业创新效率的制度因素等为代表的软环境因素。原因在于,国家农业科技园区的选址大多在城市市郊或农业发展比较有优势的地区,道路桥梁、水电供应、运输状况及企业生产所需的硬件基础设施均相对完善,不会对园区及企业发展形成制约或阻碍,但是园区所在地域的政策扶持情况、各级主管部门重视程度、信息交流与共享状况乃至农耕文化传统等方面却存在着较大程度的差别。因此,能够对农业科技园区创新能力形成过程产生影响的环境因素,主要是信息化建设情况及制度环境建设情况。

---

① 李冬琴.环境政策工具组合、环境技术创新与绩效[J].科学学研究,2018,36(12):160~169.

制度环境对企业创新活动有重要影响。较早地针对制度环境如何影响企业创新的探讨是 Baumol(1990 年),在熊彼特对"企业家才能"分析的基础上,将其视为与其他生产要素一样的生产环节的投入品,探讨"企业家才能"应如何进行投入配置从而获得最大效益。Baumol 将"企业家才能"作为外生变量,认为一定时期内的"企业家才能"要素是固定的,但在不同的制度设计和政策环境下,具备企业家才能的人在生产性活动和非生产性活动中的转换将导致这种特殊要素的产出不同,合理的政策制度环境将促进具备企业家才能的人有效发挥这种特殊要素的作用,促进社会总产出的增长[①]。关于制度环境影响企业创新行为的方式存在两种代表性观点。第一种代表性观点认为,制度环境与企业创新行为之间存在明确的线性相关关系,如 Yang & Tseng(2012 年)以中国台湾地区的制造业为对象分析了环境规制、R&D 投入及创新产出之间存在线性关联[②];Steinmo & Rasmussen(2016 年)选取已经获得成功的创新项目为案例,分析了企业与研发机构合作的状态环境对企业创新产出的线性影响[③]。第二种代表性观点认为,制度环境与企业创新行为之间存在复杂的非线性关系,由于受到规制强度、政府补贴性质与程度、企业产权类型等具有门槛效应的因素影响,两者之间的非线性关系不能给出统一的形状描述。如赵岩(2018 年)以高新技术企业为样本进行分析,发现市场竞争、政府支持和企业创新之间存在非线性的交互影响,且不同程度的政府支持模式带来的影响效应存在差异[④];张宽、黄凌云(2020 年)认为,政府创新偏好与区域创新能力之间存在非线性影响关

---

① Baumol, William. Entrepreneurship: Productive, Unproductive, and Destructive [J]. Journal of Political Economy,1990,98(5):893~921.

② Yang C H, Tseng Y H, Chen C P. Environmental regulations, induced R&D, and productivity: Evidence from Taiwan's manufacturing industries[J]. Resource and Energy Economics,2012,34(4):514~532.

③ Steinmo M, Rasmussen E. How firms collaborate with public research organizations: The evolution of proximity dimensions in successful innovation projects[J]. Journal of Business Research,2015,69(3):1250~1259.

④ 赵岩.市场竞争、政府支持与企业创新绩效[J].哈尔滨商业大学学报,2018,(6):42~53.

系[1]。上述两种代表性观点虽然在制度环境如何影响企业创新行为的方式上存在分歧,但都明确指出了制度环境对企业创新活动的决定性影响,这种影响的作用方式是通过规制和激励,在最优化的目标下对企业家等行为主体重新合理、有效地配置创新要素及资源进行积极干预,从而获得创新效果。

信息交流与共享环境的营造,能够推动农业科技园区高效运行,降低信息不对称给园区企业带来的市场经营风险,降低企业在内部决策和外部交易中的各类成本,通过信息交换与技术合作等机制培育创新能力。完善的信息化建设程度及其相应的信息共享制度对提升农业科技园区创新能力有积极作用,已经被国外有代表性农业园区的客观实践所证实。美国政府搭建了农业领域内的"国家—地区—州"三级政府信息网络,不仅实现了农业园区的信息共享,而且将有效监管纳入园区信息建设中[2]。德国政府依托电子通信系统开发并搭建国家农业信息网络,提高农业园区生产效率和决策服务水平[3]。法国政府免费提供全国范围内的多类型农业信息服务,降低交易成本,顺畅技术共享,提高国家农业生产效率[4]。澳大利亚政府的现代信息化建设推动农业发展模式更为显著,借助于信息科技和电子技术的产业优势,通过市场需求及国家政策的导向作用,建立了包含生态、加工、服务和出口一体化的农业发展新模式[5]。信息共享机制的建立及信息化建设的完善,将极大促进和提升园区内外部交流的便捷与效率,最大限度地降低

---

[1] 张宽,黄凌云.政府创新偏好与区域创新能力:如愿以偿还是事与愿违?[J].财政研究,2020,(4):66～82.

[2] 田子方.发达国家信息技术在农业中的应用及其启示[J].世界农业,2013,(6):45～48.

[3] Stricker S. Situation of Agricultural Information and Communication Technology (ICT) in Germany[M]. Landon: Cambridge University Press, 2003:418～425.

[4] Chen G X, Mei F. France and its agriculture: advancing towards informationization [C]. AFTTA (2002): Asian agricultural information technology & management. Proceedings of the Third Asian Conference for Information Technology in Agriculture, Beijing, China,26～28 October,2002.

[5] Xiao-chan H, Zhang H, Luo W, et al. Research of Construction of Australia Agriculture Information System[C]. 2013 world agricultural outlook conference, Beijing, China,6～8 June,2013.

信息障碍引致的不确定性风险,增加园区、企业及各类型参与主体间的合作机会并降低合作成本,通过形成主体间的协同创新关系实现优势资源和知识技术等创新要素的互补利用,极大地提升农业科技园区创新能力水平。

(二)生产类因素

农业科技园区形成自主创新能力,核心内容是在政府指导、园区管理、多类型主体参与创新的宏观和微观环境下,促进园区农业产业化龙头企业形成科技研发、高质量产品生产和辐射带动能力,实现园区承载和预期的经济社会目标。科技研发、辐射带动等能力的塑造,需要蕴含在高水平的研发活动中,依托生产要素,尤其是依托符合农业现代化要求的、具有创新性质的、以具有创新精神、掌握先进农业技术的创新人才为核心生产要素集合进行凝结和形成。具有创新性质的生产要素,包含区别于传统劳动力的研发人员、区别于一般资金性质的研究与发展经费,以及用于创新生产所必需的土地资源。加大创新性质要素的投入力度,有助于农业科技园区加快形成创新能力,高质量实现园区各类发展目标[①]。

以科技研发人员为代表的技术创新人才,是推动产业升级、传播前沿技术、提高产品竞争力的核心要素。农业科技研发人员是具有专业知识技能和丰富创造力的人力资本,是促进先进农业知识和技术交流的重要载体,能够盘活和带动其他具有创新性质的生产要素及地方优势特色的禀赋资源。农业科技园区作为政府干预并促进农业高质量发展的强制性制度变迁形式,具有显著的产业集聚特征,因此科技研发人员促进农业科技园区创新能力提升的路径,就是通过促进园区农业产业结构调整与优化、进而推动园区创新产出增长的模式实现[②]。农业科技园区企业汇聚科技研发人员形成知识生产部门,产出以发明专利、新品种、新技术为代表的各类知识产权,为农产品生产部门提供中间品,一方面优化了园区所在地域的农业产业结构,实

---

① 侯玉巧,汪发元.绿色创新与经济增长动态关系研究——基于 VAR 模型的实证分析[J].生态经济,2020,(5):44~49.

② 姚娟,刘鸿渊,刘建.科技创新人才区域性需求趋势研究——基于四川、陕西、上海的预测与比较分析[J].科技进步与对策,2019,36(8):1~7.

现了农业产业链和价值链的延伸与提升;另一方面通过高效提升园区的农业全要素生产率,推动园区创新产出的经济增长。

以研究和发展(R&D)投入经费为代表的创新资金是保障农业科技园区农业企业开展科技创新、研究开发、技术推广等活动顺畅运行的重要基础。充足的 R&D 经费投入,一方面通过为园区企业开展创新活动提供资本供给,吸引科技研发人员、购置先进的技术设备等物化生产要素,在"干中学"的机制下以研发项目为载体进行知识和技术的吸收、转化和应用,达到园区创新能力孵化培育的目的①;另一方面通过为人才、知识的交流互动提供保障,促进农业技术进步和产业结构升级,不断研发和推广植物、动物新品种及种植、养殖新技术,降低种植业、养殖业或农产品加工业等生产活动对生态环境带来的负面影响,实现生产绿色发展与生态环境保护的和谐同步②。

以农业科技园区核心区建设面积为代表的土地资源投入是保证园区农业企业研发创造、管理机构运营协调、农户技术采用及生产等各个创新活动环节能够顺畅运行的重要条件。农业科技园区土地资源投入一方面通过对生产空间、生活空间和生态空间的规划与布局,充分发挥土地供给量固定前提下的最优化使用效益,最大限度地满足技术研发、成果试验和示范推广等环节对土地要素的需求;另一方面通过提高土地利用效率促进全要素生产率、提高土地投融资强度吸引财政资金和各种用于创新创造活动的经费,改善研发、生产、商贸服务等条件建设,为园区创新能力的培育提供物质基础③。

(三)平台类因素

塑造农业科技园区创新能力,前提条件是有利的激励政策、丰富的资源

---

① 李政,杨思莹.创新投入、产业结构与经济增长[J].求是学刊,2015,(4):61~67.
② 张复生,张力生,王晓雪.R&D 投入与企业绩效——基于内部控制的调节作用[J].财会通讯,2019,(12):73~75.
③ 梁涵.基于空间一般均衡理论的土地要素对经济影响机制研究[J].统计与决策,2019,(6):41~45.

要素和优秀的创新人才能够通过一个有效的媒介进行汇聚,通过能力凝结机制产生知识、技术密集型的农业创新成果,展开推广示范,实现带动和引领的经济与社会目标①。以创新要素集聚为特征的科技研发平台、以提供科技信息服务为内容的科技资源共享平台和以现代信息技术为依托的电子商务平台,可以充当政策、人才及要素的汇聚媒介,承担要素凝结、知识传播与成果扩散等任务目标的中介载体。

科技研发平台的核心功能是在要素集聚基础上研究与开发新产品、新技术与新方法,运行机制和组织方式则是以科研机构、大学院所和高新技术企业为主导,以政府、科技服务机构、金融机构等为辅助,以完善的市场机制为衔接的多类型主体的协同创新,并在要素整合优化的过程中实现研究与发展活动的效用与价值②。科技研发平台促进农业科技园区创新能力形成的主要机制,就是通过创新要素集聚和多主体协同创新模式,形成网络化的组织合作形态,谋求知识增值与技术升级,在主体信任机制、资源整合机制、共享协调机制等共同作用下将新知识、新技术通过扩散渠道进行有效推广,实现示范引领与带动发展的经济与社会目标。在激励政策和制度规范的环境下,高水平的科技研发平台能够高效并迅速地实现能力辐射、资源共享、信息交换与集成创新,最低成本地吸引和运用外部资源"为我所用",极大促进农业科技园区创新成果产出和创新能力提升。

科技资源共享平台和电子商务平台通过提供技术服务、充当商贸流通媒介等方式,成为推动农业科技园区服务带动周边企业、新型农业经营主体、普通农户获得高水平农业技术、提升科技素养、获得产品市场销售渠道、快速实现商品价值的重要手段③。科技资源共享平台和电子商务平台等服务平台的核心功能是解决农业科技园区企业、新型农业经营主体、普通农户

---

① 张少辉,余泳泽.土地出让、资源错配与全要素生产率[J].财经研究,2019,45(2):73~85.

② 仲崇娜,苏屹.高校协同创新平台组织结构与运行机制研究[J].科技进步与对策,2015,(6):29~34.

③ 张宁.中美共享经济企业平台价值通路比较研究[D].北京:中国政法大学博士学位论文,2018.

等经营主体在与外部市场链接过程中的信息不对称问题。从农业科技需求方考察,地域限制下的农业科技园区企业或其他经营主体的技术需求,在狭小地域内可能无法得到满足:一是狭小地域的技术供给数量较少;二是技术水平或研发能力与技术需求不匹配。从农业科技供给方考察,地域限制下的、具有强劲研发能力和技术产品的企业、机构,高水平的技术溢出没有足够的承接和实现载体。突破地域限制的重要方式是信息共享和科技资源共享,通过信息技术和平台媒介将技术供给与技术需求进行有效衔接,缓解信息不对称引起的供求失衡。电子商务平台同样通过线上和线下两类渠道为农业科技园区企业、农户生产的产品提供信息流辅助,扩展销售渠道,扩张品牌知名度,扩大市场占有率,协助园区产品实现货币价值,获得稳定回报①。

二、外部决定因素

农业科技园区所在地域的自然地理条件、区位经济特征、与国际国内行业伙伴形成的合作关系均对园区在市场机制下能否具备竞争力产生决定作用,从而共同构成了影响农业科技园区创新能力的外部决定因素。从外部因素对农业科技园区创新能力的影响方式出发,可以将上述要素划分为地域特征类和合作关系类两大类决定因素。

(一)地域特征类因素

农业科技园区是经济系统和社会系统的综合体,与工业高新技术园区存在显著的根植性差异。这种根植性体现在:不同工业高新技术园区的建设模式和发展路径存在高度可复制性,在一定的土地资源、厂房和机械系统设备保证下,工业产品的研发和生产可以仅依赖于产业分工而不依赖于当地的社会网络和文化环境;但是,农业科技园区的成果研发、应用转化是在农业产业范围内,其研发的新品种、新产品不仅受到当地土壤状况、气候条

---

① 涂科,杨学成.共享经济到底是什么?——基于个体与组织的整合视角[J].经济管理,2020,(4):192~208.

件等自然地理特征制约,还受到当地传统文化和农耕习惯的影响,致使外来农业物种能否在本地适应、改良并产业化等都存在极大的不确定因素,从而园区建设模式和发展路径存在不可复制或部分不可复制的形态。因此,农业科技园区所在地域的自然地理特征、农业资源特征、社会网络与文化特征及园区之间的空间分布结构,都对创新能力的形成产生影响。

　　农业科技园区的技术引进、研发推广、带动示范等一系列创新活动都与地理因素密不可分。因此,探讨创新要素对知识创造、经济生产及社会带动的影响就必须将地理因素纳入考察范畴①。以地理集聚为基本特征,农业地区的优势和特色产业将通过研发活动和创新行为逐步形成创新集群,从而引发农业生产活动依据"成本—收益"原则,从较高成本地区向较低成本地区移动,最终在创新集群基础上进一步形成生产集群②。因此,地理特征成了新的地域分工和要素使用格局的影响因素。产业集群的经济效应发挥需要建立在专业化和合理分工的基础上,集群内的构成要素更是首先通过地理邻近产生联系和合作关系,逐渐形成具有内部互补和外部学习形态的创新网络,促进集群创新③。地理差异作为重要因素在农业科技园区创新活动及其演化过程中不能置于外生的重要因素,园区企业的农业科技创新和示范引领效果均显著地呈现园区地理区位、禀赋资源等地域特征的影响痕迹④。以自然条件差异、社会文化差异和资源禀赋差异为主要内容的地域特征要素通过"优势互补"和"后发赶超"两种方式来激发农业科技园区的知识创造效果、经济生产效率和社会带动效益提升,并通过三重效益的提升反映园区的核心竞争力,形成"竞争"效应⑤。

---

　　① [美]普可仁主编.创新经济地理[M].童昕等译.北京:高等教育出版社,2009:23～30.

　　② 王缉慈.创新的空间——企业集群与区域发展[M].北京:北京大学出版社,2001:42～74.

　　③ Frost T S. The geographic sources of foreign subsidiaries' innovations[J]. Strategic Management Journal,2001,22(2):23.

　　④ Gertler M. Tacit Knowledge and the Economic Geography of Context, or the Undefinable Tacitness of Being (there)[J]. Economic Geography,2003,3(1):75～99.

　　⑤ Bathelt H, Li P. Global cluster networks-foreign direct investment flows from Canada to China[J]. Journal of Economic Geography,2014,14(1):45～71.

(二)关系网络类因素

农业科技园区作为创新能力的有形载体,其创新能力的生发路径存在共性特征:即从以自主研发为主的起步阶段,过渡到与当地政府、外部企业、科研院所及农户等多元主体协同共生,逐步产生有机联系、结成创新网络和产业集群。网络和集群的出现,促进了农业科技园区及企业与外部环境(包括国内外园区及企业、科研机构、高校院所等)之间的交互作用,催生出农业科技园区强劲的创新能力。保证这种交互作用的有效性,即园区创新能力形成的主要机制,是基于"顺畅的知识流动""高效的吸收模仿""良好的货币资本运行"与"密切的社会资本运行"四种元素的有机融合,为园区创新能力提供基本的动力来源①。园区基于社会目标和经济目标锤炼和形成创新能力,直接动力是对现代农业技术、先进管理理念等知识的需求,也是园区开展全部创新活动的起点;满足知识需求的方式与手段,是通过交流、合作结成关系网络,通过技术引进、吸收模仿及创新创造,完成园区自身的知识积累与发现;知识引进、吸收模仿及再创造过程能否顺利实现,取决于园区外部是否存在资金流充足、信任程度高、知识水平高、联系程度紧密的产业或行业伙伴,货币资本或社会关系网络为园区知识供需平衡和创新能力形成提供外部环境。

匹配程度较高的技术合作关系是农业科技园区发展历程中形成创新能力的重要决定因素。我国农业科技园区在建设伊始均是依托国家及地方提供的政策优势,引进创新主体(研发企业、高校科研院所)和创新技术(新品种、新工艺、新技术),通过自主培育、创新孵化,独立获得创新性产出,实现技术推广与扩散,并在此过程中形成自身的创新能力。由于经济联系的日益紧密及未来农业发展对知识技术的密集要求,园区之间基于优势互补的动机自发地产生合作意愿的可能性逐渐加大,已经有部分园区依据自身建

---

① 王莉静,王庆玲.高技术产业技术引进消化吸收再创新分阶段投入与产出关系研究——基于分行业数据的实证研究[J].中国软科学,2019,(1):184~192.

设状况开始走上寻求合作之路①。随着信息技术和互联网手段的普及与完善,园区间相互联系并发生合作的成本不断降低,收益不断增加,从而存在较强合作关系的园区更有可能在合作中,较快地明确符合自身创新发展的模式与路径。以农业科技为特定背景的不同主体,在知识流动成为创新主流的环境下,若要形成创新能力、发挥创新功能,未来发展趋势也必然是通过各种途径结成创新网络,并通过这种创新网络的格局演化与关联合作来寻求内生性的创新动力②。因此,合作关系及其演化机制将对农业科技园区内生地形成创新能力、发挥创新功能起到关键作用。

社会资本的内涵是某个组织或个体与外部环境间结成的社会关系网络,以及该网络中包含的能够促进组织和个体行为效率提升的经济资源和社会资源③。农业科技园区作为有地理空间范围和内外部环境交互影响的独立经济系统,创新能力的来源因素与最终形成,一方面依托的是有形的多元化参与主体等要素,在货币资本支持下的知识学习与技术合作中形成创新网络和产业集群,通过网络和集群进行产业化,实现示范带动效果;另一方面则是依托具有根植性、属地文化特征性和生产增值性等特点的无形社会资本要素,为有形要素在创新系统功能发挥过程中提供介质与环境④。社会资本的属性可以采用结构资本、认知资本和关系资本等多个维度进行刻画,不同维度的社会资本含义和指向不同:结构资本强调合作关系的网络强度和密切程度;认知资本强调网络成员之间的多维邻近性质;关系资本强调网络成员相互间的信任与互惠⑤。社会资本对农业科技园区创新能力的

---

① Jörg Sydow, Gordon Müller-Seitz. Open innovation at the interorganizational network leve-Stretching practices to face technological discontinuities in the semiconductor industry [J]. Technological Forecasting & Social Change,2020,155(5):1~42.

② Martinez-Noya A, Narula R. What more can we learn from R&D alliances? A review and research agenda [J]. MERIT Forthcoming,2018,56(1):1~14.

③ Coleman,James S. Social Capital in the Creation of Human Capital[J]. American Journal of Sociology,1988,94:S95~120.

④ Ana Pérez-Luno,Medina C,Lavado A, et al. How social capital and knowledge affect innovation[J]. Journal of Business Research,2011,64(12):1369~1376.

⑤ Nahapiet J, Ghoshal S. Social Capital, Intellectual Capital, and the Organizational Advantage[J]. Academy of Management Review,1998,23(2):242~266.

形成起关键作用,主要通过两条途径实现:一是社会资本能够显著促进园区内部农业企业的技术创新,为系统自身带来更高层次的创新性产出;二是社会资本能够显著促进园区外部环境与内部环境的对接,形成产业集聚,并通过专业分工和集成创新,促进创新能力形成。

第二节　农业科技园区创新能力形成过程的作用机制

厘清创新能力的内涵边界,目的是对园区在"三重目标"框架下应塑造何种能力进行靶向定位;厘清农业科技园区创新能力形成的内外部决定因素,目的是在理论上明确研究对象受何种力量影响,剖析这些影响因素与能力形成的关系。"创新能力的内外部决定因素"是能够对创新能力形成产生重要影响的作用因子,链接两者并使两者发生关系的途径是创新能力形成的"生发机制"。

一、双重作用机制的界定及逻辑关系

农业科技园区具备的"多元主体协同共生"特征和"多样要素交织作用"特征,内在地决定了园区在创新能力形成过程中将受到两类机制的影响:一是园区作为独立的创新系统,在其封闭的系统内部,不同类型的决定因素如何促进个体园区创新能力形成的微观机制,包括异质性的各类型因素与知识生产、经济增长、示范带动等体现创新能力效果指标之间的作用关系,以及多元化参与主体之间的协同创新关系;二是园区作为开放的区域性创新系统,在知识技术、物质要素、学习模仿和社会资本等交织作用的外部环境下,不同类型的决定因素如何促进个体园区创新能力形成的宏观机制,包括合作、集聚及地域差异的优势互补等作用方式①。在两类作用机制理论分

① Thompson M. Social Capital, Innovation and Economic Growth[J]. NIPE Working Papers,2015,73(4):46～52.

析的基础上,后文将围绕两类机制的作用过程和效应测度分别展开实证分析。

本书将农业科技园区创新能力的内生发展机制区分为微观机制和宏观机制两类,其区分依据是将园区创新能力建设过程视为一个从"封闭"状态到"开放"状态的独立创新系统演化过程。按照这种划分,预设前提应该是农业科技园区创新能力的培育过程存在时间上的继起性,从而创新能力的形成也是先在系统内部发生,然后其效果扩散到系统之外。这种假设显然和农业科技园区建设运行的客观事实有所差异:农业科技园区的外部环境和内部环境是空间和时间并存的,所有园区都是在外部环境下进行的内部科技创新活动。除了极少数国家农业科技园区是"零基础"挂牌开展建设以外,绝大多数园区都是在已有相当规模或已建成省级园区的基础上进行资源优化与要素整合,挂牌后迈入新的发展行列。因此,对国家农业科技园区而言,不存在完全"封闭"的园区形态,全部园区都是有形的地域与无形的知识、技术、网络并存的"开放"形态,仅是处于不同建设周期的园区之间,可能存在合作、交流、互动关系程度的强弱问题。

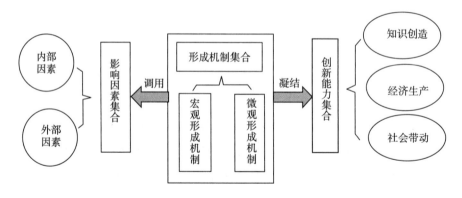

图 3.2 双重机制促进园区创新能力形成的演化过程

采取"开放"和"封闭"两种形态对园区进行划分,主要是基于方法论的视角:当把农业科技园区置于宏观环境下,本书把园区作为一个完整的单位,考察外部的知识流、技术流、物质要素流及产业集群形态、关系网络强度等宏观要素对园区的冲击,进而阐释在宏观要素冲击下,园区内部因素与外部因素的交织作用如何对创新能力产生影响;当把园区置于微观环境下,本书把园区作为一个独立的创新系统,将宏观环境视为外生既定,并在这种既定框架下考察系统内部的各类型因素对创新能力形成的影响关系和机制。图3.2描述了双重作用机制调用双重影响因素,并最终凝聚为园区创新能力的逻辑演化过程。

综上所述,促进农业科技园区创新能力形成的两类作用机制,不是相互独立、各自作用的,而是两者之间的逻辑关系相互依存、互为必要。缺少知识流动、合作网络、产业集聚等宏观环境及其相应作用机制,仅依靠园区独立培育和形成创新能力是很难完成且效果不佳的;同理,宏观环境中具备了顺畅的知识流动、社会关系网络和良好的产业集群,但园区微观系统内部没有紧密的主体协同、强劲的科技研发、顺畅的成果转化等条件,也很难与宏观环境相对接,更无法实现经济目标和社会目标。农业科技园区必须在宏观和微观双重作用机制共同影响内外部因素的条件下,内生地形成能够适应不同发展要求和功能目标的创新能力。

二、基于开放系统的宏观作用机制

将农业科技园区视为独立、开放的创新系统,在知识技术、物质要素、学习模仿和社会资本等交织作用的外部环境下,两类影响因素通过"合作促进创新""集聚促进创新"和"竞争促进创新"等作用路径,凝结创新能力。

(一)"合作"促进创新能力形成的作用机制

经济行为主体之间结成稳定的合作关系,将促进具有异质性特征的知识、技术、资源的流动、整合,在降低交易成本的基础上促进新知识、新技术的发明与创造,从而凝结为强劲的创新能力。农业科技园区作为独立、开放的区域创新主体,合作关系结成并促进园区创新能力的形成,是园区在发展历程中自发衍生并必然发生的结果。

在农业科技园区建设伊始,依托国家及地方提供的扶持政策,园区独立引进参与主体(研发企业、高校科研院所)和创新技术,通过自主培育和创新孵化,获得创新性产出,实现技术推广与扩散;伴随农业发展目标和功能的不断调整、经济主体之间的联系日益紧密,以及未来产业发展对知识技术的强烈需求,农业科技园区之间基于优势互补的动机自发产生合作意愿的可能性逐渐加大,部分园区依据自身建设状况开始走上寻求合作之路,并且那些存在较强合作关系的园区更有可能在合作的过程中形成地理集聚或技术集聚,先行形成具有自身优势特色的创新能力①。

进一步考察农业科技园区合作关系结成的原因,应是由多维邻近性(Multi-dimensional proximity)引起的各类空间和技术的相近关系。这种相近关系包括了传统的地理邻近及现代创新网络研究关注的技术邻近、组织邻近和制度邻近。与地理邻近相比,技术邻近是合作行为出现的根因,以知识集聚为特征的高技术企业在选择合作伙伴时也更多地倾向于那些与自身技术重叠度高的企业。

因此,合作关系促进园区创新能力形成的机制是通过知识、技术等无形要素的集聚、吸收,结成技术邻近的集群和网络,在集群和网络环境下进一步整合有形生产要素进行研发成果的转化应用,从而推动科技创新和示范推广两大基础功能的有效发挥。

此外,地理分布不同的农业科技园区在合作关系形成过程中存在时间与地域上的双重维度异质性。时间角度的异质性体现为建设周期的差异,由于不同园区分批次立项建设,建设周期长的园区可能比建设周期短的园区更具创新能力;地域上的异质性体现为农业传统优势的差异,由于不同园区所处的省份不尽相同,处于农业传统生产优势或农产品特色优势的园区可能更具创新能力。因此,由于时空异质性的影响,园区之间合作关系会形成局部联系和区域联系两种行为模式,从而产生两种地域集群形态。农业科技园区创新能力形成的合作机制,以及合作关系形成的过程由图 3.3 展示。

借鉴演化经济地理学中集群模式的"区域蜂鸣"与"全球通道"概念,将农业科技园区间形成的局部和区域合作集群形态定义为"地方蜂鸣"和"区域通道"两种模式。如果从园区创新能力高低或创新性产出多寡的角度考

---

① 田颖,田增瑞,韩阳等.国家创新型产业集群建立是否促进区域创新[J].科学学研究,2019,37(5):817~825.

察,"通道园区"由于经历了"地方蜂鸣"的发展阶段,在创新能力形成过程中有可能发挥更加明显的作用。

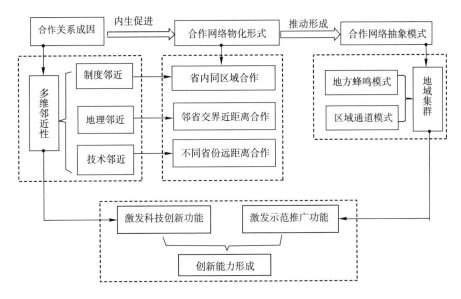

图 3.3 "合作"促进园区创新能力形成的机制

根据上述分析,对"合作"促进园区创新能力形成的分析提出如下研究假说以待验证:

H1a:"合作行为"对农业科技园区形成创新能力具有显著作用,"技术邻近"是更能促使园区内在自发产生合作需求的关键原因。

H1b:与"地方蜂鸣"模式相比,"区域通道"模式提升园区创新能力的效果更显著。

(二)"集聚"促进创新能力形成的作用机制

产业集聚和要素集聚通过分工和协作两种方式,将中间品生产与投入成本、生产要素流动与匹配成本,以及知识技术溢出与模仿成本均大幅降低,强化了"干中学"效应和"模仿—吸收"效应的程度,提升了全要素生产率,有利于创新能力的产生。农业科技园区享受国家和地方政府的扶持政策,不断打造产业示范和创新引领高地,自身具有较强的经济"引力",以园区为核心的产业集聚和要素集聚形态逐步形成。

与工业高新技术园区存在本质性的不同,农业科技园区的产业集聚和要素集聚通过两种渠道影响园区创新能力的形成。从产业集聚层面考察,农业科技园区承担着促进三产融合的发展目标和探索农民分享二三产业利益的重要机制,这就要求园区在引进经营主体和主导产业建设的过程中,要同时覆盖三次产业,形成实质性的融合;还要在既定的空间范围内进行合理布局,将生产区、加工区和休闲观光等功能区融为一体,促使园区不仅是农产品的生产和加工基地,也是环境和谐的生态旅游基地,拓宽经营主体的产业收入来源①。从要素集聚层面考察,农业科技园区承担着发展农业高新技术产业、推动园区向"高端、集聚、融合、绿色"方向发展的使命,这就要求园区必须汇集以创新人才为核心的创新性生产要素,通过创新性生产要素的投入和产出,改造传统农业,促进产业升级,实现农业现代化。

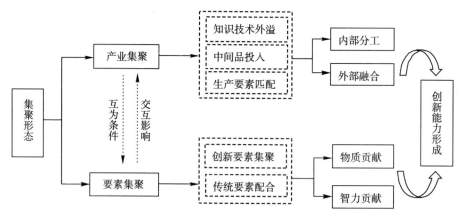

图 3.4 "集聚"促进园区创新能力形成的机制

因此,"集聚"促进农业科技园区创新能力形成是两个机制共同作用的结果:一是产业集聚,将相同产业内的合理分工与不同产业间的深度融合相结合,激发产业内外有形要素和无形要素的流动、溢出与吸收,促进园区经济意义上的产出效果和社会意义上的带动效果;二是创新性质要素集聚,将农业科技人才、先进技术等具有创新性质的生产要素向园区汇聚,通过投

---

① 张营营,高煜. 创新要素流动能否促进地区制造业结构优化——理论解析与实证检验[J]. 现代财经(天津财经大学学报),2019,(6):98~113.

入—产出机制实现经济产出和社会带动的双重目标。图3.4展示了园区集聚行为促进创新能力形成的机制。

产业集聚与要素集聚之间存在着相互影响及交互效应。农业科技园区的技术升级、品种改良及设施更新,是产业集聚和要素集聚共同作用的结果,将推动园区及其所在地域、周边的传统农业改造和新兴业态浮现,加速新动能和旧动能的转换,促进形成更具创新活力的产业创新集群,并通过这种创新集群的运行进一步凝聚和提升园区创新能力。园区创新能力形成后,将通过技术扩散、产业示范和带动引领等途径强化园区科技创新和示范推广的功能与效果,实现园区应承载的经济效益目标和社会效益目标,发挥传统农业与现代农业、小农户与现代农业之间的衔接作用。当已有技术已成熟、产品模仿者大量出现从而引致市场需求饱和、利润下降时,市场机制将发挥反馈作用,倒逼园区的创新性质要素进行再配置、再研发、再生产。上述过程的顺畅运行,可以促进园区创新能力实现从形成到提升的良性发展态势。

综上所述,对"集聚"促进园区创新能力形成的分析提出如下研究假说以待验证:

H2:产业融合程度和创新要素集聚程度正向显著影响农业科技园区创新能力的形成,二者之间存在交互效应。

(三)"竞争"促进创新能力形成的作用机制

处于同一历史时段的农业科技园区之间,存在着两类不同性质的发展差异:一方面是自身发展程度的差异,体现为建设周期对园区创新发展水平的影响;另一方面是比较优势的差异,体现为非盈利性目标的竞争与赶超机制对园区创新发展水平的影响。建设周期的长短是外生因素,但以比较优势为基础的竞争与赶超机制,将对园区创新能力的形成产生内生性的作用。

剥离人才、资金与技术等共性要素,分布于不同区域的农业科技园区,其自身比较优势的形成是与其所处区域的地理因素直接关联的。与工业高新技术园区的发展模式不同,每个农业科技园区都具有与其地方环境相适应的特色农业作物、农副产品及传统的生产技术。这些具有明显根植性和浓郁地方特色的农产品,可以形成具有独特优势的产业链条,成为农业科技园区赶超先进、提升竞争力的重要基础。因此,农业科技园区能够依托地理差异与地域特色,通过新品种、新技术和新业态的研发与竞争,在模仿和赶超国内外先进园区的过程中,形成知识创造、经济生产和社会带动能力,基于地域优势差异的竞争机制,从而成为促进园区创新能力形成的宏观机制之一。

结合当前研究文献,创新活动受到地理因素影响已成为共识,两者存在密不可分的关系。农业科技园区作为存在明确空间范围的开放创新系统,最基本的产业集群形式就是以地理集聚为特征,通过产业集聚和要素集聚,将地域特色产品、技术研发与推广相结合,形成本土化特征明显的创新集群。在产业集聚和要素集聚不断形成创新集群的过程中,企业生产活动也将在利润最大化前提下向着要素使用成本、运输成本和市场交易成本更低的方式进行演化。农业龙头企业、高新技术企业等是园区创新活动的主要承担者、技术成果转化的重要实现者,经济利益最大化目标将促动园区企业基于自身优势展开竞争,竞争的形式是"互补"和"赶超",竞争的结果是刺激园区产出的高质量增长①。

因此,基于"地域差异"的竞争机制所产生的总效应,将分解为"互补效应"和"赶超效应"。一方面,地域特征的差异越大,不同地域农业科技园区间的互补性就越强,这种强烈的互补性体现在从园区以外引进的技术、产品、工艺可能是本地区、本园区的空白,对这些引进产品或技术进行改良、加工及再创造,将大幅增加本园区发明新技术、新产品的可能性;另一方面,地域特征的差异越大,不同地域农业科技园区因本地区传统生产模式累积的劳作差异越大,形成的农业生产优势或劣势差异也随之增大,后进园区通过"干中学"的路径赶超先进园区的可能性相应增加。

进一步地,基于"地域差异"的竞争机制在促进园区创新能力形成过程中,可能存在"中介效应"。这是因为,园区间的竞争首先通过知识、技术的

① 朱浩,李林,何建洪. 政企共演视角下后发企业的技术追赶[J]. 中国科技论坛,2020,(1):116~125.

交流和模仿,带动具有不同优势特色的园区提升知识创造能力,进而由这种创造能力来刺激经济产出、由经济产出带动周边产业,最终促进园区创新能力形成,所以知识生产能力在园区间竞争的过程中充当了"中介变量"。图3.5展示了基于地域差异的竞争机制促进园区创新能力形成的过程。

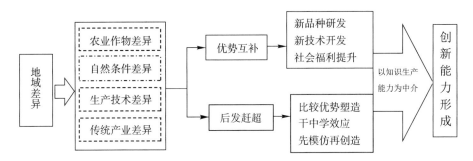

图 3.5 基于"地域差异"的竞争促进创新能力形成的机制

综上所述,对基于"地域差异"的竞争机制促进园区创新能力形成的分析提出两个研究假说以待验证:

H3a:以竞争优势为内涵的地域差异,对农业科技园区创新能力形成产生显著影响;竞争机制的总效应可以分解为显著的"互补效应"和"赶超效应"。

H3b:"知识创造"在园区创新能力形成过程中发挥中介作用,中介效应显著。

三、基于封闭系统的微观作用机制

如果将农业科技园区外部影响因素及其作用机制视为外生,从而将园区视为一个独立、封闭的单元,那么该单元内部各类主体、要素的相互作用,则构成了园区创新能力形成的微观作用机制,主要包括"多元主体协同"机制和"异质性要素联动"机制。

(一)"多元主体协同"促进创新能力形成的作用机制

农业科技园区的创新发展过程是典型的多元化参与主体协同创新过程,以政府、企业、高校和科研单位、科技中介、农户等构成主体集合,不同的主体根据自身需求和目标定位同时发生个体行为和集体行为,从而形成相互协调和干预的动态创新系统。多元化主体在利益交集的框架内,将本属于个体的异质功能叠加为以园区为载体的同质功能,促使农业科技园区的多元主体协同创新过程,成为参与主体通过诱致性变迁行为来实现创新系统内部交流和外部耦合的过程①。

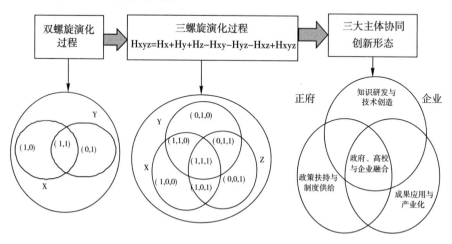

图 3.6 "三螺旋"创新主体的集成创新形态及演化机理

"三螺旋"(Triple Helix)创新理论对企业、高校或研究机构,以及政府在系统协同过程中的职能进行了界定②:高校或研究机构是知识、技术的主要提供者;企业及其相关产业为新知识、新技术的应用转化和新产品的生产提供平台,实现经济福利;政府则为主体间的契约关系提供保障,实现社会福利。三大创新主体原本基于各自的目标作出职能行为,但职能行为的交集增强和放大了各自获得的收益,其放大效果则取决于主体交互过程中的信息交流程度和协同创新效率。图 3.6 展示了"三螺旋"创新主体的集成创

---

① Hackney J, Marchal F. A coupled multi-agent microsimulation of social interactions and transportation behavior[J]. Transportation Research Part A: Policy and Practice, 2011, 45(4):296~309.

② Leydesdorff L, Etzkowitz H. Emergence of a Triple Helix of university—industry—government relations[J]. Science and Public Policy, 1996, 23(5):279~286.

新形态及演化机理①。

在"三螺旋"创新理论基础上,有研究者进一步将科技中介和普通农户作为创新主体构建了"四螺旋"模型②和"五螺旋"模型③,但从促进知识生产能力的形成角度出发,能够进行或促进知识技术研发的参与主体,主要是农业产业化龙头(高新)企业、高校院所和政府三个部门。因此,"三螺旋"理论阐释的主体协同创新演化进程,为农业科技园区创新系统运行机制及创新能力形成机制提供了理论依据。

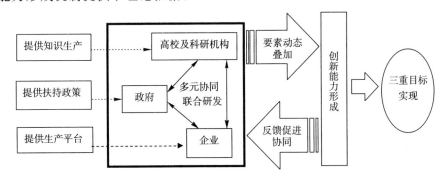

图 3.7 "多元主体协同"促进园区创新能力形成的机制

农业科技园区的多元参与主体,主要通过具有创新性质的要素之间的动态作用交互和园区作为独立系统与地方经济发展系统的耦合协调等两种机制来促进创新能力的形成。从能力形成过程来看,园区参与主体各自代表着异质要素,而多种异质要素的动态叠加,则为园区创新能力的形成提供基础。其中,政策要素是驱动其他要素的关键动力,也是多要素动态叠加效果优劣的核心影响因素。从能力形成后的表现来看,"政府—企业—高校院所"代表着地方经济发展系统与园区创新系统之间进行联合研发和耦合协调,以农业科技成果的数量不断增加为特征,成为园区创新能力形成的重要体现。因此,园区"多元主体协同"效应呈现宏观和微观两个层次的分效应:

---

① 李斌.基于市场导向的多主体协同创新绩效提升机制研究[D].西安:陕西师范大学博士学位论文,2017.
② 杨敬华.农业科技园区创业与创新发展机制与模式的研究[D].北京:中国农业科学院博士学位论文,2005.
③ 申忠海.农业科技园区发展理论与实践[M].北京:中国经济出版社,2012:38~45.

不同主体间的联系互动及其与地方经济发展之间的耦合协调构成"主体协同"的宏观机制效应;同一主体内部的要素集成与创新,为不同主体之间的宏观互动耦合提供微观基础,形成微观机制效应。图3.7展示了多元主体协同促进创新能力形成的机制。

综上所述,对"多元主体协同"促进园区创新能力形成的分析提出两个研究假说以待验证:

H4a:多元主体协同创新的效率正向显著影响农业科技园区创新能力的形成;同时,政策因素正向促进多元主体协同效率的提升,发挥调节效应。

H4b:园区创新系统与地方经济发展系统之间存在高度关联的耦合协调效应,耦合程度越高,对园区创新能力形成的影响越大。

(二)"异质要素联动"促进园区创新能力形成的作用机制

农业科技园区示范引领功能的发挥,离不开最终的农业生产。农业科技园区内流动的生产要素,具有明显的异质性:既包含传统的劳动、资本要素,也包含具有创新性质的高层次人才、R&D投入等创新性质明显的要素。从科技研发到农业生产,不仅要投入具有创新性质的生产要素,也要投入传统生产要素。根据马克思主义劳动价值论关于"简单劳动"和"复杂劳动"的关系论述,创新要素与传统要素在农业科技园区生产过程中将发挥不同作用。具有创新性质的生产要素在以科技创新为主要驱动的农业科技园区中将发挥更为"主动"或"主导"的作用,传统生产要素在创新驱动发展的宏观进程中逐渐成为"从动"和"辅助"的因素,从而在农业科技园区创新能力形成过程中,创新要素与传统要素将形成以前者为引领的"联动"机制,产生联动效应。

对创新要素与传统要素结合形成的"联动机制"进行考察,其发挥作用的前提是以创新人才为核心的生产要素能够集聚,进而盘活资金及其他生产要素。农业科技园区创新能力的核心内容,是在承载预期的经济社会目标要求下,形成优势资源顺畅汇聚、研发成果快速转化、辐射带动程度提升,而以具有创新潜力的高层次人才为核心的创新性质生产要素,则是要素集合中最为重要的组成部分[①]。农业科技人才通过运用创新资本、盘活传统要素,一方面将人力资本转化为知识创造成果,推动新兴业态发展;另一方面将禀赋资源转化为高效生产力,改造传统农业,两方面合力促进农业新旧动能转换、加快产业升级,并在此过程中形成创新能力。当农业科技园区创新能力形成之后,进一步通过知识生产、经济生产和周边带动的过程,在市场机制作用下进行产品生命周期的更替,反馈并促进新一轮农业高新技术研发。异质要素联动机制促进园区创新能力形成的过程机理如图3.8所示。

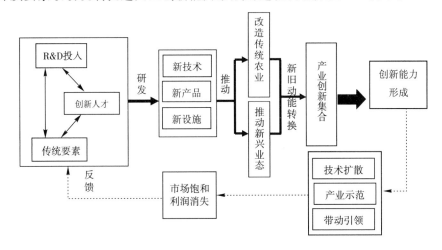

图3.8 "异质要素联动"促进园区创新能力形成的机制

异质要素促进园区创新能力形成也是"投入—产出"过程,投入具有创新性质的各类生产要素,产出能够实现三重目标的创新能力。该过程的顺利实现,还需要以创新要素集聚为特征的科技研发平台、以提供科技信息服务为内容的科技资源共享平台和以现代信息技术为依托的电子商务平台等新兴平台发挥匹配作用,成为衔接园区主体之间或园区主体与外部市场之间的桥梁[②]。平台匹配机制在园区创新能力形成过程中的作用如图3.9所示。园区各类型创新平台充当着以知识需求、产品需求、信息需求和服务需

---

① 叶祥松,刘敬.异质性研发、政府支持与中国科技创新困境[J].经济研究,2018,(9):116~132.
② 周振.互联网技术背景下农产品供需匹配新模式的理论阐释与现实意义[J].宏观经济研究,2019,(6):108~121.

求为构成部分的市场需求侧集合,以知识生产、产品研发、信息交换和服务提供为构成部分的主体供给侧集合之间的有效纽带,促进异质要素通过"投入—产出"实现技术供给与技术需求、产品供给和产品需求、服务供给和服务需求之间的高效对接,缓解信息不对称引起的供求失衡,促进园区知识创造层面的能力提升。一方面,多样化平台通过将技术、产品、信息和服务等要素进行集成、扩散,为园区内多元主体产生的知识需求匹配到园区外部的知识与技术供给,促进供需均衡;另一方面,通过对园区企业知识创造成果进行信息传播和技术扩散,匹配到园区外部的市场需求,从而促进园区形成优质高效的平台服务能力和价值回报能力,推动园区实现市场经济效益和社会福利目标。

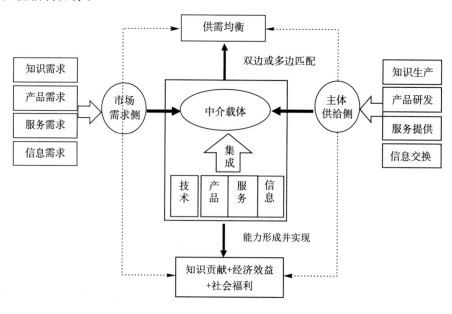

图 3.9 双边匹配对创新能力形成的影响机理

进一步地,从要素投入到创新能力形成并发挥功效,存在着从"量变"到"质变"的过程。园区创新能力的最终凝塑,并能够实现国家对园区未来发展的目标定位,必然需要前期的要素积累:创新性质要素与传统性质要素高效率集结汇聚,经过以园区(及其内部各类科技中介与平台)为载体的阶段作用,最终形成以知识贡献、经济效益和社会福利为目标集合的创新能力。因此,能力凝塑过程中将存在一个或几个时点:在此时点之前的各类要素投入,主要是内部积累和相互作用,为能力形成提供前期准备;在此时点之后,各类要素的积累与作用将生发出以知识创造水平、经济生产水平和社会带动水平共同提升的效果,最终凝塑成园区创新发展的能力和动力。如果存在类似性质的多个时点,将反映出园区创新能力的形成、发展与提高的阶段性过程。

综上所述,对于"生产要素异质性"促进园区创新能力形成的分析提出两个研究假说以待验证:

H5a:异质要素联动促进园区创新能力形成的作用存在显著差异;创新要素带来的贡献率成倍高于传统要素。

H5b:平台功能多样化正向促进园区创新能力的形成,存在显著的匹配效应。

H5c:异质要素联动促进园区创新能力形成的过程存在显著的门限效应。

本章着重对农业科技园区创新能力形成机理进行考察,确定研究边界,为后文进行的实证分析奠定基础。重点针对影响创新能力形成的决定因素问题,以及各种因素相互作用促进园区创新能力最终形成的机制问题等两个方面进行分析讨论。

针对影响创新能力形成的决定因素问题,基于农业科技园区的特殊性,确定了内部和外部双重影响因素。其中,内部因素包含"环境类""生产类"和"平台类"因素,外部因素包含"地域特征类"和"关系网络类"因素。

针对促进创新能力最终形成的机制问题,基于"开放创新系统"和"封闭创新系统"的划分,提出宏观和微观双重作用机制。其中,宏观作用机制主要包括合作、集聚和竞争三种类型,微观作用机制主要包括多元主体协同、异质要素联动两种类型。在机制分析的基础上,提出了研究假说,留待后文的统计与计量检验。

第四章
农业科技园区创新能力形成的宏观机制检验及效应测度

农业科技园区既是一个开放的区域创新体系,又是一个相对独立并自成系统的发展载体。若将园区视为一个完整的、兼具经济和社会属性的"单元",并将由知识、技术、信息、物质要素等因素构成的集合视为"笼罩"于园区外界的宏观环境,那么园区这一独立"单元"必将首先与外界宏观环境产生多种联系、发生多种作用。从长期来看,这些联系与作用的结果将渗透到"单元"内部,促使"单元"内部自发地形成一种能够适应外界变化的"综合能力"。农业科技园区的核心任务就是激活创新,从而内部自发形成适应外界变化的"综合能力",就是能够实现知识创造、经济价值与社会福利的"创新能力(体系)",而外界宏观环境与园区之间产生的多种"联系与作用",就是园区"创新能力(体系)"形成的"宏观机制"。农业科技园区的创新行为与创新结果将在"宏观机制"的作用下发生本质性变化,这些本质性变化反映于园区系统的内部,将催生出能够适应外界变化、达到任务目标的"创新能力"。

作为与外界环境不断联系和交互作用的开放创新系统,农业科技园区在知识、要素、社会网络及学习模仿等交织流动、互为影响的条件下,通过激发内部、外部决定因素能动性的宏观作用机制,促使园区内生地形成创新能力及其子能力。主要的宏观作用机制是"合作促进创新能力形成机制""集聚促进创新能力形成机制"和"竞争促进创新能力形成机制"。本章将在第四章基础上,通过统计分析与计量模型等手段,验证研究假说、测度机制效应。

第一节 "合作"机制的实证检验及效应测度

"合作"促进园区创新能力的形成,主要是指园区作为独立、开放的创新系统,在与外界主体发生合作关系、结成创新网络的过程中,能够促进知识生产、提高创新产出的经济效益、实现示范带动的社会目标,内生地形成资源汇聚、成果转化、平台服务、环境营造等各项子能力,并最终形成园区的综合创新能力。"合作"促进园区创新能力的逻辑与机制,已在第四章进行说明,本节将通过统计和计量方法对上述机制进行实证分析,并进一步挖掘园区合作需求产生的原因、模式,对研究假说 H1a、H1b 进行验证。

一、模型、方法与变量说明

为了验证合作行为对农业科技园区创新能力影响的机制,测度效应程度,验证多维邻近性和地域集群模式在提升园区创新能力过程中发挥的作用及产生的差异,本书分别采用面板数据回归、Heckman(1979 年)"两步估计""反事实估计"(双重差分倾向得分匹配 DID-PSM)等方法进行处理。

(一)基准回归模型

采用面板数据回归方法对"合作"与创新能力之间的关系进行基本回归,给出参数估计值,并将模型回归结果作为进一步处理的对比和参考。基准模型表述为:

$$y_{it} = \alpha + \beta Coor_{it} + \theta_i \sum x_{it} + \varepsilon$$

其中,y_{it} 是被解释变量,表示园区创新能力;$Coor_{it}$ 表示各年度各园区对外合作与联系情况;回归系数 β 表示园区存在的强合作关系对创新能力的影响效应;协变量矩阵 X_i 为其他解释变量的集合;α 为常数项;ε 为随机干扰项,是为了满足零均值和同方差假定。

(二)内生性问题的处理

一是对样本选择的处理。基于理论分析和研究的基本事实,"合作关系"确实能够促进园区创新能力水平的提高,但是根据"是否选择合作"这一标准来划分的研究样本并非随机样本;部分园区可能因为建设周期差异或者建设基础差异来决定自身是否与外界主体进行合作,条件和基础均较好的园区更有可能主动开展合作。如果沿用传统的面板回归方法可能会存在"自我选择"(self-selection)的样本偏差,不能解决由此引起的内生性问题,因此采用两步估计法(heckit)进行处理。两步估计法的处理模型如下:

假定回归模型的形式为:

$$y_{it} = \beta x' + \varepsilon \quad i = 1, 2, \cdots, n$$

其中,被解释变量 y_{it} 是否可以观测受到离散变量 Z_i 的影响:

$$y_{it} = \begin{cases} 可观测, 若 Z_i = 1 \\ 不可观测, 若 Z_i = 0 \end{cases}$$

进一步地,定义离散变量 Z_i 的行为方程为:

$$Z_i = \begin{cases} 1, 若 Z^* > 0 \\ 0, 若 Z^* \leq 0 \end{cases}$$

$$Z^* = \partial' \tau + u_i$$

其中,离散变量 Z 由 Probit 模型给出,u 是服从正态分布的随机变量,Z^* 为不可观测的潜变量,从而 $PZ_i=1|\partial)=\varphi(\partial\tau)$,可观测样本条件期望表达式为:

$$E(y_{it} \mid y = 可观测) = E(y_{it} \mid Z^* > 0) = E(\beta x' + \varepsilon \mid u_i > -\partial'\tau) =$$
$$\beta x' + E(\varepsilon \mid u_i > -\partial'\tau) = \beta x' + \rho\sigma_\varepsilon \lambda(-\partial'\tau)$$

其中,λ(•)是"反米尔斯"比率(IMR)函数;ρ 为被解释变量与离散变量之间的相关系数;σ_ε 为误差项标准差。根据条件期望表达式可以求得解释变量的边际效应:

$$\frac{\partial E(y_{it} \mid Z^* > 0)}{\partial x} = \beta + \rho\sigma_\varepsilon \frac{\partial \lambda(-\partial'\tau)}{\partial x}$$

解释变量对被解释变量的直接影响由第一项 β 给出，第二项即为选择性偏差的表达式。两步估计法的基本原理是：首先利用 Probit 模型估计 $P(Z_i=1|\partial)=\varphi(\partial\tau)$，获得 τ 估计值并计算 λ(·)的估计值；然后利用最小二乘法对被解释变 Y、解释变量 x 及 λ 估计值进行回归，分别得到直接效应 β、相关系数 ρ 及随机误差标准差 σ_ε 等估计值[1]。为检验样本选择偏差的存在性($H_0:\rho=0$)，还需要利用最大似然估计（MLE）来弥补两步估计法无法进行似然比检验的不足。

二是对样本偏差的处理。农业科技园区在建设伊始均是依托国家及地方政策，通过创新主体自主联合、创新技术自主研发，独立获得创新性产出，实现技术推广与扩散，并在此过程中形成自身的创新能力。在已经建设的省级园区基础上升级为国家农业园区，大多已与外界形成了若干联系，仅是程度强弱存在差异。对于建设周期较长的园区而言，由于合作网络的成熟，反而在"是否选择合作"问题上没有其他刚起步或基础薄弱的园区紧迫。上述现象会导致在估计合作关系对园区创新能力影响问题时，产生互为因果的样本偏差内生性问题。

为了处理与样本偏差一起的内生性问题，验证"合作关系"与创新能力形成之间的因果关系，将基于"反事实"框架，采用倾向得分匹配（PSM）方法加以解决。针对研究对象的因果分析，应同时囊括"现实可观察到的结果"和"潜在结果"。但由于只能观测到"可观察结果"，从而采用 PSM 方法对处在"干预"和"控制"条件下的样本进行处理，验证"干预"和"结果"之间的关系。经过处理后的"干预组"和"控制组"，初始特征将趋于一致，不再具有统计意义上的显著差异，从而得到处理效应[2]。

令被解释变量 y_1 和 y_2 分别表示处理组（强合作关系园区）和控制组（弱合作关系园区）创新能力，二值变量 D 表示是否存在合作关系（存在=1，不

---

[1] Heckman J. Sample Selection Bias as a Specification Error[J]. Econometrica, 1979, 47(1):153~161.

[2] Rosenbaum R, Rubin B. Assessing Sensitivity to an Unobserved Binary Covariate in an Observational Study with Binary Outcome[J]. Journal of the Royal Statistical Society. Series B: Methodological, 1982, 45(2):212~218.

存在＝0)。本书重点考察处理组中的事实与反事实，即 $E(y_1|D=1)$ 与 $E(y_0|D=1)$ 之间的样本均值差，在"个体处理效应稳定性假设"(SUTVA)成立条件下得到参与者平均处理效应(ATT)：

$$ATT \equiv E(y_{1i} - y_{0i} \mid D_i = 1)$$

同理，可以对通道型园区与蜂鸣型园区的创新能力受到地域集群模式的影响进行"反事实"估计，得到相应的平均处理效应。

(三) 变量选取与统计描述

表 4.1 给出了变量的描述性统计结果。被解释变量"创新能力"。当前大多文献直接采用"发明专利"或"R&D 经费投入"等作为"创新能力"的代表变量。运用这些指标存在一定问题：如果这些发明没有进行应用转化(不能产生商业价值)，就不能认为发明数量越多就越具有创新能力。有研究者采用 R&D 经费与园区生产总值的比值或发明专利数量与研发人员数量的比值来构造"创新强度"等新指标①。本书仍采用"获批发明专利"指标代表园区创新能力(iint)，一是受到自然条件、试验周期等因素影响，农业园区研发发明专利的难度大于工业园区。因此，发明专利获取数量能够较好地代表园区创新能力；二是由于园区与外界合作的主要形式是项目攻关，取得的成果主要以各类知识产权为主，相对于"经济生产效益""社会带动效益"等其他园区创新能力的指标而言，园区企业间"合作"的效果更多地体现在新知识、新发明的生产创造。

表 4.1　变量的统计性描述

符号	变量名称	定义	均值	标准差
iint	创新能力	园区年度发明专利数量	18.396	77.623
coor	强合作关系	是＝1，否＝0	0.764	0.425
yjxm	合作项目	园区引进项目数量	7.896	24.727
tpro	技术邻近	园区引进新技术、新品种数量情况	41.222	68.632

---

① 葛立宇.要素市场扭曲、人才配置与创新强度[J].经济评论,2018,(5):31～44.

续表

符号	变量名称	定义	均值	标准差
geog	地理邻近	园区所处区域(东部、中部、西部)以及传统农业优势产区情况	1.575	1.075
nequ	新设备	引进国内外新设备数量	35.538	172.520
pcon	建设项目	园区生产建设项目数量	8.415	14.909
icon	信息化投入	园区信息化建设投入额	272.814	1508.649
pbra	产品品牌	园区拥有产品品牌数量	20.377	63.662
ecom	电商平台	园区拥有电子商务平台数量	4.234	11.077
rcen	研发中心	园区拥有省部级以上研发中心数量	6.075	15.074
tent	高新企业	园区高新技术企业数量	2.104	4.266

注:根据Stata15.0软件运算并整理得到。

核心解释变量"合作关系"。本书重点考察园区合作行为对创新能力的影响,选取"合作关系"(coor)作为处理变量:当coor=1时,表示存在较强合作关系的园区;当coor=0时,则表示存在合作关系程度较弱的园区。相对于存在强合作关系的园区而言,弱合作关系园区直观表现为引进国内外合作项目数量较少或空白。进一步验证"通道园区"和"蜂鸣园区"的关系时,结合当前园区整体发展水平,将年度引进国内外合作项目总数量低于10项的园区定义为强合作关系中的"蜂鸣型"园区;高于10项的园区定义为"通道型"园区。同时,引进新技术、新品种等具有技术学习、模仿与互补的作用,体现着技术相似性;同处于相同地域或同属于传统农业优势产区等则体现着地理相似性。因此,引入技术、地理等因素来考察和验证多维邻近对发生合作联系的影响,验证技术邻近在园区合作关系形成过程中是否发挥了比地理邻近更为重要的作用。

图4.1给出了2016—2017年106个国家农业科技园区开展项目合作及获得发明专利之间的数量关系。从图4.1中可以看出,以项目研发攻关为主要形式的合作关系与发明专利的研发数量之间呈现明显联系。因此,可以初步作出判断:"合作"有助于促进农业科技园区创新能力的形成。

其他变量。园区硬件条件和软实力塑造均对创新能力形成产生影响,以此为依据,本书在引入处理变量的基础上,进一步引入代表不同园区异质性特征的其他解释变量。(1)硬件条件。选取引进国内外新设备(nequ)、生产建设项目(pcon)、信息化建设投入(icon)等作为反映不同园区基础建设情况的变量。从理论上分析,基础设施完善、新设备引进、信息化水平高的园区创新能力应该较强。(2)软环境。选取合作项目(yjxm)、产品品牌(pbra)、电商平台(ecom)、高级别研发中心(rcen)、高新技术企业(tent)等作为反映不同园区"软实力"塑造情况的变量。从理论上分析,引进技术项目多、品牌数量多、电商繁荣、高级别研发中心多、龙头企业多的园区,创新能力应该较强。

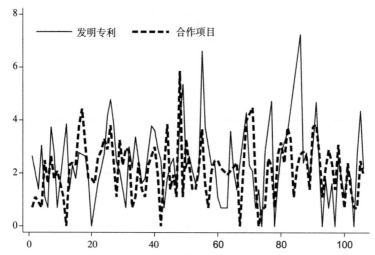

图 4.1 2016—2017 年 106 个国家农业科技园区项目合作数量与研发专利数量的关系

二、基准回归与内生性问题处理

(一)基准回归及稳健性

利用稳健标准差的 OLS 回归对"合作关系"与园区创新能力的面板数据进行处理,考虑被解释变量具有个体异质性、取值为非负整数(发明专利个数)等特点,将个体效应模型(固定效应和随机效应)和计数模型(泊松回归)的回归结果共同纳入基准回归,将不同方法之间的结果比较作为稳健性的验证。同时,三类回归结果也作为基准结果与后文"反事实框架"下的合作效应测度结果进行对比。其中,固定效应和随机效应的选择依据豪斯曼检验(Hausman Test)进行确定。上述回归结果由表4.2给出。

表4.2 合作对创新能力影响的基准回归估计结果

变量	混合回归 OLS		固定效应 FE	随机效应 RE	泊松回归 ZIP
	①	②	③	④	⑤
coor	2.473* (1.317)	1.857* (1.248)	2.221* (1.331)	1.857 (1.248)	−0.820*** (0.000)
nequ		0.001 (0.003)	0.001 (0.003)	0.001 (0.003)	−0.015*** (0.000)
pcon		−0.049 (0.090)	−0.008 (0.075)	−0.049 (0.090)	−0.017*** (0.000)
icon		0.001*** (0.000)	0.000 (0.000)	0.001*** (0.000)	0.001*** (0.000)
pbra		0.032* (0.021)	0.027 (0.021)	0.032 (0.021)	0.002*** (0.000)
ecom		0.294* (0.191)	0.280* (0.169)	0.294* (0.191)	0.113*** (0.000)
rcen		1.088* (0.444)	0.683* (0.339)	1.088* (0.444)	0.032*** (0.000)
tent		−0.862* (0.389)	−0.850** (0.283)	−0.862* (0.389)	−0.006*** (0.000)
cons	16.507** (7.047)	10.515* (6.692)	12.521*** (1.813)	10.515 (6.692)	2.938*** (0.000)
F/Wald/ LR/Vuong	3.53 (0.060)	100.08 (0.000)	11.92 (0.000)	100.08 (0.000)	3.28 (0.001)

注:***、**和*表示在1%、5%和10%水平下显著。

方程①和②是基于OLS方法进行的混合回归结果。方程①是在不加入其他解释变量的条件下得到的回归结果,直观地给出了核心解释变量"合作"对园区创新能力的影响:符号为正并且在10%显著等水平上,这表明在其他条件不变的情况下,强合作关系能够显著性地正向提高园区创新能力。方程②是在加入其他解释变量的条件下得到的回归结果,估计系数的数值有所减小,显著性没有发生变化,这表明"强合作关系"对园区创新能力的影响依然为正效应。

方程③和④是基于聚类稳健标准误的固定效应和随机效应回归结果。从固定效应模型结果来看,估计参数的符号和显著性没有发生改变,但系数估计值比加入控制变量后的 OLS 估计值略高;模型整体显著性较好,这表明利用固定效应模型进行参数估计的效果,要优于 OLS 回归。从随机效应模型结果来看,核心解释变量的系数估计值与 OLS 和固定效应模型相比均有所缩减,符号没有改变但不再显著;模型整体显著性仍然较强,这表明利用随机效应模型进行参数估计的效果,要优于 OLS 回归。固定效应模型和随机效应模型的参数估计结果均表明优于混合回归,因此需要利用豪斯曼检验进行选择判断。由于传统的豪斯曼检验不能处理异方差稳健的效应回归结果,本书首先采用不使用稳健标准差的效应估计结果进行检验,检验结果显示 χ 方统计量为 16.80,prob>Chi2=0.032,在 5% 水平上拒绝原假设为随机效应模型的假定,从而采用固定效应模型给出估计系数;进一步采用过度识别检验(overidentification test),结果依然显示在 5% 水平上拒绝原假设为随机效应模型的假定,与豪斯曼检验结果一致。

方程⑤是基于个体计数模型给出的泊松回归,由于 VUONG 统计量(z=3.28,P>z=0.0005)符号为正且较大,选取零膨胀负二项回归方法进行参数估计。与 OLS 回归、固定效应回归结果对比,泊松回归系数估计值明显偏小且符号为负,与理论分析得到的经济关系不符合,一方面表明解释变量可能存在内生性、模型可能存在稳定性问题;另一方面则表明对合作与非合作状态的区分,需要使用"潜在结果"框架下的"反事实"估计方法,构造随机试验环境下的处理组与对照组,通过数据匹配和双重差分进行干预效果的估计。

(二)"自选择"偏差的内生性问题处理——Heckman 两步估计法

农业科技园区作出是否与外界合作的决策时,可能会受到建设周期、前期基础及发展优势等因素的影响,从而那些建设周期长、合作项目多、发展基础好的园区更有可能主动与外界发生联系,形成合作关系。因此,以"是否存在合作关系"为标准划分的样本可能并不是随机样本,而是存在"自选择"问题的样本。为了缓解和消除"自我选择"引起的估计偏误,将采用Heckman两步估计法给出合作项目与创新能力之间的关系,同时利用更具效率的最大似然估计(MLE)给出样本选择存在性的似然比检验结果。两种估计方法给出的参数估计和检验结果分别由表4.3和表4.4所示。

表 4.3 基于 Heckman 两步估计法得到的结果

	变量	系数	标准差	P 值
lniint	yjxm	0.006	0.003	0.066
	pbra	0.004	0.002	0.039
	icon	0.000	0.000	0.060
	rcen	0.033	0.007	0.000
	常数项	1.835	0.224	0.000
select	pbra	−0.001	0.002	0.406
	nequ	0.001	0.002	0.473
	pcon	0.022	0.015	0.135
	tent	0.116	0.049	0.018
	rcom	0.074	0.034	0.029
	rcen	0.079	0.031	0.010
	常数项	−0.372	0.214	0.083
mills	lambda	−0.952	0.361	0.008
	rho=0.757		sigma=1.259	
	Wald chi2(4) = 34.44 Prob > chi2 = 0.000			

注:根据 Stata15.0 输出结果进行整理所得。

根据表 4.3 可以看出,合作项目的开展对园区创新能力提升有显著的正向作用;相关系数 ρ 为 0.75,表明对选择变量而言,选择过程与被解释变量存在相关关系,具有显著影响;"反米尔斯比率"$\lambda = -0.952 < 0$,则表明被解释变量的整个分布是向左边平推。

表 4.4　基于最大似然估计(MLE)得到的结果

	变量	系数	标准差	Z 值	P 值
lniint	yjxm	0.007	0.003	2.03	0.043
	pbra	0.004	0.002	2.36	0.018
	icon	0.000	0.000	1.75	0.080
	rcen	0.035	0.006	6.16	0.000
	常数项	1.659	0.150	8.18	0.000
select	pbra	−0.002	0.002	−0.69	0.491
	nequ	0.001	0.002	0.67	0.006
	pcon	0.019	0.014	1.36	0.174
	tent	0.124	0.049	2.51	0.012
	ecom	0.067	0.026	2.62	0.009
	rcen	0.087	0.029	2.93	0.003
	常数项	−0.330	0.149	−2.21	0.027
	/athrho	−0.568	0.193	−2.95	0.003
	/lnsigma	0.171	0.068	2.52	0.012
	lambda	−0.610	0.193		
	rho	−0.514	0.142		
	sigma	1.186	0.080		
LR test of indep. eqns. (rho=0): chi2(1) = 6.61				prob > chi2 = 0.010	
Wald chi2(4) = 50.15				Prob > chi2 = 0.000	

注:根据 Stata15.0 软件运算并整理得到。

与表 4.4 的最大似然估计结果进行对比,可以看到变量系数和显著性基本没有变化,但表格底部给出的似然比检验值显示 χ 方统计量为 6.61,可以在 1% 显著性水平上拒绝原假设"$H_0: \rho = 0$",判定存在样本选择问题,故应采用样本选择模型进行处理。

三、"合作"效应的测度——基于 PSM-DID 的"反事实"检验

在随机实验的条件下,试验组和控制组的行为结果可以直接比较,但农

业科技园区基于异质性的自身特征作出是否与外界强化合作的决策,具有明显的非随机事件性质。在非随机事件框架下,干预组(合作程度强的园区)与控制组(合作程度弱的园区)之间的行为结果会出现偏差。为解决由样本偏差引起的内生性问题,基于"反事实"估计思想,使用倾向得分匹配(PSM)模型来进行处理,并验证参与合作的园区是否比独立开展创新活动的园区更具创新能力。

利用有放回的 K 近邻匹配方法进行参数估计,检验数据平衡(表 4.5),得到参与者平均处理效应,通过其他匹配方法(马氏匹配、局部线性回归匹配等)再次进行回归,对比不同匹配方法的回归结果,验证使用倾向得分匹配方法是否具有稳健性(表 4.6)。

表 4.5　PSM 样本数据平衡检验

	匹配	均值		标准化偏差
		处理组	控制组	
nequ	匹配前 匹配后	44.173 44.169	7.560 19.920	26.300 17.400
pcon	匹配前 匹配后	9.661 9.661	4.380 3.371	40.500 48.200
icon	匹配前 匹配后	301.255 301.238	180.670 100.070	9.300 15.600
pbra	匹配前 匹配后	23.840 23.820	9.160 11.352	28.400 24.100
ecom	匹配前 匹配后	4.833 4.831	2.300 3.451	27.700 15.100
rcen	匹配前 匹配后	6.932 6.932	3.300 3.919	29.500 17.100
tent	匹配前 匹配后	2.444 2.444	1.000 1.358	40.900 30.800
指标	Pseudo-R2	LR 统计量	P>chi2	均偏差
匹配前 匹配后	0.133 0.111	30.690 49.650	0.000 0.000	29.000 25.100

注:根据 Stata15.0 软件运算并整理得到。

与数据匹配前比较,匹配后各检验指标数值大多缩小,标准偏差有所下降,匹配结果良好。图 4.2 给出了倾向得分后的变量标准化偏差变化与共同取值范围。利用倾向得分匹配和偏差校正匹配等方法对样本进行回归估计,并对比估计结果。在不进行偏差校正的情况下,利用一对四的 K 值近邻匹配得到参与者平均处理效应(ATT)为 7.986,且在 5% 显著性水平下通过检验;进行偏差校正后,平均处理效应数值缩小为 6.635,仍在 5% 显著性水平下通过检验。

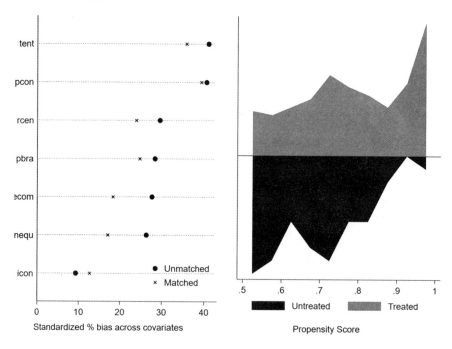

图 4.2　PSM 标准化偏差变化与共同取值范围

表 4.6 给出了基于不同匹配方法的参与者平均处理效应,以期验证平均处理效应(ATT)估计的稳健性。利用不同匹配方法得到的平均处理效应(ATT)数值大小虽有差异,但是没有改变显著性情况,从而得出研究结论不因匹配方法差异而改变,具有稳健性;对比各组别的"反事实"结果,选择与外界主体形成较强合作关系的园区,相对于"反事实"条件下的自身情况而言,更能促进自身创新能力的提升。

表 4.6 ATT 估计的稳健性验证

方式选择		ATT		
		处理组	控制组	组间差异
园区创新能力	K 近邻匹配（N=1）	18.592	10.605	7.987**
	马氏匹配	18.593	8.741	9.852***
	局部线性匹配	18.592	17.244	1.348*

注：根据 Stata15.0 软件运算并整理得到。

上述倾向得分匹配方法的运用，建立在"依可测变量选择"的可忽略性假定基础上。基于农业科技园区结成合作关系行为的过程，可能存在不可测因素的影响，从而需要进一步采用双重差分倾向得分匹配（DID-PSM）来进行处理①。表 4.7 分别给出了双重差分倾向得分匹配估计（DID-PSM）和一般的双重差分估计结果。从表中可以看到，使用双重差分倾向得分匹配得到的变量估计值为负且不显著，协变量对处理变量的解释非常微弱且全部不显著，模型准 R^2 也仅为 0.115，因此不适合采用 DID-PSM 对其进行处理；改用一般的双重差分估计得到的估计值符号由负变为正，模型准 R^2 虽然上升到 0.25，P 统计值有所降低，但仍然不显著。该结果表明，针对当前样本及相应指标数据，不能对"依不可测因素"产生的影响进行验证，仍需根据"可忽略性假定"进行倾向得分匹配来估计合作机制的存在性及其效应程度。

表 4.7 双重差分倾向得分匹配估计和双重差分估计的结果比较

处理变量 coor	DID-PSM		DID			
	系数	P 值	时期	组别	系数	P 值
nequ	0.037	0.175	第一期	控制组	31.895	
pcon	0.058	0.384		处理组	−0.235	
icon	−0.001	0.321		差分	−32.130	0.304

---

① Heckman J, Ichimura H, Todd P. Matching as An Econometric Evaluation Estimator[J]. Review of Economic Studies, 1998, 65(2): 261~294.

续表

处理变量 coor	DID-PSM		DID			
	系数	P值	时期	组别	系数	P值
pbra	0.007	0.658	第二期			
ecom	−0.016	0.908				
rcen	0.015	0.716		控制组	−7.792	
tent	0.076	0.512		处理组	−0.536	
常数项	0.516	0.236		差分	7.256	0.374
DID	−27.762	0.411		DID	39.386	0.185
Pseudo R2	0.115			R−square	0.25	

注：根据Stata15.0软件运算并整理得到。

综上所述，基准回归与"反事实"估计得到的研究结论验证了理论假说H1a。"强合作关系"对提升园区创新能力具有显著作用，选择与其他经济主体形成较强合作关系的园区，相对于自身"反事实"情况下的结果而言，创新能力确实得到显著提升。

四、"合作"的成因及模式验证

强合作关系的形成，主要由于知识与技术的邻近引致，"技术邻近性"是促使园区形成强合作关系的关键因素。对该过程的验证，变量"强合作关系"（coor）成为被解释变量，"技术邻近"（tpro）与"地理邻近"（geog）成为主要解释变量。为比较回归结果的稳健性，分别采用普通OLS与Logit估计并计算几率比，结果由表4.8给出。

表4.8 技术或地理邻近影响强合作关系形成的估计结果

变量	OLS ⑦	FE ⑧	RE ⑨	Logit ⑩	?
tpro	0.001*** (0.000)	0.001 (0.001)	0.001** (0.000)	0.014** (0.006)	1.014** (0.006)
geog	0.008 (0.023)	0.000 (0.001)	0.007 (0.027)	0.033 (0.153)	1.033** (0.158)

续表

变量	OLS	FE	RE	Logit	
	⑦	⑧	⑨	⑩	⑪
cons	0.715*** (0.046)	0.745*** (6.692)	0.715*** (0.055)	0.691** (0.321)	1.994*** (0.642)
F/wald/LR	7.74 (0.020)	1.69 (0.196)	4.48 (0.106)	8.64 (0.013)	8.64 (0.013)

注：***、**和*表示在1％、5％和10％水平下显著；其他变量回归结果没有汇报。

表4.8中，方程⑦⑧⑨均使用面板OLS方法进行回归，直观地给出"技术邻近"与"地理邻近"对园区形成合作关系的影响。方程⑦表明技术邻近引起园区合作关系产生的可能性，显著高于地理邻近。方程⑧和⑨分别使用了固定效应和随机效应方法，并利用豪斯曼检验对模型选择进行判断。豪斯曼检验结果显示prob>Chi2=0.667，不能拒绝原假设，从而采用随机效应模型给出估计系数，这表明技术邻近仍然比地理邻近更能促进园区对外合作行为的产生。

由于被解释变量是二值离散变量，传统OLS方法给出的线性概率模型存在估计偏误，从而方程⑩采用稳健的Logit估计，并通过方程⑪给出"几率比"。结果表明：在显著性不改变的情况下，技术邻近促进园区成为强合作关系园区的可能性，高出地理邻近1.4个百分点，从而验证了研究假说H1a。

采用相同的倾向得分匹配处理方法，对合作模式不同的两类园区——"通道型"园区和"蜂鸣型"园区进行比较，考察不同类型的园区在创新能力层面是否因为合作模式差异而不同。表4.9给出了利用有放回的K近邻匹配方法（Probit）进行匹配前后的平衡数据检验结果。仍然沿用马氏匹配和局部线性回归匹配方法对数据进行重新匹配，验证其稳健性，三种匹配方法得到的参与者平均处理效应（ATT）结果由表4.10给出。

表4.9 倾向得分匹配的平衡数据检验结果

指标	Pseudo-R2	LR统计量	P>chi2	均偏差
匹配前	0.120	22.040	0.003	21.200
匹配后	0.120	23.820	0.055	19.600

注：限于篇幅，匹配过程及更多结果不再汇报。

表 4.10　不同集聚模式下三种匹配方法的处理效应结果

被解释变量	匹配方法	ATT		
		处理组	控制组	组间差异
园区创新能力	K近邻匹配(N=1)	43.268	26.073	17.195
	马氏匹配	43.268	8.201	35.067*
	局部线性匹配	43.268	18.733	24.535

注：根据 Stata15.0 软件运算并整理得到。

考察表 4.9 与表 4.10 给出的结果：与数据匹配前相比，匹配后检验指标数值有所缩小，但不明显；利用不同匹配方法得到的平均处理效应（ATT）数值大小有差异，但只有马氏匹配结果显著，这说明研究结论可能会受到不同匹配方法的影响，稳健性存在不足。上述结果表明：根据已存在的合作关系而分化出来合作程度不同的两种模式，仅从是否能够促进创新能力提升的视角考察，两者没有显著差异。对于"通道型"园区和"蜂鸣型"园区而言，合作关系均已较好形成，仅是程度有所不同，从而在提升创新能力方面，"通道型"园区并没有比"蜂鸣型"园区更具优势，这研究假说 H1b 在现有样本条件下不能得到支持。

综上所述，计量分析结果支持了研究假说 H1a，但在现有样本下不能支持研究假说 H1b。农业科技园区与外界结成强合作关系能够显著促进园区创新能力的形成。在能力形成过程中，产生知识成果、结成合作网络的根因是多维邻近机制。其中，技术邻近是核心原因。由于地理区位等因素的影响，园区与外界主体可能形成两类不同模式的合作集群形态，但园区创新能力的形成不会因为模式形态的差异而产生差异。如果在技术规模、辐射范围等方面寻求到与之相匹配的合作伙伴，那么无论是"蜂鸣型"园区还是"通道型"园区都有可能在创新性产出中发挥更大作用，体现更好的创新能力。

第二节 "集聚"机制的实证检验及效应测度

农业科技园区的"集聚"效应体现为产业集聚和要素集聚的综合效应。园区承担着促进三产融合的战略任务,同时亟须加快以科技创新人才为核心的创新性质要素汇聚,合力完成园区经济发展目标和社会发展目标。根据第四章关于"集聚"促进农业科技园区创新能力形成的机制说明,本节采用统计和计量分析方法剖析产业集聚和要素集聚如何促进园区高质量地实现"三重目标",验证"集聚"机制的存在性、测度机制效应,对研究假说 H2 进行验证。

一、模型、方法与变量说明

为了验证产业集聚和要素集聚对农业科技园区创新能力形成的作用机制,验证不同性质或类型的生产要素在园区创新能力形成和创新产出扩张过程中发挥的作用,本书利用 EG 指数和区位熵指数构建两类集聚变量,以此作为主要解释变量,采用面板模型(个体效应)等方法进行多元回归分析,并进行有关内生性问题的检验与处理。

(一)含有虚拟变量和交互项的多元回归模型

利用面板数据回归方法对"产业集聚"和"要素集聚"与创新能力之间的关系进行回归分析,给出参数估计值,并将模型回归结果作为进一步处理的对比和参考。基准模型表述为:

$$y_{it} = \alpha + \beta_i \sum_{i=1}^{2} x_{it} + \gamma x_{1t} x_{2t} + \theta_i \sum z_{it} + \varepsilon$$

y_{it} 是被解释变量,表示园区创新能力,采用知识创造、经济生产和社会带动三个指标进行刻画。增加两个新指标来刻画园区创新能力的主要理由是,与"合作"机制更多地指向知识创造能力的提升所不同,产业集聚和要素集聚不仅在知识创造和经济生产过程中发挥作用,更为重要的是通过两类集聚,能够实现周边产业带动和农户带动的效果。园区通过产业集聚与振兴发展,成为带动当地农户脱贫致富、就业创业的重要途径,提升社会效益、实现政府的社会福利最大化目标。

x_{it}为主要解释变量,包括产业集聚度$Inag_{it}$和要素集聚度$Faag_{it}$。回归系数$β_i$表示两类集聚度对园区知识创造、经济生产和社会带动能力的影响效应;协变量矩阵z_i为其他变量的集合;α为常数项;ε为随机干扰项,是为了满足零均值和同方差假定。模型中还引入了两个主要解释变量的交互项,γ为交互项数,用以考察交互效应的影响。

(二)集聚程度指数的测度

园区产业集聚程度和要素集聚程度均需要通过选取适当指标进行刻画。从当前国内外关于产业集聚程度测度的研究来看,主要采用区位熵(Location Quotient)、行业集中度、赫芬达尔指数(Herfindahl index)、空间基尼系数、EG指数等测算方法①。本节分别借鉴EG指数和区位熵(LQ)指数的构建与测度方法,估算农业科技园区产业集聚程度和要素集聚程度,并作为主要解释变量,估计其对园区创新能力的作用。

在测算产业集聚程度方面,Ellison & Glaeser(1997)利用赫芬达尔指数对空间基尼系数进行改进,消除区域差异和"集聚假象",更好地反映了集聚程度。本书借鉴EG指数思想考察农业科技园区的农业产业集聚程度,利用园区数据替代企业数据,为该指数的运用弥补了数据缺陷②。EG指数的构成形式如下公式所示。

$$H = \sum_{k=1}^{m} z_k^2 \quad G = \sum_{j=1}^{n} (s_{ij} - x_j)^2$$

$$Inag^{EG} = \frac{G - [1 - \sum_{j=1}^{n} x_j^2]H}{[1 - \sum_{j=1}^{n} x_j^2](1-H)} = \frac{\frac{G}{[1 - \sum_{j=1}^{n} x_j^2]} - H}{(1-H)}$$

其中,H为产业赫芬达尔指数,Z_k是产业中k个园区的产出占该产业总

---

① 王欢芳,李密,宾厚.产业空间集聚水平测度的模型运用与比较[J].统计与决策,2018,(11):37～42.

② Ellison G, Glaeser L. Geographic Concentration in U. S. Manufacturing Industries: A Dartboard Approach[J]. Journal of Political Economy,1997,105(5):889～927.

产出的比重,m 为产业中园区的个数;G 是空间基尼系数,n 是研究中包含的区域个数(本书主要关注东部、西部和中部三个区域),S_{ij} 是 j 区域产业 i 的总产出占全国该产业总产出的比重,x_j 是该区域全部产出占全国总产出的比重[1]。

根据 2016—2017 年全国 106 个国家农业科技园区指标数据测算的产业集聚程度,东部、中部、西部和全国四个区域的产业集聚 EG 指数情况由图 4.3 给出。其中,东、中、西部地区及全国四个区域的 EG 指数分别用字母 er、mr、wr 和 r 表示。

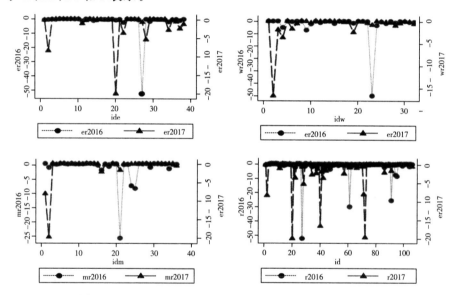

图 4.3　2016—2017 年 106 个国家农业科技园区的 EG 指数

在测算要素集聚程度方面,区位熵指数将生产要素的空间分布与专业化程度相结合,被大多数相关研究成果采用[2]。因此,本节采用加权修正后

---

① 唐红祥.西部地区交通基础设施对制造业集聚影响的 EG 指数分析[J].管理世界,2018,(8):178~179.

② 王林辉,赵星.要素空间流动、异质性产业集聚类型与区域经济增长——基于长三角和东北地区的分析[J].学习与探索,2020,(1):116~122;朱喜安,张秀.高新技术产业聚集与区域经济增长质量的空间溢出效应研究——基于面板空间杜宾模型的研究[J].经济问题探索,2020,(3):169~184;吴卫红,杨婷,张爱美.高校创新要素集聚对区域创新效率的溢出效应[J].科技进步与对策,2018,35(11):52~57;李红锦,曾敏杰.新兴产业发展空间溢出效应研究——创新要素与集聚效应双重视角[J].科技进步与对策,2019,36(1):73~79.

的区位熵指数测度农业园区创新要素的集聚程度,指标测度公式如下:

$$LQ = \frac{\dfrac{X_{ij}}{\sum_i X_{ij}}}{\dfrac{\sum_i X_{ij}}{\sum_i \sum_j X_{ij}}}$$

$$Faag = \frac{\theta_i}{\sum \theta_i} LQ_i$$

其中,LQ 代表某种创新要素的区位熵指数(创新要素主要包括创新人才和研发资金),Faag 代表园区创新要素的集聚程度。X_{ij} 表示第 j 个地区第 i 个园区投入的创新要素,$\sum_i X$ 表示第 j 个地区全部创新要素投入总量,$\sum \sum X$ 表示全部地区创新要素投入总量,θ 为权重。

对区位熵指数的修正体现在利用权重 θ 对园区各类型创新要素的区位熵进行加权处理。图 4.4 给出了东部、中部、西部和全国四个区域的创新要素加权区位熵指数情况。其中,东、中、西部及全国四个区域的加权区位熵指数分别用字母 fe、fm、fw 和 f 表示。

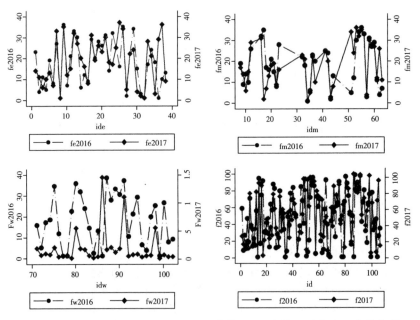

图 4.4　2016—2017 年 106 个国家农业科技园区的创新要素加权区位熵指数

图 4.4 中的权重选取依据如下:园区要素集聚程度体现的是全部创新要素在集聚过程中产生的综合效果,但利用区位熵指数只能测度某一种创新要素的集聚情况,从而需要对全部的要素集聚程度进行综合。考虑到要素报酬是汇聚各类型要素的重要影响因素,因此选择要素收入份额作为获得园区要素集聚综合效果的权重。借鉴有关要素份额变动及测度的研究成果(周明海、杨粼炎,2017;陈登科、陈诗一,2018;吴凯、范从来,2019)①,近年来中国劳动收入份额在 45% 左右波动,与资本收入份额比约为 1.2,因此选取创新人才指标权重为 0.55,研发经费指标权重为 0.45,得到了图 4.4 中加权区位熵指数的测算结果。

(三)变量选取与统计描述

一是被解释变量"创新能力"。本节采用三个指标来反映园区创新能力。沿用"知识创造"指标代表知识生产能力,同时采用园区"经济生产"和"社会带动"两个指标代表经济价值生产能力和社会带动能力。

二是核心解释变量"产业集聚程度"(inag)和"要素集聚程度"(faag)。本节重点考察产业集聚和要素集聚对园区创新能力形成产生的影响,因此分别利用 EG 指数和加权区位熵指数测算两类集聚水平,并以此作为核心解释变量,估计其与园区创新能力(知识创造能力、经济生产能力和社会带动能力)变量之间的关系。

三是其他解释变量。农业科技园区能够形成产业集聚与要素集聚,并通过集聚的方式促进知识创造、经济生产和社会效益,将会受到当地资源禀赋、技术基础、收入状况等因素影响。因此,在验证两类集聚程度变量与创新能力变量之间的关系时,对与知识创造相关的技术项目(tesp)、与经济效益相关的财政投资(goin)、与社会带动效果相关的技术农户人均收入

---

① 周明海,杨粼炎.中国劳动收入份额变动的分配效应:地区和城乡差异[J].劳动经济研究,2017,(6):58~88;陈登科,陈诗一.资本劳动相对价格、替代弹性与劳动收入份额[J].世界经济,2018,41(12):75~99;吴凯,范从来.劳动收入份额的驱动因素研究——基于1993 年至 2017 年数据的 LMDI 分解[J].世界经济与政治论坛,2019,(1):153~173.

(fain)、与园区地理位置相关的区域位置(gech)等变量加以控制①。

表4.11 变量的描述性统计

符号	变量名称	定义与赋值	2016		2017	
			均值	标准差	均值	标准差
pinv	知识创造	发明专利	17.226	75.091	19.566	80.401
ecou	经济生产	总产值	97.110	61.326	106.570	57.621
npul	社会效益	带动农户数	6.538	1.661	5.148	1.145
inag	产业集聚	EG指数	62.301	30.135	56.443	34.748
faag	要素集聚	区位熵指数	9.642	8.748	9.991	9.347
tesp	技术项目	特派项目数	16.962	40.789	16.141	42.169
goin	财政投资	财政投资额	1.190	1.832	0.921	1.791
fain	农户收入	农户年均收入	1.558	1.006	1.860	1.126
gech	区域分布	园区所在区域 西部=0, 其他=1	1.057	0.815	1.057	0.815

注:根据Stata15.0软件运算并整理得到。

二、基准回归与内生性问题的处理

(一)基准回归与稳健性

为了给面板数据处理结果提供参照,首先采用混合OLS模型分别对产业集聚度、要素集聚度与园区创新能力的三个度量指标进行混合回归,作为基准回归结果。全部方程都采用了聚类稳健标准误以消除可能存在的异方差带来的影响,结果由表4.12给出。根据表4.12的结果,产业集聚和要素集聚显著正向影响园区知识创造能力和经济生产能力,但对于园区示范带动的效果而言,要素集聚和产业集聚的正向促进作用不显著。因为园区个体可能存在的个体效应问题,所以混合回归结果仅是为与后文将采用的个体效应模型的分析结果提供稳健性参照。

① 骏骞,阮建青,徐广彤.经济集聚、经济距离与农民增收:直接影响与空间溢出效应[J].经济学(季刊),2017,(1):297~320.

表 4.12　产业集聚和要素集聚对创新能力影响的基准回归估计结果

变量	知识创造 pinv	经济生产 ecou	社会带动 npul
inag	0.314* (0.149)	0.455*** (0.145)	0.016 (0.030)
faag	2.335* (1.362)	3.428*** (1.038)	0.122 (0.105)
常数项	−20.297 (18.921)	−53.553** (24.389)	4.868 (2.548)
控制变量	已控制	已控制	已控制

注:***、**和*表示在1%、5%和10%水平下显著;其他变量回归结果没有汇报。

不同的农业科技园区存在着较明显的个体异质性,需要采用包括固定效应和随机效应在内的个体效应模型加以分析对比,考察结果的稳健性。

1.固定效应参数估计。表 4.13 给出了固定效应回归的参数估计。在未加入控制变量的条件下,要素集聚和产业集聚对于园区知识创造能力均有显著影响,但对经济生产能力和社会带动能力方面的影响不显著。在加入控制变量的条件下,要素集聚与产业集聚的变量系数相对于没有控制项时的系数均有所缩减,但对经济生产和社会带动的影响仍然不显著,甚至部分系数的符号变为负。表格底部给出了原假设为"不存在个体效应(H_0:all $u_i=0$)"的 F 检验,在三组固定效应模型的检验结果中,仅有第一组(即利用固定效应模型解释两类集聚对园区知识创造能力的影响效应)强烈拒绝了原假设,认为采用固定效应模型进行参数估计明显优于混合回归。

表 4.13　产业集聚和要素集聚对创新能力影响的固定效应估计结果

变量	知识创造 pinv		经济生产 ecou		社会带动 npul	
inag	0.133*** (0.044)	0.125*** (0.042)	−0.003 (0.100)	−0.345 (0.145)	0.167 (0.042)	0.009 (0.040)
faag	0.734*** (0.207)	0.675*** (0.195)	1.784 (1.391)	1.682 (1.275)	−0.012 (0.149)	−0.043 (0.144)

续表

变量	知识创造 pinv		经济生产 ecou		社会带动 npul	
常数项	3.304 (3.629)	1.775 (4.297)	25.361 (17.476)	10.655 (22.523)	4.968 (3.449)	4.335 (5.351)
控制变量	未控制	已控制	未控制	已控制	未控制	已控制
H_0:all $u_i=0$	F=9.56 0.000	F=76.22 0.000	F=1.14 0.323	F=0.99 0.425	F=0.14 0.873	F=0.062 0.0687

注：***、**和*表示在1%、5%和10%水平下显著；其他变量回归结果没有汇报。

2. 随机效应参数估计。由于"个体效应"具有固定效应和随机效应两种表现形式，表4.14给出了利用随机效应模型进行的再估计结果。

表4.14 产业集聚和要素集聚对创新能力影响的随机效应估计结果

变量	知识生产 pinv		经济生产 ecou		社会带动 npul	
inag	0.142*** (0.053)	0.134*** (0.042)	0.236 (0.121)	0.184 (0.138)	0.014 (0.030)	0.016 (0.031)
faag	0.847*** (0.251)	0.765*** (0.192)	2.575** (1.208)	2.690*** (0.573)	0.167 (0.110)	0.116 (0.114)
常数项	1.656 (7.189)	5.706 (12.628)	3.367*** (13.555)	−27.388* (16.649)	3.374 (2.353)	4.886(3.174)
控制变量	未控制	已控制	未控制	已控制	未控制	已控制
H_0:all $u_i=0$	LM=95.62 P=0.000	LM=96.34 P=0.000	LM=39.55 P=0.000	LM=36.75 P=0.000	LM=0.35 P=0.277	LM=0.30 P=0.291

注：***、**和*表示在1%、5%和10%水平下显著；其他变量回归结果没有汇报。

对表4.14给出的计量结果进行分析。在未加入控制变量的条件下，要素集聚对园区知识创造能力和经济生产效益均有显著影响，但对社会带动能力的效果不显著；在加入控制变量后，变量系数（即效应程度）减小，但仍然对园区社会带动能力的影响不显著。与要素集聚的影响相比，在未加入控制变量的条件下，产业集聚仅对园区知识创造能力有显著影响；在加入控制变量后，结果没有发生改变，但影响程度有所下降。表格底部给出了原假设为"不存在个体随机效应($H_0: Var(u_i) = 0$)"的LM检验,其结果表明:采用随机效应模型来解释两类集聚对园区知识创造能力和经济生产能力的影响,明显优于混合回归模型。

3.固定效应与随机效应的豪斯曼检验。利用豪斯曼检验对固定效应和随机效应的模型选择进行确定,得到的检验结果由表4.15给出。在1%显著性水平条件下,豪斯曼检验结果支持利用随机效应模型进行参数估计。

表4.15 豪斯曼检验结果及比较

豪斯曼检验	被解释变量		
	知识创造	经济生产	社会带动
chi2	7.41	12.94	0.88
Prob>chi2	0.1918	0.0239	0.9716
结论 (显著性水平1%)	不拒绝原假设 采用随机效应模型	不拒绝原假设 采用随机效应模型	不拒绝原假设 采用随机效应模型

注:根据Stata15.0软件运算并整理得到。

有两个问题需要特殊说明。一是在分析两类集聚程度对园区经济生产能力的影响时,可以放松到0.05或0.1的显著性水平下拒绝原假设而采用固定效应模型进行参数估计。但根据表4.13可以看到,固定效应模型给出的估计参数,符号为负,其含义表明产业集聚程度与要素集聚程度的相互作用可能会弱化园区经济生产能力。该结论与经济理论及现实情况均不符合,因此在0.01的显著性水平下不拒绝原假设,采用随机效应模型给出参数估计结果;二是在采用随机效应模型进行参数估计时,两类集聚程度对园区社会带动能力的影响均是不显著的,从而得出研究结论:利用当前样本不能明确说明产业集聚和要素集聚对园区应发挥社会效益的促进作用。

重新利用聚类稳健标准误和"过度识别检验"(Overidentification Test)来验证假设"$H_0: Cov(u_i, X_i) = 0$"是否成立,χ^2统计量分别为:6.183(P值0.2888)、11.936(P值0.0357)、1.787(P值0.8777)。上述检验结果在0.01显著性水平下均不拒绝原假设,与豪斯曼检验的结论一致,支持利用随机效应模型进行参数估计。

(二)变量与扰动相关的内生性问题处理——工具变量法

"产业集聚"与"要素集聚"作为主要解释变量,可能存在变量相关引发的内生性问题。为了检验内生性问题的存在性,采用工具变量法(IV)对其进行处理。根据"相关性"和"外生性"的判断标准,选取园区所在地的发展特征差异(包括是否是省会城市、是否为国家全面创新改革试验区)作为两类集聚变量的工具变量。这是因为,园区所在的地域发展状况存在显著差异,地处省会城市或享受创新实验试点政策的园区,将更加具备产业集聚和要素聚集的吸引力和可能性,所以上述两个工具变量与主要解释变量之间存在相关性;同时,地处省会城市或享受创新实验试点政策作为客观事实,其选址决策或政策出台均不受园区影响,获得地域发展红利的主体也不仅仅是农业科技园区。因此,上述两个工具变量与扰动项之间存在外生性。

表4.16给出了基于两阶段最小二乘法(2SLS)和豪斯曼检验进行的内生解释变量存在性验证结果。该检验的原假设为"所有解释变量均为外生解释变量"。

表4.16 内生解释变量存在性的豪斯曼检验结果

变量	知识创造 pinv		经济生产 ecou		社会带动 npul	
	系数差 IV−OLS	标准误 SE	系数差 IV−OLS	标准误 SE	系数差 IV−OLS	标准误 SE
inag	−0.424	2.318	−0.055	2.352	0.203	0.442
faag	0.806	8.093	6.177	8.209	0.547	1.541
常数项	12.935	76.505	−77.598	77.602	−18.222	14.570
χ^2值	0.120		1.550		1.650	
$P>\chi^2$	0.990		0.671		0.649	

注:限于篇幅,其他变量回归结果省略。

根据表4.16得到的检验结果,在10%显著性水平下均不拒绝原假设,从而认为两类集聚变量作为主要解释变量不存在内生性。考察造成该结果的原因,可能是因为本书使用的两个集聚变量均是通过指标测度方法得到的相对指标,不是绝对指标,从而其与扰动项或其他解释变量之间的相关性已在测算过程中被降低。

为规避数据存在的异方差性导致的豪斯曼检验失效问题,使用异方差稳健的DWH检验来进一步验证主要解释变量的内生性存在性问题。表4.17给出了上述结果,由表4.17可以看到:将异方差问题纳入考虑后得到的DWH检验结论,与传统的豪斯曼检验结论一致,在10%显著性水平下均不拒绝原假设,检验结果较为稳健。

表4.17 内生解释变量存在性的DWH检验结果

变量	知识创造 pinv	经济生产 ecou	社会带动 npul
Durbin(score)-χ^2值	0.042 (0.979)	1.692 (0.429)	1.529 (0.465)
Wu-Hausman F值	0.020 (0.980)	0.816 (0.443)	0.737 (0.479)

注:根据Stata15.0软件运算并整理得到。

三、"集聚"效应的测度——基于交互效应的检验

产业集聚和要素集聚可能相互依赖、共同对园区创新能力的形成发生作用。因此,需要采用变量交叉乘积的形式来检验是否存在交互作用,估计这种作用的效应程度。表4.18给出了加入产业集聚和要素集聚的交互项进行参数估计的回归结果。对园区知识创造能力和经济生产能力,产业集聚和要素集聚的交互项在10%显著性水平下存在影响,但对园区社会带动能力的影响不显著。由于交叉项的作用是验证和剖析变量间互动或依赖作用的存在性,从而单一解释变量的符号和估计值可以暂不考虑其含义。

表4.18 含交互项的回归估计结果

变量	知识创造 pinv	经济生产 ecou	社会效益 npul
inag	0.029 (0.077)	−0.232 (0.192)	−0.008 (0.414)
faag	0.279 (0.385)	0.081 (0.726)	0.042 (0.128)

续表

变量	知识创造 pinv	经济生产 ecou	社会效益 npul
inag×faag	0.010* (0.005)	0.044* (0.024)	0.002 (0.003)
常数项	8.134 (8.369)	30.377*** (9.498)	4.682 (2.210)

注：***、**和*表示在1%、5%和10%水平下显著；其他变量回归结果没有汇报。

由于两类集聚效应的对称性，分别将产业集聚和要素集聚作为调节变量，考察两类集聚效应的交互作用。图4.5对应的是产业集聚和要素集聚对园区知识创造能力的影响。以要素集聚为调节变量时，产业集聚的边际效应总体上显示出伴随要素集聚程度的增加而增强；交互效应符号为正，表明要素集聚与产业集聚对知识创造能力呈现互补效应和互动影响的作用机制。以产业集聚为调节变量时，要素集聚的边际效应在总体上也显示出伴随产业集聚程度的增加而增强，但边际效应不显著。该结果表明，在农业园区的产业发展进程中，要素集聚处于重要的基础地位。产业集聚促进园区创新能力的形成，需要依赖于要素汇聚，尤其是具有创新性质的要素的汇聚，并以此来推动产业发展，提升融合程度，发挥创新效力。

图4.6对应的是产业集聚和要素集聚对园区农业经济生产能力的影响。两类集聚的边际效应总体上较为明确地显示出互补效应和互动增强的作用趋势。根据图4.6，交互效应符号均为正，表明两类集聚对生产能力呈现互动影响。该结论也进一步说明，农业园区的产业发展，需要依托创新要素集聚，通过农业科技人才、农业优势资源及各类生产要素的汇聚，为园区产业结构优化升级和农产品生产链条延伸提供基础保障；生产要素在产业集聚、优化与升级的基础上，能够更加高效地向优势地区集中，在资源配置与利用效率两个层面最大化地发挥边际产出效应。

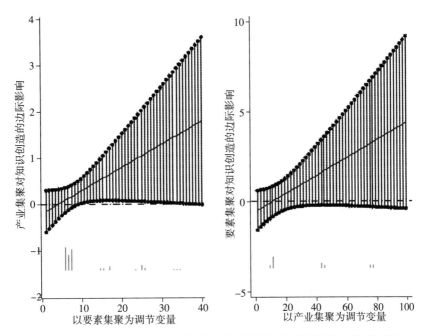

图 4.5 产业集聚与要素集聚对国家农业科技园区知识创造能力的交互影响

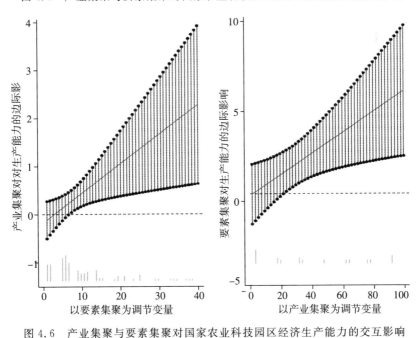

图 4.6 产业集聚与要素集聚对国家农业科技园区经济生产能力的交互影响

图 4.7 是分别以要素集聚和产业集聚为调节变量时,对应的产业集聚和要素集聚对园区社会带动能力的影响。由于阴影部分完全覆盖了边际效

应为零的区域,从而无论是以要素集聚为调节变量还是以产业集聚为调节变量,两类集聚的边际效应在总体中的边际效应不显著,从而表明对当前样本而言,两类集聚在对带动周边农户的作用发挥层面没有显著的互为依赖、互为强化的关系。

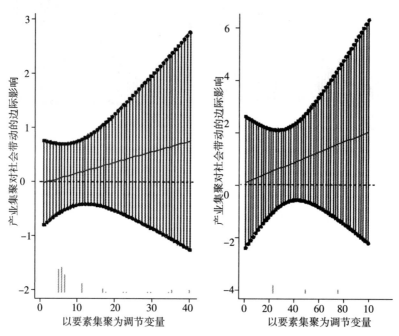

图 4.7 产业集聚与要素集聚对国家农业科技园区社会带动能力的交互影响

综上所述,计量分析结果支持了研究假说 H2,产业融合程度和创新要素集聚程度正向影响农业科技园区创新能力的形成,二者之间存在交互效应。但从园区创新能力的三个重要刻画指标来考察,产业集聚和要素集聚对园区创新能力表现的不同方面有着不同的影响:从当前园区发展的实际数据出发,要素集聚对园区知识创造能力、经济生产能力的影响更为直接和显著,产业集聚在现有样本条件下对园区知识创造能力的作用显著,但对经济生产和社会带动能力的影响虽为正面,却不明显。该结果揭示了当前中国农业科技园区发展进程中的薄弱问题和未来的着力点:园区能够在科技创新领域取得非常显著的成绩,但对应发挥的带动周边产业和衔接小农户与现代农业对接的功能层面,还有待切实提高。

第三节 "竞争"机制的实证检验及效应测度

"竞争"促进农业科技园区创新能力形成,主要是指作为具备明确地理空间范围的开放创新系统,农业科技园区的产业与要素集聚以地理集聚为特征、以研发并推广本地域特色技术产品为手段,形成园区企业间的动态竞争,并通过竞争促进创新能力的形成。园区企业的生产活动将在利润最大化前提下向着交易成本更低的地域流动,逐步形成地域之间的园区科技合作、知识流动和技术互补。不同的农业园区之间在地域差异作用下,通过专利发明、技术创造等环节的强化与提升,借助于"互补"和"赶超"两种发展模式来刺激创新产出增长,并促进以经济产出为主要代表的园区创新能力形成。"竞争"促进园区创新能力的逻辑与机制,已在第四章进行说明,本节通过统计和计量方法对上述机制进行实证分析,测度东部、中部和西部地区等地域差异框架下的"竞争"总效应,分解互补效应与赶超效应,对研究假说H3a和H3b进行验证。

一、模型、方法与变量说明

为了验证基于"地域差异"的竞争机制存在性,以及知识生产在影响能力形成过程中发挥的中介作用,同时测度互补与赶超两类发展模式在弥补竞争水平差距的进程中发挥的效应程度,本书在 Romer(1989 年)[1]提出的内生性增长理论模型基础上建立包含"地域差异"变量在内的经济增长模型,给出均衡解、模拟均衡增长路径;在 Verspagen(1991 年)[2]基础上分解和测度两类效应程度;参考方杰、温忠麟(2018 年)[3]提出的中介效应检验方

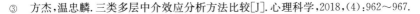

[1] Romer M. Endogenous Technological Change[J]. NBER Working Papers, 1989, 98(98):71~102.
[2] Verspagen B. A New Empirical Approach to Catching up or Falling Behind[J]. Structural Change & Economic Dynamics,1991,2(2):359~380.
[3] 方杰,温忠麟.三类多层中介效应分析方法比较[J].心理科学,2018,(4):962~967.

法,测度知识生产能力的中介效应。地域差异主要是通过促进具有地方特色的专利技术的研发和生产来促进园区经济生产能力,获得经济效益。因此,本节选取发明专利和总产值等指标来刻画园区创新能力。

(一)包含"地域差异"变量的内生性增长模型

在内生性增长理论模型基础上,借鉴严成樑(2012年)[①]关于社会资本与长期经济增长的考察,构建包含"地域差异"变量的修正模型。

1.最终生产部门。假定农产品最终生产部门为完全竞争部门,需要投入传统劳动要素 L_Y 及以中间品形态出现的创新要素 $f(i)$ 来得到总产出 Y。其中,$i \in [0, A]$,总产出 Y 的增长代表着经济增长,生产函数规模报酬不变,形式如下:

$$Y = L_Y^\tau \int_0^A f(i)^{1-\tau} di \quad (4-1)$$

生产部门的最优化问题,是该部门在价格体系下的生产利润最大化问题。令 w 为传统的劳动要素报酬,p(i)为中间品价格,最终产品价格简化为1,则最终产品生产部门的最优化问题为:

$$Max \left\{ Y - \int_0^A p(i) f(i) di - w L_Y \right\}$$

对该最优化问题求解,得到最终产品生产部门的两类需求函数:

$$w = \tau L_Y^{\tau-1} \int_0^A f(i)^{1-\tau} di \quad (4-2)$$

$$p(i) = (1-\tau) L_Y^\tau f(i)^{-\tau} \quad (4-3)$$

2.中间品生产部门。投入中间品将累积为资本,并成为最终产品生产部门的生产要素。中间品生产数量体现着技术进步,同时给相对落后的经济主体模仿、吸收发达国家技术提供途径。由于中间品的技术性特征,假定中间品生产部门是垄断竞争的,厂商租赁资本的单位利息为 r,则中间品生产部门的最优化问题为:

$$Max \{ p(i) f(i) - r f(i) \} \quad (4-4)$$

---

① 严成樑.社会资本、创新与长期经济增长[J].经济研究,2012,(11):48~60.

结合(4-3)式,得到最优解,进而得到资本需求函数及最大化利润:

$$r = (1-\tau)^2 L_Y^\tau f(i)^{-\tau}$$

$$\pi = \tau(1-\tau) L_Y^\tau f(i)^{1-\tau}$$

3.研究与发展部门(R&D)。知识或创新的生产由研究人员数量和经济社会知识存量决定。借鉴新经济地理学,在我国地域差异明显存在的现实条件下,将不同园区的地域特征引入函数,如(4-5)式所示,其中υ为技术进步,L_A为劳动投入,A为知识存量,G为地域差异变量。

$$A = \vartheta L_A A^\alpha G^{1-\alpha} \tag{4-5}$$

地域差异至少通过互补和赶超两种方式来刺激创新。地域差异越大,农业最终产品的差异越大,形成的农业生产优势或劣势的差异也随之增大,互补性越强,带动生产劣势的园区实现创新赶超的空间越大。由于生产要素自由流动,要素报酬在部门间的水平将趋于一致,从而超额利润将逐步降低并最终等于产品价格P_A,因此均衡条件及需求函数为:

$$P_A A = w L_A$$

$$P_A(t) = \int_t^{+\infty} \pi(h) exp(-\int_t^h r(v)dv)dh$$

4.代表性家庭。令变量C为农户消费,主观贴现率ρ>0、地域差异影响权重β>0,进而最优化目标函数形式为①:

$$Max \int_0^{+\infty} (lnC + \beta lnG) e^{-\rho t} dt \tag{4-6}$$

假定资本折旧率为零,I为家庭用于社会资本积累的支出,从而该目标函数的收入预算方程是:

$$K = w(L_Y + L_A) + rK + \int_0^A \pi_i di - P_A A - C - I \tag{4-7}$$

采用哈密顿函数结合横截性条件对家庭最优化问题求解:

$$H = lnC + \beta lnG + \lambda_1 K + \lambda_2 I$$

$$\lim_{t \to \infty} \lambda_1 K e^{-\rho t} = \lim_{t \to \infty} \lambda_2 G e^{-\rho t} = 0$$

---

① Zou Heng-fu. Spirit of Capitalism and Savings Behavior[J]. Journal of Economic Behavior and Organization,1995,(28):131~143.

最优化解的形式如下：

$$C/C = r - \rho \tag{4-8}$$

$$r/C = \beta/G \tag{4-9}$$

5.竞争性均衡解与增长路径。将方程(4-1)转化为总生产函数：

$$Y = (AL_Y)^\tau K^{1-\tau} \tag{4-10}$$

在市场出清条件下，中间品无论种类多少都会最终提供相同的供给量，从而 f(i)=f，且 f=K/A。其中，i∈[0,A]，得到约束方程：

$$K = (AL_Y)^\tau K^{1-\tau} - C - I$$

如果将园区视为农业经济系统，其特征变量将以趋同比率 σ 沿着平衡增长路径收敛：

$$r = (1-\tau)^2(Y/K) = (1-\tau)^2(AL_Y/K)^\tau = \rho + \sigma$$

对上式整理可得：

$$\frac{K}{A} = L_Y \left[\frac{(1-\tau)^2}{\rho+\sigma} \right]^{\frac{1}{\tau}}$$

将平衡增长路径与引入地域差异的知识产出函数(4-5)结合，得到：

$$\frac{G}{A} = \left[\frac{\sigma}{\vartheta L_A} \right]^{\frac{1}{1-\alpha}}$$

将平衡增长路径与劳动力市场均衡 L=L_A+L_Y 结合，得到平衡增长路径的经济增长率 σ 的表达式：

$$\sigma = \frac{\rho+\sigma}{(1-\tau)^2} - \left[\frac{\rho+\sigma}{\beta} + \sigma \right] \left[\frac{\rho+\sigma}{(1-\tau)^2} \right]^{\frac{1}{\tau}} \left[\frac{\rho+\sigma+(1-\tau)\sigma}{(1-\tau)\vartheta L} \right]^{\frac{1}{1-\alpha}}$$

$$\frac{\rho+\sigma+(1-\tau)\sigma}{(\rho+\sigma)L}$$

(二)中介效应模型

构建回归检验方程：

$$lnA = \theta_0 + \theta_1 lnG + \theta_2 lnL_A + \theta_3 lnA + \varepsilon \tag{4-11}$$

$$lnY = \lambda_0 + \lambda_1 lnG + \lambda_2 lnL_Y + \lambda_3 lnA + \lambda_4 lnK + \varepsilon \tag{4-12}$$

上述回归方程较为明确地体现了以发明专利为内容的"知识创造"，是主要解释变量"地域差异"与被解释变量"园区经济产出"之间的中介变量。根据温忠麟(2012年)构建中介效应模型的基本形式如下：

$$lnY = \rho \cdot lnG + \omega_1$$

$$lnA = \alpha \cdot lnG + \omega_2$$

$$lnY = \theta \cdot lnG + \gamma \cdot lnA + \omega_3$$

首先，对被解释变量"经济产出"与主要解释变量"地域差异"进行总效应检验，如果解释变量"地域差异"的系数 ρ 为统计显著，则认为总效应存在并可以进行中介效应检验。由于抑制模型(MacKinnon,2000年)[①]的存在，系数 ρ 是否统计显著不是中介效应检验的必要条件，如果系数 ρ 为统计不显著，则利用 Sobel-Goodman 检验实质存在的中介效应。

其次，做两个回归检验，一是将中介变量"知识创造"与主要解释变量"地域差异"进行回归检验；二是将被解释变量"经济产出"、主要解释变量"地域差异"及中介变量"知识生产"共同进行检验，考察各个变量的系数显著性。如果主要解释变量系数 θ 和中介变量系数 γ 同时具备统计显著性，则中介效应存在，并可以根据主要解释变量系数 θ 的显著性情况对中介效应类型作出推断：如果系数 θ 和系数 γ 均显著，则存在不完全中介效应，即地域差异影响园区经济产出能力形成的过程，将部分通过影响知识创造能力而实现；如果系数 γ 显著但系数 θ 不显著，则存在完全中介效应，即地域差异影响园区经济产出能力形成的过程，必须完全通过知识生产能力的作用来实现。

再次，如果主要解释变量系数 θ 和中介变量系数 γ 不同时显著，则需根据 Sobel-Goodman 检验对中介效应的存在性进行判断。如果检验结果显著则存在中介效应，反之则不存在中介效应(夏岩磊,2018年)[②]。

[①] Mackinnon D P, Krull J L, Lockwood C M. Equivalence of the Mediation, Confounding and Suppression Effect[J]. Prevention Science,2000,1(4):173~181.

[②] 夏岩磊.农产品利润如何影响农户土地流转意愿——基于政府和农户目标一致性视角[J].统计与信息论坛,2018,(9):106~113.

(三)互补效应与赶超效应的测度模型

在 Verspagen(1991 年)基础上,参考尹新悦、谢富纪(2020 年)[①]对技术赶超效应的估计方法,依据互补和赶超两种能力行为模式,对竞争机制的总效应进行分解,构建包含两类效应的测度模型,即方程式(4-13)。其中,Y 仍为园区总产出;DG 为园区间地域差异的差距,采用当年度内各个园区与地域差异值最大的园区之间比值的自然对数赋值,即 $DG=\ln(G_i/G_j)$;系数 k_1,k_2 分别度量赶超与互补的效应程度。

$$Y = k_1 k_2 \exp^{-(\frac{DG}{k_1}-k_2)} \tag{4-13}$$

自然对数处理形成计量分析方程:

$$\ln Y = -\frac{1}{k_1}DG + \varphi + \varepsilon \tag{4-14}$$

其中,$\varphi = \ln k_1 + \ln k_2 + k_2$。因此,对回归方程进行计量处理可以得到系数 k_1 的估计值和常数项 φ,进而可以得到系数 k_2 的估计值。

利用系数 k_1 和 k_2 构造如下权重:

$$f_i = \frac{k_i}{\sum k_i} \quad 其中, i = 1,2 \tag{4-15}$$

根据该权重的数值可以对总效应进行分解,区分为互补效应和赶超效应两个部分。因此,该权重数值的大小体现如下含义,即在弥补先进园区与后进园区之间创新能力水平差距的过程中,互补和赶超两类发展模式各自发挥的作用效果。

(四)变量选取与统计描述

一是被解释变量"创新能力"。如前所述,"地域差异"影响的园区创新能力,主要体现为知识创造和经济产出,因此本节仍选取园区发明专利(pinv)和总产值(ecou)两个指标来刻画创新能力。

二是核心解释变量"地域差异"(geod)。基于园区竞争优势的地域差异

① 尹新悦,谢富纪.中国后发企业技术赶超中技术模仿强度对企业绩效的影响——创新能力的中介作用[J].软科学,2020,(1):31~37.

变量,应包含能够明确区分不同园区独有特征的指标。本书对园区地域差异变量的构造采用如下方式:(1)将外部禀赋差异进行赋值,分为政策差异(是否为国家创新改革试验区)、地域差异(是否为东部地区)、城市等级差异(是否为省会或直辖市)、农业功能差异(是否为粮食主产区)等,确保106个园区均有特征标志值(取值范围在[1,6]),以便进行数据的对数处理;(2)将内部特色差异进行赋值,即将能够刻画不同地域特有的、其质量、特性等仅依赖于本区域的地理标志产品(商标),作为较好地体现地域差异的指标纳入地域差异变量的构成中。

三是其他变量。研发部门劳动投入 L_A,沿用以园区研发人员(tecm)为代表,最终产品部门劳动力要素投入量 L_Y,沿用以农民从业人数(empl)为代表;资本存量 K 利用园区年末固定资产总额(fixc)进行替代,知识存量利用园区知识产权总量(acgr)进行替代。控制变量选取与知识生产能力相关的科特派项目数量(tesp)和研发平台(rcen)、与经济生产相关的财政投资(goin)和社会投资额(soin)等变量。表4.19为变量统计描述。

表4.19 变量的描述性统计

变量	名称	定义与赋值	2016		2017	
			均值	标准差	均值	标准差
pinv	知识生产	发明专利	17.226	75.091	19.566	80.401
ecou	经济产出	总产值	97.110	61.326	106.570	57.621
geod	地域差异	地域特征	26.443	87.352	34.453	87.459
tecm	研发部门劳动投入	研发人员数	331.462	569.353	515.471	882.069
empl	产品部门劳动投入	农民从业人数	0.794	1.672	1.499	3.61
fixc	资本存量	固定资产额	19.365	37.611	24.444	37.462
acgr	知识存量	知识产权总量	15.066	15.028	39.906	100.431
tesp	技术项目	特派项目数	16.962	40.789	16.141	42.169
rcen	研发中心	研发中心数	12.283	29.277	17.047	34.285
goin	财政投资	财政投资额	1.190	1.832	0.921	1.791
soin	社会投资	社会投资额	1.761	9.142	0.946	2.546

注:根据Stata15.0软件运算并整理得到。

二、基准回归与内生性问题处理

(一)基准回归与稳健性

采用混合OLS模型、固定效应模型和随机效应模型,对基于竞争优势的地域差异变量与以园区经济产出能力为代表的创新能力变量之间的关系进行回归分析,并以稳健标准差消除异方差影响,结果由表4.20给出。其中,混合OLS模型仍然作为与个体效应模型结果的稳健性对照,固定和随机效应模型的选择,以豪斯曼检验为依据。

表4.20 地域差异对园区创新能力的基准回归结果

lnecou	混合回归OLS		固定效应FE		随机效应RE	
	①	②	③	④	⑤	⑥
lngeod	0.140**	0.132**	0.271***	0.266***	0.181***	0.174***
	(0.063)	(0.063)	(0.098)	(0.098)	(0.065)	(0.066)
lnpinv		0.045		0.095		0.061
		(0.052)		(0.090)		(0.067)
控制变量	已控制	已控制	已控制	已控制	已控制	已控制
cons	3.949***	3.883***	3.616***	3.448***	3.853***	3.748***
	(0.191)	(0.213)	(0.254)	(0.300)	(0.188)	(0.215)
F/wald/LR	4.96	2.76	3.52	3.53	7.70	8.56
	(0.027)	(0.065)	(0.000)	(0.000)	(0.005)	(0.014)

注:***、**和*表示在1%、5%和10%水平下显著;其他变量回归结果没有汇报。

根据表4.20的结果,混合回归模型、固定效应模型和随机效应模型中包含的方程①、③、⑤均显示被解释变量"经济产出"与主要解释变量"地域差异"之间存在显著正向相关,系数显著且结果稳健。豪斯曼检验统计量为1.48,prob>Chi2=0.478,在10%水平上不拒绝原假设,从而采用随机效应模型(方程⑤)给出估计系数。上述结果表明被解释变量与主要解释变量之间的总效应显著,具备中介效应分析的检验条件。

(二)遗漏变量引发的内生性问题处理——扩展核心解释变量的测度范围

本书对园区地域差异变量的构造采用外部禀赋差异和内部特色差异的方式进行赋值。其中,内部特色差异主要依赖于本区域的农产品地理标志。基于园区在研发培育新品种层面的技术优势,将植物或动物新品种纳入表征竞争优势的地域差异变量也是必要的。因此,为避免出现遗漏重要解释变量而产生误差项与解释变量的相关性,利用扩展解释变量选择范围的方式处理内生性问题。

将"植物新品种"和"禽畜水产新品种"两个同样能够体现地域差异优势的指标纳入解释变量测算范围,同样采用面板数据的混合回归、固定效应回归和随机效应回归进行多元回归分析,得到结果如下:三种回归方式得到的解释变量系数估计值分别为0.182(在1%水平下显著)、0.128(在10%水平下显著)和0.184(在1%水平下显著),模型稳定性检验F值分别为47.85(在1%水平下显著)、8.40(在1%水平下显著)和41.13(在1%水平下显著)。豪斯曼检验统计量为1.51,prob>Chi2=0.323.在10%水平上不拒绝原假设,从而采用随机效应模型给出估计系数。

上述扩展变量范围的实证结果,总体与表4.20得到的实证结果一致,在缓解内生性问题的基础上,也表现出了实证分析过程的稳健性。

三、"竞争"效应的测度——基于中介效应的检验

根据表4.20包含的方程①、③、⑤,得到了解释变量与被解释变量之间存在显著总效应的分析结果。方程②、④、⑥则根据前文构建的实证模型对主要解释变量和中介变量进行共同回归分析与检验,结果均显示被解释变量与主要解释变量之间存在显著正向相关关系,但与中介变量"知识生产能力"之间的正相关关系并不显著。豪斯曼检验结果显示χ方统计量为1.86,prob>Chi2=0.602,在10%水平上不拒绝原假设,仍然采用随机效应模型给出估计系数(方程⑥)。

为测度中介效应的存在及程度,将中介变量"知识生产能力"与主要解

释变量"地域差异"进行回归分析与检验,结果如表 4.21 所示。混合回归模型、固定效应模型和随机效应模型均显示中介变量"知识生产能力"与主要解释变量"地域差异"之间存在正向相关关系。豪斯曼检验结果显示 χ 方统计量为 1.17,prob>Chi2=0.558,在 10% 水平上不拒绝原假设,从而采用随机效应模型给出估计系数。

表 4.21 中介变量与主要解释变量的关系检验结果

lnpinv	混合回归 OLS	固定效应 FE	随机效应 RE
lngeod	0.171* (0.091)	0.049 (0.106)	0.138** (0.067)
控制变量	已控制	已控制	已控制
cons	1.462*** (0.215)	1.771*** (0.274)	1.545*** (0.192)
F/wald/LR	3.48 (0.064)	3.00 (0.000)	4.20 (0.040)

注:***、**和*表示在 1%、5% 和 10% 水平下显著;其他变量回归结果没有汇报。

结合表 4.20 和表 4.21,在确定解释变量与被解释变量之间存在显著总效应基础上,检验并证实了中介变量与主要解释变量之间存在显著正相关关系。但主要解释变量"地域差异"系数 0.138(α)和中介变量系数 0.061(γ)不同时显著,需要进行 Sobel 检验判定中介效应存在性。表 4.22 给出了 Sobel 检验的主要结论:中介效应存在性在 10% 显著性水平下得到验证,类型为"不完全"中介效应,间接效应与直接效益的比例约为 89%,而间接效应占总效应的比重约为 47%。

表 4.22 Sobel-Goodman Mediation-Tests 结果

检验阶段及被解释变量		第一阶段	第二阶段	第三阶段
		lnecou	lnpinv	lnecou
解释变量	lngeod	0.072 (0.069)	0.228*** (0.072)	0.038 (0.071)
	lnpinv			0.149** (0.066)
	常数项	2.440*** (0.468)	−0.328 (0.485)	2.489*** (0.464)

续表

检验阶段及被解释变量	第一阶段 lnecou	第二阶段 lnpinv	第三阶段 lnecou
Sobel 统计量	系数	标准差	P 值
	0.034	0.019	0.067*
中介效应	效应估计值	与直接效应比例	占总效应比重
	0.034	89.26%	47.16%

注：***、**和*表示在1%、5%和10%水平下显著；其他变量回归结果没有汇报。

进一步根据前文构建的效应测度模型对竞争机制的总效应进行分解，测度互补和赶超两类作用方式形成的效应程度，并利用豪斯曼检验对个体效应选择作出判断。结果由表 4.23 所示：χ 方统计量为 1.04，prob>Chi2＝0.596，不拒绝采用随机效应模型的原假设。

表 4.23　赶超效应系数估计

变量	混合回归(OLS)	固定效应(FE)	随机效应(RE)
DG	−0.165 (0.126)	−0.089 (0.079)	−0.123* (0.071)
常数项	3.529*** (0.571)	3.848*** (0.338)	3.706*** (0.323)
Prob>F （或 chi^2）	1.70 (0.194)	3.03 (0.000)	2.98 (0.084)

注：***、**和*表示在1%、5%和10%水平下显著；其他变量回归结果没有汇报。

由随机效应模型给出的参数估计结果，系数 k_1 的估计值为 8.120（k_1＝1/0.123），常数项 φ 的估计值为 3.706。利用 Matlab9.0 软件对常数项 φ 的表达式进行方程求解，得到系数 k_2 的估计值为 1.327，进而得到赶超效应和互补效应的权重分别为 0.8595 和 0.1405。考察和对比两类效应权重，从中可以发现：利用园区具备的地域特色，可以促进弥补后进园区与先进园区之间的能力水平差距，在此过程中，"赶超"模式取得的效果大于"互补"模式取得的效果，以赶超效应为主、以互补效应为辅。由于互补效应和赶超效应的持续作用，具备不同地域特色的农业园区，创新能力将不断形成并显著提升，最终按照平衡增长路径呈现增长率的趋同，缩减园区之间创新能力的程度差距(夏岩磊,2019年)①。

综上所述,计量与实证分析结果支持了研究假说 H3a、H3b。基于地域差异形成的竞争优势,显著影响农业科技园区创新能力的形成。不同园区在"干中学"的过程中模仿和改进产品、技术,激发竞争热情、优化分工与资源配置,提升以发明创造为主要内涵的知识生产能力,而知识生产能力也在地域差异促进园区创新能力形成的过程中发挥显著的中介效应。直接效应和间接效应的发挥,主要依靠园区之间的"互补"和"赶超"等发展模式来带动。具备不同地域特色的农业科技园区,主要通过"赶超"方式弥补创新能力水平之间的差距,以"互补"方式辅助"赶超"方式,共同为缩减园区能力差距作贡献。

本章重点剖析促进农业科技园区创新能力形成的三类宏观作用机制。通过将农业科技园区创新能力的刻画指标定义为"知识创造""经济产出"和"社会带动"三个主要方面,利用统计与计量经济分析方法,验证合作促进机制、集聚促进机制、地域差异促进机制三类宏观作用机制的存在性,剖析三类宏观机制在链接影响因素与能力形成结果过程中发挥的作用,测度相关解释变量的影响程度和由此产生的机制效应,同时针对需要进一步延伸探讨的有关能力形成的问题进行讨论。

从"合作促进能力形成"的机制来看,农业科技园区与外界结成强合作关系能够显著促进以"知识创造"为内容的创新能力形成。在能力形成过程中,园区通过项目合作、产生知识成果,最终结成合作创新网络。由于地理区位等因素的影响,园区与外界主体可能形成两类不同模式的合作集群形态,但园区创新能力形成不会因为模式形态的差异而产生差异。

从"集聚促进能力形成"的机制来看,产业融合程度和创新要素集聚程度能够正向促进农业科技园区创新能力的形成,二者之间存在交互效应。但从园区创新能力的三个重要刻画指标来考察,产业集聚和要素集聚对园

---

① 夏岩磊.地理差异有助于促进农业园区创新产出吗——基于互补与赶超的机制分析[J].江西财经大学学报,2019,(3):85~94.

区创新能力的影响呈现差异。本书研究结果揭示当前中国农业科技园区发展进程中的薄弱问题和未来的着力点：园区能够在科技创新领域取得非常显著的成绩,但对应发挥的带动周边产业和衔接小农户与现代农业对接的功能,还有待切实提高。

从"竞争促进能力形成"的机制来看,以地域差异为内涵的竞争优势显著影响农业科技园区创新能力的形成过程。一方面,是不同园区在"干中学"的过程中优化分工与资源配置,提升以发明创造为主要内涵的知识生产能力,并通过知识生产能力的提升间接促进园区创新能力进一步形成;另一方面,是通过园区之间的"互补"和"赶超"等直接作用方式,以"互补"辅助"赶超",不断弥补先进园区与后进园区之间的能力水平差距,实现园区创新能力提升。

第五章
农业科技园区创新能力形成的微观机制检验及效应测度

农业科技园区既是一个开放的创新系统,又是一个相对独立并自成体系的发展载体。园区具备的"多元化主体协同共生"和"多样化要素交织作用"的特征,已经内在地决定了园区创新能力形成过程将同时受到宏观和微观两类机制的影响。若将园区所处的外部环境作为外生,在此基础上将园区作为独立的创新载体进行再审视,那么在其封闭的系统内部,不同类型的决定因素对园区知识创造、经济生产和社会带动层面的作用关系,构成了园区创新能力形成的微观机制。从长期来看,这些作用关系和机制联系,在现象层面体现为通过各类因素间的互动,不断外延到园区系统的外部,形成园区创新活动的结果;在本质层面则构成了园区自内而外地形成一种能够适应外界变化和冲击的"原始禀赋",这种"原始禀赋"亦即成为宏观机制发生效力的基础。

园区微观行为的特征是在知识技术、物质要素、学习模仿和社会资本等交织作用的框架下,以园区多元化参与主体和环境类、生产类和平台类等具备创新性质的生产要素和传统生产要素相互作用,影响园区知识创造、经济生产和社会带动等"三重目标"的最终效果。园区创新能力的有效凝塑,依赖于园区内部运行的"多元主体协同"机制和"异质要素联动"机制。本章将在第四章的理论分析基础上,通过统计分析与计量模型等手段,验证研究假说、测度园区创新能力形成的微观机制效应。

一、"多元主体协同"机制的实证检验与效应测度

"多元主体协同"促进园区创新能力形成,其内涵是以政府、企业、科研单位等园区创新活动的参与主体,通过动态干预行为最大化地协调主体利益的重叠部分、规避矛盾部分,最大化地发挥创新性质生产要素的作用,不断提升园区创新效率,实现区域创新系统的内部交流和外部耦合。"多元主体协同"促进园区创新能力的逻辑与机制,已在第四章进行说明,本节将通过统计和计量方法对上述机制进行实证分析,测度"多元主体协同"创新的效率及其与创新能力形成的关系,验证和估计基于政策扶持为调节变量框架下的主体协同行为对创新能力的边际影响,测算园区创新系统与地方经济发展系统之间存在的耦合协调程度,对研究假说 H4a、H4b 进行验证。

一、模型、方法与变量说明

为了测度多元主体协同创新效率、估算园区创新系统与地方经济发展系统之间的耦合协调效应,本节将利用数据包络分析(Data Envelopment Analysis,DEA)方法,基于多投入、多目标的园区运行实际进行协同创新技术效率的估计;利用多元回归分析,检验基于政策扶持差异下的协同创新效率与园区创新能力之间的关系,验证多元主体协同机制的存在性及效应程度;利用灰关联耦合度等指标,在省际层面对农业园区创新系统与省际经济发展系统之间的耦合协调程度作出估计。根据第四章的理论机制分析,主体协同与合作创新,能够全面促进园区知识创造、经济产出和社会带动的能力水平,本节继续采用发明专利、园区产值及带动农户程度等变量刻画上述三个层面的目标。

(一) 多元回归模型

构建包含以"主体协同创新效率"为主要解释变量的多元回归模型,利用数据包络分析模型测度多元主体协同创新效率;利用面板数据个体效应模型对"主体协同创新效率"与刻画园区创新能力变量之间的关系与机制进行多元回归分析,给出参数估计值。其实证模型表达式:

$$Y_{it} = \alpha_0 + \alpha_1 RSTE + \theta_i \sum z_{it} + \varepsilon$$

其中,Y_{it}是被解释变量,是沿用知识创造、经济生产和社会带动三个指标进行刻画的园区创新能力;RSTE 为主要解释变量,代表园区内部多元化参与主体之间的协同创新效率。回归系数 α_1 表示协同创新效率对园区知识创造、经济生产和社会带动能力的影响系数;协变量矩阵 z_i 为其他变量的集合;α_0 为常数项;ε 为随机干扰项,是为了满足零均值和同方差假定。

考虑园区获得的各类扶持政策将为参与主体形成高效的协同合作提供重要保障,从而引入虚拟变量"政策扶持程度"与主要解释变量"多元主体协同效率"的交叉项,重点考察以"政策扶持"为调节变量的调节效果以及基于该调节变量的主要解释变量对被解释变量的边际影响。引入交互项后的实证分析模型表达式为:

$$Y_{it} = \alpha_0 + \alpha_1 RSTE + \alpha_2 POLI + \alpha_3 RSTE \times POLI + \theta_i \sum Z_{it} + \varepsilon$$

其中,Y_{it} 仍是以三个指标进行刻画的园区创新能力;RSTE 仍为以协同创新效率为内容的主要解释变量。POLI 为政策扶持程度变量,以两个年度国内园区总体获得扶持政策的数量均值为划分标准,获得当地各类扶持政策数量高于全国总体均值的园区,该指标赋值为1,其余赋值为0,回归系数 α_3 测度了调节效应的程度。协变量矩阵 Z_i 为其他变量的集合;α_0 为常数项;ε 为随机干扰项,是为了满足零均值和同方差假定。

进一步验证园区创新系统与地方发展系统的耦合协调行为对促进园区创新能力形成的影响机制。两个子系统的耦合协调,受到明显的地理因素影响:不同地区、不同省份两个子系统之间的异质性,可以体现为多个经济、社会等发展指标之间的差异,但这些差异的形成从根源上受到地理分布差异的影响。因此,引入地理差异虚拟变量,构建包含系统耦合度、虚拟变量及其交叉项的计量模型。令 COUP 为测算出的系统耦合度;虚拟变量 DCOU 代表系统耦合度的程度,虚拟变量 D_1 和 D_2 分别代表园区省份所属的区域(东部、中部或西部),则三个虚拟变量的赋值及含义如下:

$$DCOU = \begin{cases} 1, 系统耦合度 > 0.7 \\ 0, 系统耦合度 \leqslant 0.7 \end{cases} D_1 = \begin{cases} 1, 东部 \\ 0, 其他 \end{cases} D_2 = \begin{cases} 1, 中部 \\ 0, 其他 \end{cases}$$

将上述变量作为解释变量及交互项引入多元回归模型[①]:

$$Y_{it} = \beta_0 + \beta_1 DCOU + \beta_2 D_1 + \beta_3 D_2 + \omega_1 DCOU \times D_1 + \omega_2 DCOU \times D_2 + \varepsilon$$

其中,Y_{it} 仍是以知识创造、经济生产以及社会带动三个指标进行刻画的园区创新能力;β_i 为虚拟变量系数,ω_i 为虚拟变量交叉项的系数;ε 为随机干扰项,是为了满足零均值和同方差假定。

(二)多元主体协同创新效率的测算——数据包络分析模型(DEA)

农业科技园区的多元主体协同创新效率,可以利用园区创新技术效率指标进行替代。技术效率的测度主要是利用生产前沿分析方法,包括非参数估计方法和参数估计方法。参数估计方法主要是随机前沿分析(SFA),可以利用 Frontier 程序进行测度;非参数估计方法主要是数据包络分析(DEA),可以利用 DEAP 程序进行测度。

两种生产前沿分析方法及其运行程序存在着各自适用的研究领域。Frontier 程序能够有效处理多个投入、一个产出的测度问题;DEAP 程序则可以进行多个投入、多个产出的测度问题。由于农业园区的多元主体参与创新活动,存在着多元投入、多元产出和多重目标的特征,采用数据包络分析的方法对多元主体协同创新的行为效果进行测算较为合适。

数据包络分析是以相对效率为统计基础进行的效率测度和评价方法,运用数学规划和统计数据决定生产前沿,通过将决策单元(Decision Making Units,DMU)在生产前沿上的投影进行偏离程度比较,实现评价决策单元

---

① 高爽.区域流通业发展水平与人口集聚空间耦合协调性分析[J].经济问题探索,2020,(3):100~106.

有效性的目标,其最为重要的应用是对多输入、多输出类型的决策单元有效性的评价。Charnes & Cooper(1978)首次提出了 C^2R 模型,对多个决策单元同时为"规模有效"和"技术有效"进行量化分析[①]。因此,本书采用数据包络分析(DEA)和 DEAP 程序进行多元主体协同创新效率的估计。按照多元主体所包含的政府、企业和科研机构的条件投入和目标产出情况,构建创新效率评价体系,如表5.1所示。

表5.1 协同效率测算指标

主体投入		协同产出	
一级	二级	一级	二级
政府投入类	财政资金 信息化资金	研发类	新品种 新技术 新设施
企业投入类	R&D 研发人员	培育类	入驻企业 培训人员
科研机构 (高校)投入类	科技特派人员 科技项目投资	效益类	主营业务收入 净利润

结合农业科技园区的运行实际,令多元协同创新主体为政府、企业和科研机构三个决策单元(DMU),任意决策单元都存在输入 X 和输出变量 Y,即主体条件投入向量和主体目标产出向量,分别记为:

$$X_i = (x_{1i}, x_{2i}, \cdots, x_{ki})^T > 0, i = 1, 2, \cdots, n$$

$$Y_i = (y_{1i}, y_{2i}, \cdots, y_{mi})^T > 0, i = 1, 2, \cdots, n$$

令权重系数向量为:

$$v = (v_1, v_2, \cdots, v_k)^T$$

$$u = (u_1, u_2, \cdots, u_m)^T$$

则每个决策单元的效率评价指数表达式为:

$$H_i = \frac{u^T Y_i}{v^T X_i} = \frac{\sum_{m=1}^n u^T Y_{mi}}{\sum_{k=1}^n v^T X_{ki}}, i = 1, 2, \cdots, n$$

① Charnes A, Cooper W, Rhodes E. Measuring the Efficiency of Decision Making Units[J]. European Journal of Operational Research, 1978, 2(6): 429~444.

利用效率评价指数 H 进行决策单元(DMU_i)效率评估,指数 H 的数值越大,将允许第 i 个决策单元运用较小的投入获得较大的产出,从而 C^2R 模型为如下规划:

$$\begin{cases} Max H_i = \dfrac{\sum_{m=1}^{n} u^T Y_{mi}}{\sum_{k=1}^{n} v^T X_{ki}} \\ s.t.\ H_i \leqslant 1, i=1,2,\cdots,n \\ \quad v \geqslant 0, u \geqslant 0 \end{cases}$$

基于多元主体的投入和目标,利用数据包络模型估算 2016—2017 年 106 个农业科技园区的协同创新效率,并将估算结果作为主要解释变量来分析其与园区创新能力之间的关系。

(三)园区协同创新与地方经济发展的耦合度测算——灰关联耦合度模型

建立省际层面的农业科技园区协同创新发展与地方经济发展两个子系统的耦合体系,借鉴邓氏灰关联模型对耦合体系的指标关联系数进行估算,并在此基础上测算灰关联耦合度[①]。

依据科学性、合理性和可比性的原则,构建园区协同创新发展与地方经济发展的耦合指标体系。该体系共包括 3 个园区主体协同一级指标、8 个二级指标,以及 3 个省际经济发展一级指标、7 个二级指标,主要从园区的多元主体协同创新的表现效果——知识创造、经济生产和社会带动三个方面,与地方经济发展中的科技发展状况、国民经济发展状况和收入支出状况等进行对应。构建的耦合评价体系由表 5.2 列示。

---

① 李兴国.基于灰关联分析的犹豫模糊多属性决策模型构建与统计检验[J].统计与决策,2019,(24):33~37.

表 5.2 园区协同创新与省际经济发展耦合的评价指标体系

目标层	准则层	指标层
园区协同创新(C)	C1 知识创造	C11 知识产权、C12 研发技术
	C2 经济生产	C21 第二产业产值、C22 出口产值、C23 利税额
	C3 社会带动	C31 技术培训、C32 带动农户、C33 提供就业
地方经济发展(R)	R1 科技发展	R11 专利授权、R12 R&D 经费投入强度、R13 高技术产业 R&D 项目
	R2 国民经济	R21 生产总值、R22 地区出口总值
	R3 收入支出	E31 农村居民可支配收入、R32 农村居民消费支出

估算邓氏灰关联系数 δ 的表达式如下,其中,$C(t)$、$R(t)$ 分别为表 4-23 中园区协同创新发展与地方经济发展的指标;根据当前研究文献的共识,选取分辨系数 ρ 的取值为 0.5[①]：

$$\delta_{ij}(t) = \frac{\min_i \min_j |C_i(t) - R_j(t)| + \rho \max_i \max_j |C_i(t) - R_j(t)|}{|C_i(t) - R_j(t)| + \rho \max_i \max_j C_i(t) - R_j(t)|}$$

得到关联系数矩阵后,进一步测算指标间的平均关联度：

$$\varphi_{ij} = \frac{1}{\tau} \sum_{i=1}^{\tau} \delta_{ij}(t)$$

其中,φ 为平均关联度,τ 为以耦合体系指标数为赋值的指标权重。φ_{ij} 取值范围为 $[0,1]$,越趋近 1 时指标关联度越大。一般认为,当 $0.85 < \varphi_{ij}$ 时为一致关联;$0.65 < \varphi_{ij} \leqslant 0.85$ 时为强关联;当 $\varphi_{ij} \leqslant 0.65$ 时为弱关联[②]。在平均关联度的计算基础上,测算第 t 年度园区协同创新发展与地方经济发展之间的灰关联耦合度：

$$C(t) = \frac{1}{p \times q} \sum_{i=1}^{p} \sum_{j=1}^{q} \delta_{ij}(t)$$

---

① 薛蕾,徐承红,申云.农业产业集聚与农业绿色发展:耦合度及协同效应[J].统计与决策,2019,(17):125~129;谷国锋,王雪辉.东北地区经济发展与生态环境耦合关系时空分析[J].东北师大学报(哲学社会科学版),2018,294(4):159~165;王维.长江经济带城乡协调发展评价及其时空格局[J].经济地理,2017,(8):60~66;董文静,王昌森,张震.山东省乡村振兴与乡村旅游时空耦合研究[J].地理科学,2020,(4):628~636.

② 于婷婷,宋玉祥,浩飞龙等.东北地区人口结构与经济发展耦合关系研究[J].地理科学,2017,37(1):2~8.

其中，p 和 q 分别为衡量园区创新发展和地方经济发展的指标数量。灰关联耦合度 C 的取值范围为[0,1]，越趋近 1 时耦合程度越大。

(四)变量选取与统计描述

一是被解释变量"创新能力"。农业科技园区参与主体的协同行为，既影响着以高技术企业研发为内容的知识创造和以农产品生产为内容的农业经济生产，还影响着政府追求的社会福利目标——社会示范与带动。因此，本节仍然选取园区发明专利(pinv)、总产值(ecou)和带动农户(npul)三个指标来刻画园区的创新能力。

二是核心解释变量"多元主体协同"(rste)。主要采用"协同创新效率"来描述园区多元化参与主体的协同创新行为效果，并以此为主要解释变量，考察其对园区知识创造水平、经济生产水平和社会带动水平的影响。该解释变量的赋值，根据表 5.1 及相应的 DEA 模型进行测算。

三是其他变量。选取与被解释变量相关的科特派项目数量(tesp)、研发平台(rcen)、社会投资额(soin)、扶持政策程度(poli)等变量作为控制变量。表 5.3 给出了各个变量定义及统计描述。

表 5.3　变量的统计性描述

符号	变量名称	定义与赋值	2016		2017	
			均值	标准差	均值	标准差
pinv	知识创造	发明专利	17.226	75.091	19.566	80.401
ecou	经济产出	总产值	97.110	61.326	106.570	57.621
npul	社会带动	带动农户数	6.538	1.661	5.148	1.145
rste	主体协同	协同效率	0.713	5.930	0.811	4.812
tesp	技术项目	特派项目数	16.962	40.789	16.141	42.169
rcen	研发中心	研发中心数	12.283	29.277	17.047	34.285
goin	财政投资	财政投资额	1.190	1.832	0.921	1.791
tesp	技术项目	特派项目数	16.962	40.789	16.141	42.169
poli	扶持政策	政策数是否超过全国年均	0.481	0.509	0.518	0.509

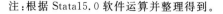

注：根据 Stata15.0 软件运算并整理得到。

二、"多元主体协同"效应的测度——基于调节效应的检验

(一)协同效率的测算

利用 DEA 模型及 DEAP2.1 软件,除去不符合测算要求的数据,获得园区的综合效率(CRSTE)、纯技术效率(VRSTE)、规模效率(SCALE),三者之间的关系为:CRSTE=VRSTE×SCALE。图 5.1 分别给出了两个年度的综合效率、纯技术效率和规模效率的测算值和增长率的变化形态。

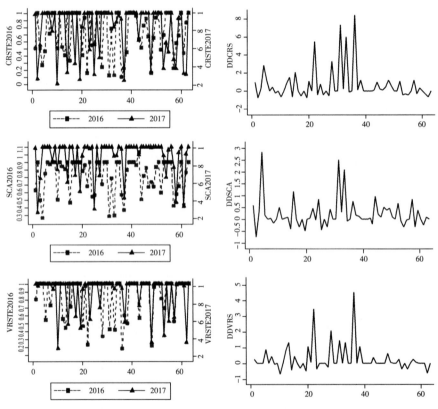

图 5.1 基于 DEA 模型测算的协同创新效率及其增长率

(二)"多元主体协同"效应的估计

1.多元主体协同对园区知识创造能力的影响。由于园区异质特征所引起的异质效应存在性,选择个体效应模型对园区包含的多元主体协同创新

行为影响园区知识创造能力的机制进行验证。表5.4给出了以多元主体协同效率为主要解释变量、园区或所在地区出台的扶持政策情况等为其他解释变量的参数估计结果。分别利用混合回归和个体效应模型进行参数估计,对比结果稳健性。结果均显示主要解释变量"主体协同创新效率"与被解释变量"知识创造"之间存在着显著正向相关关系。豪斯曼检验结果显示,χ方统计量为4.47,prob>Chi2=0.6533,在10%水平上不拒绝原假设,从而采用随机效应模型给出估计系数[①]。

表5.4 多元主体协同影响知识创造能力的估计结果

pinv	混合回归OLS	固定效应FE	随机效应RE
rste	−0.025 (11.078)	14.693*** (6.905)	13.100*** (6.670)
poli	22.479 (14.389)	11.047 (16.626)	14.871 (9.233)
控制变量	已控制	已控制	已控制
cons	106.121** (40.815)	34.114* (17.280)	46.751*** (16.050)
F/wald/LR	2.26 (0.042)	23.21 (0.000)	44.45 (0.000)

注:***、**和*表示在1%、5%和10%水平下显著;其他变量回归结果没有汇报。

多元参与主体能够以农业科技园区为载体进行高效的协同合作,以政府为主要制度供给主体而出台各类型的优惠、扶持政策是重要的机制保障。图5.2给出了基于政策扶持为调节变量的主体协同创新边际效应。主体协同效率对政府政策扶持的依赖,决定了政策扶持程度是调节和提升主体协同创新效率的重要影响因素,并进一步影响园区创新能力。因此,图5.2通过将多元主体的协同创新行为与园区知识创造能力之间的关系进行拟合,直观地给出了政策扶持程度在主体协同促进园区创新能力形成过程中的调节效果。

利用协同创新效率变量与政策扶持程度的虚拟变量作为交互项进行回

---

① 丁飞鹏,陈建宝.固定效应部分线性变系数面板模型的快速有效估计[J].统计研究,2019,(3):113−123.

归,得到交互项系数估计值为 14.791(标准误 8.042,Z 统计量 1.84),且在 10%显著性水平下为正。多元主体协同促进园区知识创造能力的机制效应如表 5.5 所示。

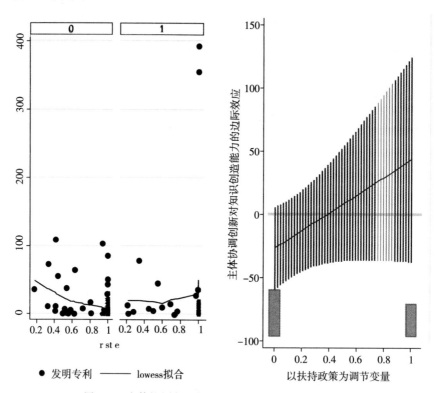

图 5.2 主体协同促进知识创造过程中的政策调节效应

表 5.5 知识创造能力形成过程中的政策调节效应

变量	政策扶持程度	
	政策数量不低于全国平均水平 (policy$_i$=1)	政策数量低于全国平均水平 (policy$_i$=0)
知识创造 水平 (pinv)	6.819 * RSTE+6.675 * POLICY+ 14.791 * (RSTE×POLICY) (6.875)　(14.410)　(8.042)	6.819 * RSTE (6.875)

注:括号内为标准误。

2.多元主体协同对园区经济生产能力的影响。分别利用混合回归和个体效应模型验证多元主体的协同创新行为如何促进园区经济生产能力,对比结果稳健性。表 5.6 列出了以多元主体协同创新效率为主要解释变量、园区或所在地区出台的扶持政策情况为其他解释变量的参数估计结果。

表 5.6 多元主体协同影响经济生产能力的估计结果

ecou	混合回归 OLS	固定效应 FE	随机效应 RE
rste	59.907*** (19.799)	23.608 (29.964)	38.888** (21.835)
poli	−7.177 (12.941)	17.853 (66.995)	−8.699 (19.713)
控制变量	已控制	已控制	已控制
cons	3.966 (37.387)	−3.286 (17.280)	15.376 (23.012)
F/wald/LR	2.04 (0.078)	3.98 (0.000)	5.87 (0.318)

注：***、**和*表示在1%、5%和10%水平下显著；其他变量回归结果没有汇报。

根据表5.6，政策变量的系数符号为负，但由于政策变量主要以调节变量的形式引入模型，在主效应回归中可以忽略其系数与符号变化。豪斯曼检验结果显示，χ方统计量为7.55，prob>Chi2=0.1829，在10%显著性水平下不拒绝原假设，从而采用随机效应模型给出估计系数。

获得政策扶持的程度通过对高层次创新人才的吸引力、对各类生产要素的汇聚力等渠道直接影响园区内多元化参与主体的协同创新效率，从而进一步影响园区科技成果研发与转化，最终作用于园区的农业经济生产能力。因此，多元化主体协同行为影响园区经济生产，其依赖于政策扶持程度的特征仍然存在，这也就决定了政策扶持程度是调节和促进主体协同创新的重要因素。图5.3是将主体协同创新与经济生产能力之间的关系进行拟合，直观地展示了基于政策扶持程度为调节变量的主体协同创新行为对园区经济生产过程的边际影响，给出了政策扶持程度在主体协同合作促进园区经济生产能力形成过程中的调节效果。

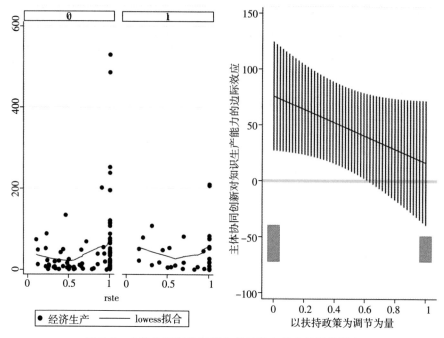

图 5.3 主体协同促进经济生产过程中的政策调节效应

利用协同创新效率变量与政策扶持程度的虚拟变量作为交互项进行回归,得到交互项系数估计值为 19.042(标准误 25.259,Z 统计量 0.75),且在 10% 显著性水平下为负。因此,多元主体协同促进园区经济生产能力的机制效应如表 5.7 所示。

表 5.7 经济生产能力形成过程中的政策调节效应

变量	政策扶持程度	
	政策数量不低于全国平均水平 ($policy_i = 1$)	政策数量低于全国平均水平 ($policy_i = 0$)
经济生产水平 (ecou)	26.932 * RSTE + 4.885 * POLICY - 19.042 * (RSTE×POLICY) (15.189)　(24.242)　(25.259)	26.932 * RSTE (15.189)

注:括号内为标准误。

3. 多元主体协同对园区社会带动能力的影响。沿用个体效应模型及豪斯曼检验,对多元主体的协同创新行为促进园区社会带动能力的作用机制进行验证,并将政策扶持程度作为调节变量,检验调节效果,对比稳健性。表 5.8 列出了以多元主体协同创新效率为主要解释变量、园区或所在地区出台的扶持政策情况为其他解释变量的参数估计结果。

表5.8 多元主体协同影响社会带动能力的估计结果

npul	混合回归OLS	固定效应FE	随机效应RE
rste	10.001*** (3.707)	8.193 (11.245)	10.001** (4.886)
poli	0.432 (3.042)	3.486 (25.143)	0.432 (3.279)
控制变量	已控制	已控制	已控制
cons	1.334 (2.321)	6.243 (14.031)	1.334 (4.887)
F/wald/LR	2.29 (0.050)	0.78 (0.8341)	9.78 (0.082)

注：***、**和*表示在1％、5％和10％水平下显著；其他变量回归结果没有汇报。

根据表5.8的估计结果，作为参照的混合回归模型得到的主要解释变量系数在1％显著性水平下为正，政策变量的符号为正号但不显著。考虑个体效应的存在，分别利用固定效应模型和随机效应进行参数估计。

从固定效应模型的估计结果来看，主要解释变量的系数符号没有变化、系数有所减少，但并不显著；政策虚拟变量的符号没有变化，但系数数值明显增加。由F检验结果可以看到，利用固定效应模型进行的参数估计效果并不优于混合回归模型。

从随机效应模型的估计结果来看，"主体协同创新效率"与被解释变量"社会带动"之间存在着正向相关关系，估计系数与混合回归模型的系数相比没有变化，仅是显著性略有降低；政策变量的系数符号和数值均与混合回归模型相同。由Wald检验结果可以看到，在10％显著性水平下使用随机效应模型进行参数估计，优于混合回归模型。

豪斯曼检验结果显示，χ方统计量为1.22，prob＞Chi2＝0.9427，在10％显著性水平下不拒绝原假设，从而采用随机效应模型给出估计系数。图5.4展示了基于政策扶持为调节变量的主体协同创新行为对园区发挥社会带动功能的边际影响。

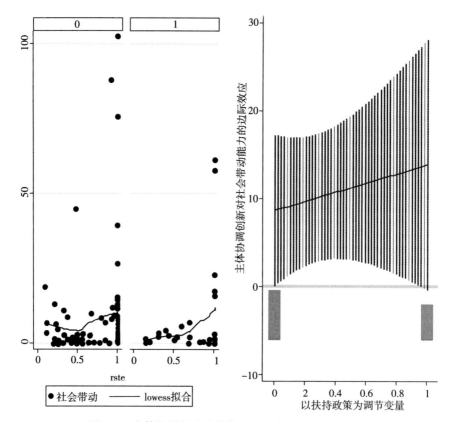

图 5.4 主体协同促进社会带动过程中的政策调节效应

参与园区创新发展的各类主体,尤其是作为制度供给者的政府主体,通过出台各类创新鼓励政策,促使其他主体汇聚要素、获得财政税收减免优惠,进而促进园区投入产出效率提高和主体协同合作效率提升,最终促进园区实现社会带动能力。因此,多元化主体的协同行为在促进园区彰显示范引领效果的过程中,仍然蕴含着与其影响知识创造能力和经济产出能力的相似性作用机理,同时内生性地决定了政策扶持程度是调节和促进园区示范引领能力形成的重要因素。图 5.4 将主体协同创新与社会带动能力之间的关系进行拟合,直观地给出了政策扶持程度在协同合作促进园区社会带动能力形成过程中的调节效果。

利用协同创新效率变量与政策扶持程度的虚拟变量作为交互项进行回归,得到交互项系数估计值为 5.235(标准误 9.587,Z 统计量 0.55),且在 10% 显著性水平下为正。多元主体协同促进园区社会带动能力的机制效应如表 5.9 所示。

表 5.9 社会带动能力形成过程中的政策调节效应

变量	政策扶持程度	
	政策数量不低于全国平均水平 ($policy_i=1$)	政策数量低于全国平均水平 ($policy_i=0$)
社会带动水平 （npul）	8.603 * RSTE-3.517 * POLICY + 5.235 * (RSTE×POLICY) (4.282)　　(4.675)　　(9.587)	8.063 * RSTE (4.282)

注：括号内为标准误。

三、园区创新与地方经济发展的协同耦合效果估计

(一)灰关联相关系数的测算

依据灰关联相关系数的测算模型对园区协同创新系统和地方经济发展系统的耦合关联程度进行分析。表 5.10 和表 5.11 分别给出了 2016—2017 年从全国层面考察的两个子系统的平均灰关联度矩阵。两个年度矩阵各元素数值的取值区间分别为[0.752,0.882]和[0.763,0.953]，总体显示出强烈的关联特征，佐证了农业科技园区协同创新系统与地方经济发展系统之间存在显著的、紧密的关系。

表 5.10 总体层面的系统平均灰关联度矩阵一

指标	R11	R12	R13	R21	R22	R31	R32
C11	0.834	0.829	0.835	0.841	0.834	0.835	0.835
C12	0.786	0.829	0.835	0.841	0.834	0.835	0.835
C21	0.825	0.824	0.825	0.826	0.825	0.825	0.825
C22	0.855	0.853	0.855	0.857	0.857	0.854	0.855
C23	0.879	0.878	0.880	0.882	0.879	0.880	0.880
C31	0.781	0.766	0.783	0.810	0.752	0.784	0.785
C32	0.818	0.818	0.818	0.820	0.818	0.819	0.819
C33	0.782	0.777	0.781	0.790	0.777	0.783	0.783

注：根据各指标数据进行汇总并整理得到。

表 5.11　总体层面的系统平均灰关联度矩阵二

指标	R11	R12	R13	R21	R22	R31	R32
C11	0.834	0.830	0.834	0.839	0.836	0.834	0.834
C12	0.925	0.830	0.834	0.839	0.836	0.834	0.834
C21	0.953	0.951	0.953	0.952	0.945	0.950	0.950
C22	0.766	0.763	0.767	0.770	0.768	0.766	0.766
C23	0.820	0.819	0.821	0.821	0.823	0.820	0.820
C31	0.788	0.782	0.790	0.796	0.786	0.787	0.788
C32	0.804	0.802	0.805	0.808	0.803	0.804	0.805
C33	0.789	0.787	0.789	0.793	0.786	0.789	0.789

注：根据各指标数据进行汇总并整理得到。

表 5.12 和表 5.13 分别给出了 2016—2017 年从东部地区层面考察的两个子系统的平均灰关联度矩阵，按照第一章的省份划分说明，该矩阵包含 12 个东部地区省份。各年度矩阵各元素数值的取值区间分别为[0.681, 0.862]和[0.465, 0.910]，总体显示出强烈的关联特征，表明两者之间联系密切。

表 5.12　东部地区的系统平均灰关联度矩阵一

指标	R11	R12	R13	R21	R22	R31	R32
C11	0.786	0.766	0.783	0.797	0.780	0.778	0.778
C12	0.780	0.842	0.853	0.862	0.852	0.849	0.849
C21	0.823	0.820	0.823	0.824	0.823	0.821	0.821
C22	0.755	0.752	0.755	0.757	0.762	0.753	0.753
C23	0.769	0.759	0.768	0.772	0.763	0.764	0.764
C31	0.792	0.735	0.791	0.830	0.681	0.757	0.756
C32	0.797	0.794	0.796	0.801	0.795	0.798	0.798
C33	0.787	0.778	0.783	0.792	0.771	0.781	0.781

注：根据各指标数据进行汇总并整理得到。

表 5.13 东部地区的系统平均灰关联度矩阵二

指标	R11	R12	R13	R21	R22	R31	R32
C11	0.824	0.815	0.824	0.828	0.826	0.820	0.820
C12	0.511	0.465	0.471	0.473	0.472	0.468	0.468
C21	0.909	0.906	0.909	0.910	0.890	0.905	0.905
C22	0.770	0.763	0.774	0.774	0.775	0.767	0.767
C23	0.809	0.807	0.810	0.810	0.816	0.808	0.808
C31	0.745	0.722	0.753	0.755	0.726	0.728	0.728
C32	0.820	0.812	0.821	0.824	0.813	0.816	0.815
C33	0.774	0.769	0.774	0.776	0.764	0.771	0.771

注：根据各指标数据进行汇总并整理得到。

表 5.14 和表 5.15 分别给出了 2016—2017 年从中部地区层面考察的两个子系统的平均灰关联度矩阵，该矩阵包含 9 个中部地区省份。各年度矩阵各元素数值的取值区间分别为 [0.609, 0.851] 和 [0.709, 0.904]，总体显示出强烈的关联特征，佐证了中部地区园区系统与地方经济发展系统之间存在显著关系。

表 5.14 中部地区的系统平均灰关联度矩阵一

指标	R11	R12	R13	R21	R22	R31	R32
C11	0.797	0.794	0.797	0.808	0.799	0.805	0.805
C12	0.642	0.794	0.797	0.808	0.799	0.805	0.805
C21	0.650	0.650	0.650	0.653	0.650	0.651	0.651
C22	0.842	0.841	0.842	0.851	0.843	0.845	0.845
C23	0.809	0.809	0.810	0.814	0.810	0.811	0.811
C31	0.707	0.703	0.708	0.752	0.711	0.725	0.726
C32	0.770	0.770	0.770	0.773	0.771	0.772	0.772
C33	0.610	0.609	0.611	0.627	0.612	0.618	0.618

注：根据各指标数据进行汇总并整理得到。

表 5.15 中部地区的系统平均灰关联度矩阵二

指标	R11	R12	R13	R21	R22	R31	R32
C11	0.793	0.792	0.794	0.804	0.795	0.798	0.798
C12	0.866	0.723	0.726	0.738	0.726	0.730	0.731
C21	0.904	0.898	0.899	0.882	0.903	0.890	0.886
C22	0.710	0.709	0.710	0.714	0.711	0.712	0.712
C23	0.754	0.754	0.754	0.756	0.754	0.755	0.755
C31	0.770	0.769	0.771	0.778	0.771	0.773	0.774
C32	0.787	0.786	0.787	0.790	0.787	0.788	0.788
C33	0.746	0.746	0.747	0.751	0.747	0.749	0.749

注:根据各指标数据进行汇总并整理得到。

表 5.16 和表 5.17 分别给出了 2016—2017 年从西部地区层面考察的两个子系统的平均灰关联度矩阵,该矩阵包含 10 个西部地区省份。各年度矩阵各元素数值的取值区间分别为[0.521,0.863]和[0.565,0.958],总体显示出强烈的关联特征,佐证了西部地区园区协同创新系统与地方经济发展系统之间存在显著、紧密的联系。

表 5.16 西部地区的系统平均灰关联度矩阵一

指标	R11	R12	R13	R21	R22	R31	R32
C11	0.793	0.793	0.794	0.796	0.793	0.795	0.796
C12	0.837	0.793	0.794	0.796	0.793	0.795	0.796
C21	0.634	0.634	0.635	0.638	0.637	0.637	0.638
C22	0.860	0.861	0.861	0.863	0.858	0.861	0.863
C23	0.645	0.645	0.647	0.657	0.653	0.653	0.657
C31	0.666	0.667	0.671	0.687	0.665	0.690	0.692
C32	0.731	0.731	0.732	0.733	0.732	0.733	0.733
C33	0.522	0.521	0.527	0.542	0.531	0.533	0.537

注:根据各指标数据进行汇总并整理得到。

表 5.17 西部地区的系统平均灰关联度矩阵二

指标	R11	R12	R13	R21	R22	R31	R32
C11	0.845	0.844	0.845	0.847	0.847	0.847	0.848
C12	0.958	0.844	0.845	0.847	0.847	0.847	0.848
C21	0.861	0.857	0.864	0.811	0.837	0.819	0.820
C22	0.575	0.576	0.576	0.585	0.578	0.583	0.584
C23	0.651	0.651	0.651	0.655	0.652	0.655	0.656
C31	0.567	0.565	0.567	0.578	0.569	0.577	0.579
C32	0.735	0.734	0.735	0.740	0.736	0.738	0.739
C33	0.834	0.834	0.834	0.838	0.836	0.836	0.837

注：根据各指标数据进行汇总并整理得到。

(二)灰关联耦合度的测算

在总体层面以及分区域层面的灰关联系数矩阵测算基础上，进一步以北京地区的园区为基准，依据灰关联耦合度的测度模型对全国整体及东部、中部和西部等三区域的各年度灰关联耦合度矩阵进行测算。图5.5展示了耦合度测算结果及其变化率。

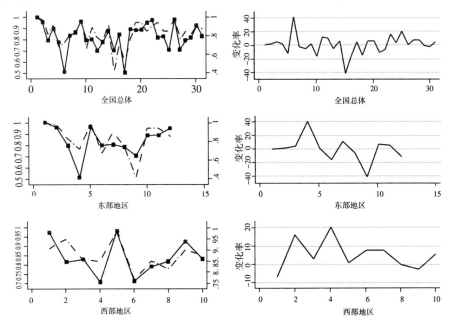

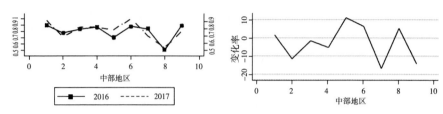

图 5.5 基于灰关联耦合度模型测算的区域耦合度及其变化率

根据图 5.5 所示,全国总体和三个区域的两系统耦合度指标数值均在 0.5 以上,绝大多数的指标数值在 0.7 以上,这表明园区创新发展系统和地方经济发展系统之间的耦合程度较高,"政府—企业—高校院所"之间的协同合作、交互影响的模式,是强力链接两个系统之间的重要纽带,协调互动趋势明显。从地区差异的角度考察,东部地区和西区地区的耦合度变化幅度较大,表明两个区域内部各个不同园区之间,存在着显著的发展程度差异;中部地区耦合度变化幅度较为平稳,表明中部地区内部各个园区之间,总体发展程度相近,没有明显突出或落后的个体。

(三)园区协同创新与地方经济发展的耦合效应

根据地理因素虚拟变量的取值及含义,表 5.18 给出了纳入地理因素后的系统耦合度对园区创新能力形成的影响效果①。

表 5.18 分区域系统耦合度对创新能力形成的作用效应比较

	$D_1=1\ D_2=0$	$D_1=0\ D_2=1$	$D_1=0\ D_2=0$
DCOU=1	$\beta_0+\beta_1+\beta_2+\omega_1$ 东部系统高耦合度下的作用效应	$\beta_0+\beta_1+\beta_3+\omega_2$ 中部系统高耦合度下的作用效应	$\beta_0+\beta_1$ 西部系统高耦合度下的作用效应
DCOU=0	$\beta_0+\beta_2$ 东部系统低耦合度下的作用效应	$\beta_0+\beta_3$ 中部系统低耦合度下的作用效应	β_0 西部系统低耦合度下的作用效应

从表 5.18 可以看出,以西部系统耦合度对园区创新能力的影响效应为基准,东部地区系统高耦合度条件下的作用效应与其差异为 $(\beta_2+\omega_1)$,中部

---

① 秦雪征.应用计量经济学:EVIEWS 与 SAS 实例[M].北京:北京大学出版社,2016:86~89.

地区系统高耦合度条件下的作用效应与其差异为$(\beta_3+\omega_2)$;东部地区系统低耦合度条件下的作用效应与其差异为β_2,中部地区系统低耦合度条件下的作用效应与其差异为β_3。

表5.19 系统耦合度影响园区创新能力形成的回归估计

变量(系数)	知识创造 pinv	经济生产 ecou	社会带动 npul
系统耦合程度(β_1)	13.909*** (1.335)	45.679*** (4.488)	2.082 (3.524)
地理虚拟变量一(β_2)	33.878*** (10.936)	63.039 (40.490)	6.189(4.723)
地理虚拟变量二(β_3)	79.968* (47.027)	127.558*** (12.144)	9.222** (5.317)
交叉项一(ω_1)	−27.0362*** (10.026)	−33.804 (56.714)	−10.919** (5.936)
交叉项二(ω_2)	−77.8557* (46.18065)	−111.262*** (14.373)	−12.425** (6.408)
常数项(β_0)	−1.813 (2.676)	−2.049 (8.173)	14.421*** (2.406)
控制变量	已控制	已控制	已控制

注:***、**和*表示在1%、5%和10%水平下显著;其他变量回归结果没有汇报。

表5.19给出了利用稳健性标准误消除异方差影响后的系统耦合度影响园区创新能力形成的回归估计结果。结合表5.17和表5.18可以对系统耦合度影响园区创新能力形成的作用效果进行估算。从总体上来看,上述模型中包含的交叉项系数都是较为显著的,该结果表明:园区创新系统与地方经济发展系统的耦合协调程度越高,促进园区创新能力形成的作用和效果越显著。

综上所述,多元参与主体的协同创新行为,通过两个渠道影响着园区创新能力的形成。一是以主体协同效率为重要体现,正向显著地促进于农业科技园区创新能力的形成。这种促进机制的顺畅实现,依赖于制度供给者通过各类扶持政策,推进主体协同效率的提升,调节并激励园区在知识创造、经济生产和社会带动三个层面发挥应有功能;二是以园区创新系统与地方经济发展系统的关联与耦合为重要体现,正向显著地促进于农业科技园区创新能力的形成。这种促进机制的顺畅实现,受到园区及其所在省份的异质特征影响,其差异产生的基础是地理特征的个体效应。将地理特征纳入分析框架,发现高度关联的耦合协调效应对园区创新能力形成的过程产生显著影响,耦合程度越高,作用效果越大。计量与实证分析的结果验证了多元主体协同行为促进园区创新能力形成的机制,测度了各类效应的影响程度,同时验证并支持了研究假说 H4a、H4b。

第二节 "异质要素联动"机制的实证检验与效应测度

要素异质性的基本含义是两种生产要素的初始生产力水平之间的差异,基于此,通常将生产过程中投入的要素粗略地划分为初级要素与高级要素①。本书将园区创新能力形成过程中投入的生产要素,划分为创新要素和传统要素。其中,具有创新性质的高层次人才、R&D 投入等要素是创新要素,也是园区科技创新和示范推广的核心要素,该类要素的迅速整合与高效汇聚能够大幅推动研发成果快速转化并形成辐射带动;传统的劳动、资本、土地等要素是传统要素,在以科技引领为核心功能的园区创新活动中,该类要素成为辅助创新要素发挥功效的从属(且必要)因素,为创新要素的效力发挥提供基础保障。

按照这种划分,异质性生产要素在园区创新能力形成过程中将发挥不同的作用,形成不同的贡献;但也应注意到,从科技研发到农业生产,不仅要投入创新性质的生产要素,也要投入传统生产要素,能否最大化地发挥不同性质要素的功能,对园区创新发展产生影响。因此,应以发挥创新性质生产要素的作用为中心,通过创新要素使用效率的提升来盘活传统要素的价值,

① 韩忠亮.要素异质性与要素禀赋同质化定理——基于三国贸易动态收益的一般均衡模型[J].国际贸易问题,2014,(1):14~26.

最终促使农业科技园区形成"三重目标"所要求的创新能力。

"异质要素联动"促进园区创新能力的逻辑与机制,已在第四章进行说明,本节将通过统计和计量方法对上述机制进行实证分析,测度创新要素与传统要素在园区创新能力形成过程中的贡献度;验证新兴平台在促进园区与市场之间的供需匹配机制,评估平台多样化特征在创新能力形成过程中的作用;考虑到创新要素与传统要素的结合,显著受到劳动生产率的影响,本节利用门限回归方法,检验异质要素联动对园区创新能力形成的影响效应,完成对研究假说 H5a、H5b 和 H5c 的验证。

一、模型、方法与变量说明

(一)修正的研究与开发(R&D)增长模型

以索罗模型(Solow Growth Model)为基础,Romer(1990)、Grossman and Helpman(1991)等构建了知识或技术等创新要素对总产出影响的理论分析模型——研究与开发(R&D)增长模型①。本节对"研究与开发增长模型"进一步修正,并以此为理论基础构建计量分析模型,探讨具有异质性特征的生产要素在园区创新能力形成过程中的作用与贡献。

假定两部门三要素(产品部门与研发部门,使用劳动 L、资本 K、技术 A 等三种要素),生产函数为柯布-道格拉斯函数形式:

$$Y(t) = [A(t)(1-\alpha_L)L(t)]^{1-\alpha}[(1-\alpha_K)K(t)]^{\alpha} \quad 0<\alpha<1$$

$$A(t) = B[\alpha_L L(t)]^{\gamma}[\alpha_K K(t)]^{\beta}A(t)^{\theta} \quad B>0, \beta \geqslant 0, \gamma \geqslant 0$$

借鉴上述理论模型的基本思想,将理论假设的前提条件加以修正,主要是将生产要素细分为传统要素和以知识、技术、信息等为代表的具有创新性质的要素,目的是剖析要素集聚与效力发挥的过程中,不同性质的生产要素对园区创新能力形成过程的贡献度。修正研发增长模型的假定是:①令总产出 OPT 是创新要素 x_i 及传统要素 ξ_i 的函数:

---

① [美]戴维·罗默著.高级宏观经济学(第三版)[M].王根蓓译,上海:上海财经大学出版社,2009:88~89.

$$Opt = AF\{f(x_i),\varphi(\xi_j)\}, 其中\ x = [x^1,x^2,\cdots,x^k]^T, \xi = [\xi^1,\xi^2,\cdots,\xi^n]^T$$

②经对数变换处理后的变量系数代表要素生产弹性;③同时段的 A 为既定,对两种要素的技术促进效果相同;④创新要素与传统要素各自形成的产出比重,分别为 δ 和 $(1-\delta)$,其中 $\delta \in (0,1)$;⑤两类要素的产出比重代表各自对园区总产出的贡献度,两者比值 Θ 表示贡献度倍数,即:

$$\Theta = \frac{\delta_m}{1-\delta_m}, m = 1,2,\cdots$$

在上述假定基础上,构建不同性质的生产要素对园区创新产出的贡献度模型。首先将非线性生产函数进行自然对数处理,将其转化为线性生产函数:

$$lnopt = lnA + lnF\{f(x_i),\varphi(\xi_j)\}$$

然后根据假定②给出两类要素的柯布-道格拉斯生产函数并转化为线性形式:

$$\delta \cdot opt = Af(x_i), x = [x^1,x^2,\cdots,x^k]^T, A > 0$$
$$(1-\delta) \cdot opt = A\varphi(\xi_j), \xi = [\xi^1,\xi^2,\cdots,\xi^n]^T, A > 0$$
$$lnopt = lnA + lnf(x_i) - ln\delta, 0 < \delta < 1$$
$$lnopt = lnA + ln\varphi(\xi_j) - ln(1-\delta), 0 < \delta < 1$$

根据假定③,对线性形式的两类要素生产函数合并:

$$lnopt = lnA - \frac{1}{2}[ln\delta + ln(1-\delta)] + \frac{1}{2}[lnf(x_i) + ln\varphi(\xi_j)]$$

因假定全部生产函数形式均为 C-D 函数形式[F(·)、f(·)及 ξ(·)等],技术进步(A)对两类要素的作用等价,则有:

$$lnF = lnf(x_i) + ln\varphi(\xi_j) = \gamma - \frac{1}{2}[ln\delta + ln(1-\delta)]$$
$$= \frac{1}{2}[lnf(x_i) + ln\varphi(\xi_j)] = \frac{1}{2}\gamma\delta(1-\delta) = e^{-\gamma}$$

因此,根据得到的指数 γ 的估计值,就可以测算要素产出占总产出的比重 δ 和 (1-δ)。

在上述理论模型的基础上,建立计量实证模型,得到指数 γ 的估计值。实证模型的形式如下:

$$lny = \beta_0 + \sum_{i}^{k}\beta_i ln\, x_i + \sum_{j}^{k}\beta_j ln\, \xi_j + contr + \varepsilon i, j = 1,2,\cdots,k$$

其中，被解释变量 y 为园区创新能力；创新要素 x_i 及传统要素 ξ_j 分别由如下指标代替：创新要素中的创新人才和研发资金的衡量指标选取，利用园区研发人员和"R&D 经费投入"进行刻画；传统要素中的劳动力和投资的衡量指标选取，利用农民从业人数和企业投资进行刻画。ε 为随机干扰项，是为了满足零均值和同方差假定。

(二)非动态面板的固定效应门限模型

Hansen(1999)提出了"门限(门槛)回归模型"(Threshold Regression)，对非动态面板数据的门限效应进行参数估计，推导出了门限值 γ 的大样本渐进分布，构造了置信区间以用来进行假设检验[1]。Hansen 的非动态固定效应门限回归模型的基本形式为：

$$y_{it} = \mu_i + \beta'_1 x_{it} I(q_{it} \leqslant \gamma) + \beta'_2 x_{it} I(q_{it} \geqslant \gamma) + e_{it}$$

对于平衡面板数据 $\{y_{it}, q_{it}, x_{it}; 1 \leqslant i \leqslant n, 1 \leqslant t\}$，令 i 代表观测值个体，t 代表观测时间，q_{it} 为门限变量，γ 为待估门限值，$I(\Box)$ 为示性函数，上述形式可以转化为两个分段函数表达式：

$$\begin{cases} y_{it} = \mu_i + \beta'_1 x_{it} + e_{it}, q_{it} \leqslant \gamma \\ y_{it} = \mu_i + \beta'_2 x_{it} + e_{it}, q_{it} \geqslant \gamma \end{cases}$$

上述模型在确定门限变量 q_{it} 的取值 γ 时，是通过参数估计和统计检验进行的，改变了传统的依据研究者主观判断和经验分析来进行样本划分的欠科学性和可靠性的做法，通过严格的统计推断与假设检验对样本可能存在的门槛值进行估计[2]。

借鉴 Hansen(1999 年)在考察流动性约束与企业投资行为的关系过程

---

① Hansen B E. Threshold effects in non-dynamic panels: Estimation, testing, and inference[J]. Journal of Econometrics,1999,(93):345~368.

② Fazzari S M, Hubbard R G, Petersen B C. Financing Constraints and Corporate Investment[J]. Brookings Papers on Economic Activity,1988,(19):141~195; Abel A B, Eberly J C. A Unified Model of Investment under Uncertainty[J]. American Economic Review,1994,(84):1369~1383.

中,使用"债务水平"(Debt Level)作为区分企业是否存在流动性约束的门限变量,本节在考察异质要素联动促进园区创新能力形成的过程中,将园区"劳动生产率"(LP)作为园区异质要素是否高效集聚的门限变量。已有研究针对产业集聚与全要素生产率之间的关系进行了广泛的探讨,验证了产业集聚与生产率之间的关系,并在产业集聚促进相关产业、城市等研究对象的全要素生产率或劳动生产率的提升层面得到了基本共识[①]。但上述研究关注的范围主要是产业集聚与工业企业,或产业集聚与城市的全要素生产率或劳动生产率的关系,针对农业经济领域,以及要素(而非产业)集聚与劳动生产率关系的研究较为鲜见。

本书选取"劳动生产率"(LP)作为异质要素是否高效集聚的门限变量,主要基于异质要素集聚效率的高低与劳动生产率直接相关的理论和客观事实(图 5.6 分别给出了两个年度的要素集聚度与劳动生产率的变化曲线),以及园区创新能力的形成依赖于以创新性质要素和传统性质要素的高效集聚为前提的积累性投入,从而认为劳动生产率高的园区更能加快促进各类型生产要素的汇聚、促进园区创新能力的形成,即异质要素联动机制的作用效果是一种门限效应。

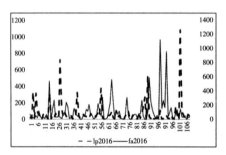 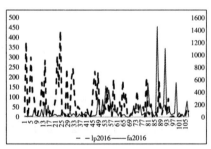

图 5.6　要素集聚度与劳动生产率的变化关系

---

① 周锐波,胡耀宗,石思文.要素集聚对我国城市技术进步的影响分析——基于 OLS 模型与门槛模型的实证研究[J].工业技术经济,2020,(2):110～118;王燕,孙超.产业协同集聚对绿色全要素生产率的影响研究——基于高新技术产业与生产性服务业协同的视角[J].经济纵横,2020,(3):67～77;易定红,陈翔.人力资本外部性、劳动要素集聚与城市化形成机制研究[J].经济问题,2020,(5):7～14;李瑞杰,郑超愚.溢出效应、全要素生产率与中国工业产能过剩[J].商业经济研究,2019,(7):45～56;陈抗,战炤磊.规模经济、集聚效应与高新技术产业全要素生产率变化[J].现代经济探讨,2019,(12):85～91.

拟构建的非动态固定效应门限回归模型的基本形式为：

$$y_{it} = \mu_i + \beta'_1 FAAG_{it} I(LP_{it} \leqslant \gamma) + \beta'_2 FAAG_{it} I(LP_{it} \geqslant \gamma) + e_{it}$$

对于 2016—2017 年 106 家国家农业科技园区的平衡面板数据｛y_{it},LP_{it},$FAAG_{it}$;1≤i≤106,t=1,2｝,令 i 代表观测的园区个体,t 代表观测时间,LP_{it} 为门限变量"园区劳动生产率",γ 为待估门限值,I(·)为示性函数。根据《国家农业科技园区创新能力评价报告 2016—2017》的指标解释,"园区劳动生产率"为单位劳动力的农业产值增加值。主要解释变量"异质要素集聚程度",利用第四章给出的区位熵测算的"要素集聚度"指标进行替代。

对于给定的门限变量估计值 γ,主要解释变量"异质要素集聚程度"参数 β 的估计值由 OLS 估计得到。系数、残差的表达式为：

$$\hat{\beta}(\gamma) = (FAAG^*(\gamma)' FAAG^*(\gamma))^{-1} FAAG^*(\gamma)' Y^* \quad \hat{e}^*(\gamma) = Y^* - FAAG^*(\gamma) \hat{\beta}(\gamma)$$

残差平方和及基于残差平方和的门限值表达式为：

$$S_1(\gamma) = \hat{e}^*(\gamma)' \hat{e}^*(\gamma) \qquad \hat{\gamma} = argmin_\gamma S_1(\gamma)$$

进而得到随机干扰项 e 的估计值的及其方差：

$$\hat{e}^* = \hat{e}^*(\hat{\gamma}) \quad \hat{\sigma}^2 = \frac{1}{n(T-1)} \hat{e}^{*'} \hat{e}^* = \frac{1}{n(T-1)} S_1(\hat{\gamma})$$

对于门限效应的存在性检验,其原假设为：

$$H_0 : \beta_1 = \beta_2$$

检验方法是 Hansen(1999 年)提出的 LR(似然比统计量)检验：

$$LR \equiv \frac{SSR^* - SSR(\hat{\gamma})}{\hat{\sigma}^2}$$

并可以利用 Hansen 推导出的 γ 的大样本渐进分布及置信区间进行假设检验

(三)变量选取与统计描述

被解释变量的刻画指标主要是以发明专利情况和产值情况为代表的园区知识创造能力和经济生产能力。这是因为园区投入的异质要素中,包含着传统要素,而传统要素中的劳动力,大多数以园区地理空间范围内的周边农户提供。所以在异质要素影响园区创新能力的过程中，已经蕴含了吸收劳动力要素的内容，从而实现社会带动的功效。基于上述理由，对园区社会带动能力的考察不纳入异质要素对创新能力形成的影响范围内。

主要的解释变量是两类不同性质的要素，传统要素包括劳动力和资本，分别由农民从业人数（empl）和企业投资（inve）来刻画，创新要素包括创新人才和创新资金，分别由研发人员（tecm）和R&D经费投入（rdin）来刻画。其他变量选取与园区生产相关的科特派项目（tesp）、研发平台（rcen）、财政投资（goin）、社会投资额（soin）、培训人数（trsc）和农户人均收入（fain）等。表5.20给出变量定义及统计描述。

表5.20 变量的统计性描述

符号	变量名称	定义与赋值	2016 均值	2016 标准差	2017 均值	2017 标准差
pinv	知识创造	发明专利	17.226	75.091	19.566	80.401
ecou	经济生产	总产值	97.110	61.326	106.570	57.621
tecm	创新人才	研发人员数	331.462	569.353	515.471	882.069
rdin	创新投入	R&D经费数	0.984	2.262	0.863	2.142
empl	劳动力	农民从业人数	0.794	1.672	1.499	3.610
inve	投资	企业投资额	6.848	14.697	8.604	17.970
faag	要素集聚	区位熵指数	9.642	8.748	9.991	9.347
tesp	技术项目	特派项目数	16.962	40.789	16.141	42.169
rcen	研发中心	研发中心数	12.283	29.277	17.047	34.285
goin	财政投资	财政投资额	1.190	1.832	0.921	1.791
soin	社会投资	社会投资额	1.761	9.142	0.946	2.546
trsc	培训规模	培训人员数	1.179	2.159	1.079	1.883
fain	农户收入	农户年均收入	1.558	1.006	1.861	1.126

注：根据Stata15.0软件运算并整理得到。

二、异质要素的贡献率估计

创新要素和传统要素存在异质性差异，在园区创新能力形成过程中发挥着不同作用。根据第四章关于两类性质不同的要素对园区创新能力的影响机制分析,创新要素和传统要素相结合,可以共同提高园区的物质产出,并通过物质产出的规模增长和质量提升进一步带动创新水平提升。创新要素在上述过程中发挥核心作用,传统要素则发挥辅助作用,创新要素的贡献率成倍高于传统要素。本节根据指数 γ 的估计、测算要素产出的比重 δ 和 $(1-\delta)$,对比东、中和西部地区的异质要素产出贡献,对假说 H5a 进行验证。

(一)指数 γ 的测算

分别检验异质要素在促进园区知识创造和经济生产过程中的不同作用,通过参数估计,得到指数 γ 的拟合值。表 5.21 和表 5.22 分别给出了利用混合回归和个体效应模型进行的异质要素影响园区知识创造能力和经济生产能力的估计结果。

表 5.21 验证了创新性质要素和传统性质要素对以知识创造为主要内容的园区创新能力形成过程中的作用。考虑个体固定效应可能存在的时间固定效应问题,在方程③中引入了代表时间趋势的虚拟变量。

表 5.21 异质要素对园区知识创造能力的影响估计

变量	混合回归 OLS	固定效应 FE		随机效应 RE
	①	②	③	④
ln(tecm)	0.075*** (0.019)	0.046*** (0.017)	0.049*** (0.017)	0.065*** (0.013)
ln(rdin)	0.027** (0.013)	0.008 (0.012)	0.008 (0.011)	0.019** (0.009)
ln(inve)	0.006 (0.008)	0.014 (0.013)	0.016 (0.013)	0.008 (0.073)
时间趋势	——	——	F=7.25 P>F=0.000	——
控制变量	已控制	已控制	已控制	已控制
常数项	−2.334 (1.573)	−1.036*** (1.916)	1600.896 (1658.529)	−2.021 (1.389)
F/wald/LR	19.25 (0.000)	8.30 (0.000)	2.35 (0.000)	142.71 (0.000)

注:***、**和*表示在1%、5%和10%水平下显著;其他变量回归结果没有汇报。

利用豪斯曼检验对固定效应和随机效应的模型选择进行确定。豪斯曼检验 Chi2 统计量为 11.00，P 值为 0.138，在 10% 显著性水平下不拒绝原假设，应采用随机效应模型进行参数估计。进一步地，由于豪斯曼检验在异方差存在的情形下不再适用，仍然利用聚类稳健标准误和"过度识别检验"来对随机效应的存在性进行验证。检验结果显示，χ^2 统计量分别为 6.857，P 值为 0.3343，不拒绝原假设并支持利用随机效应模型进行参数估计，与豪斯曼检验的结论是一致的。与混合回归的参数估计结果对比，随机效应模型给出的两类创新要素投入参数估计值有所减小，但均为显著正向影响园区的知识创造水平。加入时间趋势变量，检验结果强烈拒绝"无时间效应"的原假设。

表 5.22 验证了创新性质要素和传统性质要素对以经济生产（经济产值）为主要内容的园区创新能力形成过程中的作用。主要解释变量包含"创新人才"和"研发资金"等创新性质生产要素，以及传统生产要素中的"劳动力"和"投资"。在方程⑦中引入代表时间趋势的虚拟变量，并对是否存在时间趋势进行检验。

表 5.22　异质要素对园区经济产出能力的影响估计

变量	混合回归 OLS ⑤	固定效应 FE ⑥	⑦	随机效应 RE ⑧
ln(tecm)	0.208** (0.093)	0.326* (0.129)	0.308** (0.130)	0.282*** (0.107)
ln(rdin)	0.231*** (0.062)	0.047 (0.065)	0.058 (0.063)	0.134** (0.059)
ln(empl)	0.356*** (0.088)	0.285*** (0.101)	0.277*** (0.103)	0.331*** (0.087)
ln(inve)	0.255*** (0.077)	0.097 (0.074)	0.099 (0.074)	0.186** (0.073)
时间趋势	——	——	F=10.38 P>F=0.002	——
控制变量	已控制	已控制	已控制	已控制
常数项	5.776*** (0.591)	7.244*** (0.944)	7.381*** (1.009)	6.355*** (0.689)
F/wald/LR	62.82 (0.000)	8.91 (0.000)	29.51 (0.000)	269.35 (0.000)

注：***、** 和 * 表示在 1%、5% 和 10% 水平下显著；其他变量回归结果没有汇报。

利用豪斯曼检验对固定效应和随机效应的模型选择进行确定。豪斯曼检验 Chi2 统计量为 20.60,P 值为 0.015,在 5% 显著性水平上可以拒绝原假设,应采用固定效应模型进行参数估计。仍然利用聚类稳健标准误和"过度识别检验"来对随机效应的存在性进行验证。检验结果显示,χ^2 统计量分别为:25.251(P 值 0.005),可以拒绝原假设并支持利用固定效应模型进行参数估计,与豪斯曼检验的结论是一致的。

(二)异质要素对创新能力形成的贡献率

依据个体效应回归模型的参数估计结果,得到了指数 γ 的估计值。以此为基础并结合指数 γ 和贡献率 δ 之间的关系式,可以估算出东部、中部和西部三大地区的贡献率并比较其差异。为直观考察区域差异,本书给出以地区均值测算的要素贡献度,结果分别由表 5.23 和表 5.24 给出。

由表 5.23 的估算结果,2016 年东部地区农业园区的创新要素对形成园区知识创造能力的平均贡献率为 69.87%,约为传统要素产出贡献率的 2.32 倍;中部地区农业园区的创新要素对形成园区知识创造能力的平均贡献率为 70.02%,约为传统要素产出贡献率的 2.34 倍;西部地区农业园区的创新要素对形成园区知识创造能力的平均贡献率为 72.11%,约为传统要素产出贡献率的 2.59 倍。2017 年东部地区农业园区的创新要素对形成园区知识创造能力的平均贡献率为 67.69%,约为传统要素产出贡献率的 2.10 倍;中部地区农业园区的创新要素对形成园区知识创造能力的平均贡献率为 69.13%,约为传统要素产出贡献率的 2.24 倍;西部地区农业园区的创新要素对形成园区知识创造能力的平均贡献率为 72.52%,约为传统要素产出贡献率的 2.64 倍。

表 5.23 以均值计算的异质要素贡献度:基于知识创造

年度/区域		解释变量均值			系数估计值	贡献度
		研发人才	研发资金	企业投资	γ	δ
2016	东部	4.95	7.67	0.57	−1.56	69.87%
	中部	5.00	7.65	1.26	−1.56	70.02%
	西部	4.59	6.56	0.76	−1.60	72.11%

续表

年度/区域		解释变量均值			系数估计值	贡献度
		研发人才	研发资金	企业投资	γ	δ
2017	东部	5.50	7.79	0.57	-1.52	67.69%
	中部	5.35	7.39	1.43	-1.54	69.13%
	西部	4.43	6.60	0.69	-1.61	72.52%

注:根据Stata15.0及Matlab9.0计算并整理得到。

通过表5.23验证了研究假说H5a。异质要素联动对园区知识创造能力形成的过程存在显著影响,创新性质要素带来的贡献率成倍高于传统要素,区域差异不断减小。

由表5.24的估算结果,2016年东部农业园区的创新要素产出对地区总产出的平均贡献率为98.44%,约为传统要素产出贡献率的63倍;中部农业园区的创新要素产出对地区总产出的平均贡献率为98.64%,约为传统要素产出贡献率的72倍;西部农业园区的创新要素产出对地区总产出的平均贡献率为97.98%,约为传统要素产出贡献率的48倍。2017年东部农业园区的创新要素产出对地区总产出的平均贡献率为98.73%,约为传统要素产出贡献率的77倍;中部农业园区的创新要素产出对地区总产出的平均贡献率为98.94%,约为传统要素产出贡献率的93倍;西部农业园区的创新要素产出对地区总产出的平均贡献率为97.57%,约为传统要素产出贡献率的40倍。

表5.24 以均值计算的异质要素贡献度:基于经济生产

年度/区域		解释变量均值				系数估计值	贡献度
		研发人才	研发资金	劳动力	企业投资	γ	δ
2016	东部	4.95	7.67	7.73	0.57	4.17	98.44%
	中部	5.00	7.65	7.88	1.26	4.29	98.64%
	西部	4.59	6.56	7.42	0.76	3.92	97.98%
2017	东部	5.50	7.79	7.87	0.57	4.38	98.73%
	中部	5.35	7.39	8.43	1.43	4.55	98.94%
	西部	4.43	6.60	6.96	0.69	3.74	97.57%

注:同表5.23。

通过表 5.24 再次验证了研究假说 H5a。异质要素投入对园区农业经济生产能力的形成过程存在显著影响,创新性质要素带来的贡献率成倍高于传统要素,并且地域间差异呈现缩减趋势。同时揭示出:与影响园区知识创造能力的效应相比,创新要素的贡献率数十倍地高于传统要素。产生该现象的可能原因是,创新要素的科技研发活动,在知识创造层面是以知识产权形式存在,尚未进入成果应用阶段;而在园区的农业经济生产层面,则是将科技研发成果进行实质性的推广与示范,取得了较高的经济价值,从而成倍放大了创新要素的作用效果。

实证分析和估算结果解释了不同性质的生产要素在园区创新能力形成过程中的联动贡献机制,展示了异质性要素的贡献程度差异及其趋同态势。该结果揭示了区域间差异从形成到消失的动态演化进程,刻画出三大区域之间的农业科技园区,依托生产要素禀赋及优势所展开的模仿、互补及相互赶超的发展轨迹。

三、平台多样化特征在创新能力形成过程中的作用效果估计

以创新要素集聚为特征的科技研发平台、以提供科技信息服务为内容的科技资源共享平台和以现代信息技术为依托的电子商务平台等新兴平台,为异质要素联动促进园区创新能力形成,实现知识创造、经济生产和社会带动的三重目标,提供双边匹配与衔接的作用。功能多样化的平台,其功能发挥的重点领域是知识、技术的生产与创造,即各类型平台的主要任务是将园区系统内和系统外关于知识与技术的需求与供给进行匹配,促进信息交流,协助园区提升科技成果的研发与推广。因此,多样化平台的建立,为实现园区系统内外部之间的知识与技术的供需平衡,提供有效的信息交换路径。

(一)变量说明与处理方法

为验证平台多样化在促进园区创新能力形成过程中的作用,以"多样化平台"作为主要解释变量,以"知识创造"作为被解释变量,进行倾向得分匹

配估计(PSM),考察其作用效果。

"多样化平台"(DPLA)为虚拟变量,其含义为"园区是否具有非单一类型的平台",如果具有非单一类型的平台则取值为1,否则取值为0。当该变量取值为1时,意味着上述科技研发平台、电子商务平台或资源共享平台中,至少有两种类型的平台存在于园区中;当该变量取值为0时,意味着至多不超过一种类型的平台存在于园区中。利用PSM方法进行处理,目的是将仅具有单一类型平台的园区作为对照组,将具有非单一类型平台的园区作为处理组,考察变量"多样化平台"对园区形成知识创造能力过程的影响和效应。

(二) 倾向得分匹配(PSM)的估计结果

表5.25给出了利用有放回的K近邻匹配(Logit估计倾向得分、K=1)结果。为验证匹配结果的稳健性,利用卡尺匹配并改变卡尺范围(分别设定卡尺范围为0.05和0.01)的方法进行重新匹配估计,估计结果也列示于表5.25。从表5.25可以看到,利用不同匹配方法得到的ATT数值大小虽有差异,但是没有改变显著性情况,从而研究结论不受匹配方法差异而改变,具有稳健性。利用三种方法得到的ATT估计值的T检验统计量,数值上高于1.68(分别为1.84、1.83和1.75),可以在10%显著性水平下通过检验,经过匹配处理后的干预效应显著存在,从而说明因变量的变化结果主要由干预行为所引致的,两者之间存在统计上的因果关系。

表 5.25 不同匹配方法的参与者平均处理效应

被解释变量	匹配方法	ATT			
		处理组	控制组	组间差异	T统计量
知识创造	K近邻匹配 (N=1)	19.688	5.607	14.080** (7.668)	1.84
	卡尺匹配 (Caliper=0.05)	19.864	5.648	14.216** (7.729)	1.83
	卡尺匹配 (Caliper=0.01)	19.990	5.906	14.084** (8.059)	1.75

注:***、**和*表示在1%、5%和10%水平下显著;其他变量回归结果没有汇报。

结合园区平台功能及其对园区研发成果的对外扩散作用,对比各组别的匹配结果,可以认为,具有非单一类型平台的园区比仅具有单一类型或尚未具有平台的园区更能促进知识创造能力的形成。表5.26给出了匹配后的数据平衡检验。

表5.26 倾向得分匹配的平衡数据检验结果

变量	匹配	均值		标准化偏差	T检验	
		处理组	控制组		t统计量	p>|t|
tesp	匹配前	1.243	0.995	12.3	0.89	0.375
	匹配后	1.254	1.034	10.9	0.82	0.416
rcen	匹配前	1.197	1.540	−4.9	−0.37	0.712
	匹配后	1.228	2.274	−15.0	−0.87	0.386
goin	匹配前	1.856	1.536	30.1	2.18	0.031
	匹配后	1.829	1.810	1.8	0.15	0.883
soin	匹配前	0.950	1.183	−12.9	−0.93	0.352
	匹配后	0.856	0.904	−2.6	−0.24	0.808
trsc	匹配前	16.209	12.835	10.5	0.77	0.444
	匹配后	16.315	11.306	15.6	1.25	0.212
fain	匹配前	20.574	11.784	21.9	1.55	0.124
	匹配后	12.865	17.414	−11.3	−1.26	0.209
指标	Pseudo-R2	LR统计量	P>chi2	均偏差		
匹配前	0.029	8.51	0.203	15.400		
匹配后	0.017	5.33	0.502	9.500		

注:根据Stata15.0软件运算并整理得到。

与数据匹配前比较,匹配后的标准偏差有所下降,T检验结果不拒绝原假设"处理组与控制组没有系统性差异",可以认为经过倾向匹配后基本消除了处理组与控制组的可观测变量偏差。图5.7显示了倾向得分后的变量标准化偏差变化与共同取值范围。

实证分析结果验证了多样化平台在农业科技园区知识创造能力形成过程中发挥的作用:具有非单一类型平台的园区,能够促进技术供给与技术需求之间的高效对接,高效缓解可能由市场信息不对称所引起的园区系统内部的知识需求与供给的失衡,比仅具有单一类型或尚未具有平台的园区更有利于促进知识创造能力的形成。

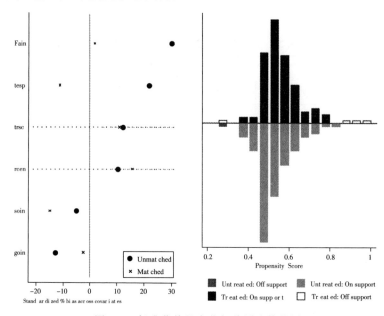

图 5.7　标准化偏差变化与共同取值范围

四、"异质要素联动"效应的测度——基于门限效应的检验

为验证异质要素联动机制在促进园区创新能力形成过程中可能存在的门限效应,以"要素集聚"作为主要解释变量、以"劳动生产率"为门限变量,估计门限变量的取值 γ。

(一)知识创造能力形成过程中的门限效应

门限效应模型的关键问题是对门限个数的确定及门限值的估计。表5.27 给出了假定存在三个门限值的门限效应检验结果。根据表 5.27,对于单一门限效应的检验,F 统计量为 17.03,对应的 P 值为 0.093,在 10% 显著性水平下通过检验;对于双门限效应的检验,F 统计量为 30.38,对应的 P 值为 0.047,在 5% 显著性水平下通过检验;对于三门限效应的检验,F 统计量对应的 P 值已达到 0.347,未通过显著性检验。因此,对比上述检验结果可以认为:异质要素联动在促进园区知识创造能力的形成过程中,存在双门限效应[①]。

表 5.27 知识创造能力形成过程的三门限效应检验

门限值	F 统计量	P 值	BS 次数	临界值		
				0.1	0.05	0.01
单一门限	17.03	0.093	300	16.729	21.237	29.583
双门限值	30.38	0.047	300	20.995	29.507	53.578
三门限值	15.14	0.347	300	27.677	37.770	54.539

注:根据 Stata15.0 软件运算并整理得到;BS 是自抽样法(bootstrap)的缩写。

图 5.8 和表 5.28 分别给出了双门限估计值及在双门限划分的三个区间内各自包含的园区个体数量占总数量的比重。可以发现,两个年度内,平均约 80% 的园区个体落入较低生产率的区间内,具备较高生产率的园区比例较低。

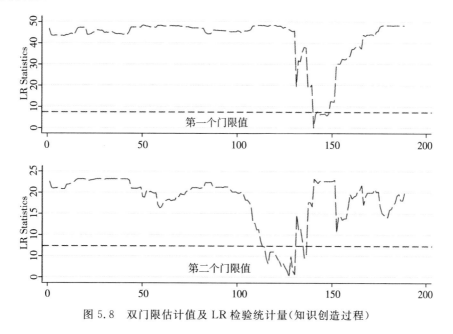

图 5.8 双门限估计值及 LR 检验统计量(知识创造过程)

---

① Qunyong Wang. Fixed-effect Panel Threshold Model Using Stata[J]. The Stata Journal,2015,15(1):121~134.

表5.28 知识创造能力形成过程的双门限估计结果

门限值	估计值	95%置信区间	年度	区间内包含的个体比重(%)		
				PL≤127	127<PL≤147	147<PL
门限值 γ1	147	[142,148]	2016	80.19	3.77	16.04
门限值 γ2	127	[119,128]	2017	79.25	1.89	18.87

注:根据Stata15.0软件运算并整理得到。

固定效应模型的回归结果由表5.29给出。模型稳定性检验的F值为10.47,在1%显著性水平下通过检验;个体效应存在性检验的F值为94.61,在1%显著性水平下通过检验,表明采用固定效应模型进行参数估计,优于采用混合效应模型的参数估计。

表5.29 知识创造能力形成的双门限固定效应检验

变量	系数	标准误	t统计量	P>|t|	95%置信区间	
tesp	0.147	0.083	1.77	0.079	−0.0174	0.3132
goin	2.053	0.835	2.46	0.016	0.3973	3.7090
fain	0.000	0.000	0.21	0.835	−0.0002	0.0002
$FAAG_{it} I(LP≤127)$	0.108	0.003	3.81	0.000	0.0517	0.1645
$FAAG_{it} I(127PL≤147)$	0.241	0.040	5.94	0.000	0.1605	0.3217
$FAAG_{it} I(147≤PL)$	0.067	0.032	2.16	0.033	0.0057	0.1314
模型稳定性检验	F(6,100)=10.47 Prob > F=0.000		个体效应检验	F(105,100)=94.61 Prob > F=0.000		

注:根据Stata15.0软件运算并整理得到。

(二)经济生产能力形成过程中的门限效应

进一步考察以劳动生产率为门限变量、以异质要素高效投入为主要解释变量的园区经济生产能力形成过程中的门限效应。表5.30给出了假定存在三个门限值的门限效应检验结果。

根据表5.30,如果仅存在单一门限值,其门限效应的检验统计量F取值为16.15,对应的P值为0.133,在10%显著性水平下未通过检验;如果存在双门限值,其门限效应的检验统计量F取值为85.11,对应的P值为0.023,在5%显著性水平下通过检验;如果存在三门限值,其门限效应的检验统计量 F 取值为 19.33,对应的 P 值为 0.52,未通过显著性检验。因此,对比上述检验结果可以认为:异质要素投入在促进园区经济生产能力的形成过程中,以劳动生产率为门限变量的结构模型存在双门限效应。

表 5.30 经济生产能力形成过程的三门限效应检验

门限值	F 统计量	P 值	BS 次数	临界值		
				0.1	0.05	0.01
单一门限	16.15	0.133	300	17.473	22.686	39.092
双门限值	85.11	0.023	300	39.376	53.341	105.796
三门限值	19.33	0.520	300	42.281	56.429	95.404

注:根据 Stata15.0 软件运算并整理得到;BS 是自抽样法(bootstrap)的缩写。

图 5.9 和表 5.31 分别给出了双门限估计值及在双门限划分的三个区间内各自包含的园区个体数量占总数量的比重。可以发现,两个年度内,平均约有 65% 的园区个体落入较低生产率的区间内;与上一年度相比,落入较低区间内的园区个体数量的比例在降低,总体生产效率和要素集聚程度的质量在上升。

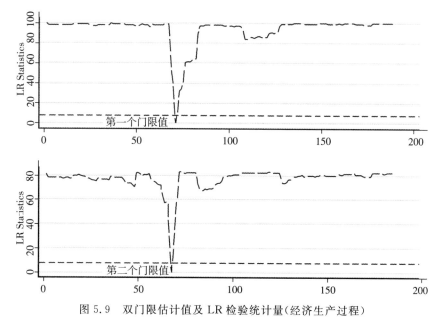

图 5.9 双门限估计值及 LR 检验统计量(经济生产过程)

表 5.31 经济生产能力形成过程的双门限估计值结果

门限值	估计值	95%置信区间	年度	区间内包含的个体比重(%)		
				PL≤69	69<PL≤71	71<PL
门限值 γ1	71	[69.5,72]	2016	64.15	1.89	33.96
门限值 γ2	69	[68,73]	2017	66.04	0.94	33.02

注:根据 Stata15.0 软件运算并整理得到。

经济生产能力的双门限固定效应模型回归结果由表 5.32 给出。模型稳定性检验的 F 值为 10.56,在 1% 显著性水平下通过检验;个体效应存在性检验的 F 值为 6.75,在 1% 显著性水平下通过检验,表明采用固定效应模型进行参数估计,优于采用混合效应模型进行参数估计。

表 5.32 经济生产能力形成的双门限固定效应检验

变量	系数	标准误	t统计量	P>|t|	95%置信区间	
tesp	−0.394	2.897	−0.14	0.892	−6.1435	5.3543
goin	35.388	28.030	1.26	0.210	−20.223	91.0000
fain	3.002	4.319	0.70	0.489	−5.5678	11.5724
$FAAG_{it}I(LP≤69)$	1.927	1.038	1.86	0.066	−0.133	3.987
$FAAG_{it}I(69<PL≤71)$	20.339	2.878	7.07	0.000	14.629	26.050
$FAAG_{it}I(71<PL)$	0.636	0.982	0.65	0.518	−1.311	2.585
模型稳定性检验	F(6,100)=10.56 Prob>F=0.000		个体效应检验	F(105,100)=6.75 Prob>F=0.000		

注:根据 Stata15.0 软件运算并整理得到。

实证分析结果验证了研究假说 H5C。以劳动生产率为门限变量,异质要素联动促进农业科技园区知识创造能力和经济生产能力的形成过程,存在着双门限效应。从当前园区实际运行的角度考察,大部分园区处于较低门限值以下的区间,处于较高门限值以上区间内的园区个体较少,当园区劳动生产率跨过较低门限值后,其创新能力的形成过程将产生"从量变到质变"的飞跃。

综上所述,异质性生产要素在促进农业科技园区创新能力形成过程中,发挥着不同的作用,存在着门限效应。创新要素和传统要素的投入,共同对园区知识创造、经济生产及辐射带动能力的形成提供贡献:创新要素是核心,传统要素成为辅助创新要素发挥功效的从属但必要因素;创新要素投入带来的贡献度成倍高于传统要素;多样化平台的建立,为实现园区系统内外部之间的要素产出成果(尤其是知识成果与技术成果的供需平衡),提供有效的信息交换路径和多边匹配机制。异质要素在促进农业科技园区知识创造能力和经济生产能力形成过程中,受到劳动生产率对要素集聚程度高低的影响,存在双门限效应。

本章重点剖析促进农业科技园区创新能力形成的两类微观作用机制。利用统计与计量经济分析方法,验证多元化主体协同促进机制和异质要素联动产出促进机制的存在性和作用过程,测度相关解释变量的影响程度和由此产生的机制效应,并将需要进一步延伸探讨的问题纳入考察、延伸讨论。

从"多元主体协同促进能力形成"的机制来考察,农业科技园区内部多元化的参与主体,通过两个渠道影响着园区创新能力的形成。一是以主体协同效率为重要体现,以各类扶持政策为调节,不断推进主体协同效率的提升,激励园区在知识创造、经济生产和社会带动三个层面形成创新能力;二是以园区创新系统与地方经济发展系统的关联与耦合为重要体现,二者的耦合程度越高,对促进园区形成创新能力的作用效果越大。

从"异质要素联动促进能力形成"的机制来考察,创新要素和传统要素在促进园区创新能力形成过程中,发挥着不同的作用。异质要素共同对园区创新能力的形成作出贡献,但创新要素是核心,传统要素是辅助,创新要素投入带来的贡献度成倍高于传统要素。多样化、多功能的平台建设,能够为实现园区系统内外部之间的要素产出成果提供有效的信息交换路径和多边匹配机制,有利于促进园区创新能力的形成。由于异质要素的集聚质量受到劳动生产率的影响,以园区劳动生产率为门限变量,发现园区创新能力形成过程中存在显著的双门限效应。

第六章
农业科技园区创新能力形成的实现路径

　　形成强劲的创新发展能力，实现园区在先进技术创造、经济生产效率提高以及社会带动范围与质量双提升的目标，将为进一步完成国家对农业科技园区未来发展任务的部署和要求打下坚实的基础。如果将农业科技园区创新能力形成过程视为一个具备系统性、完整性和科学性的链条，那么这个链条的基本逻辑应该是："创新能力的基本内涵—影响创新能力形成的决定因素—调动决定因素形成创新能力的动力机制—创新能力的最终凝结"。

　　按照上述逻辑思路，前文对能力形成过程进行了系统的分解与阐释：首先剖析了农业科技园区所要形成的创新能力的基本内涵和边界，将"创新能力"具体细化为知识创造能力、经济生产能力和社会带动能力；其次剖析了影响和决定农业科技园区创新能力形成的内外部因素，从理论上分析了各类因素与园区创新能力集结之间的关系；再次剖析了能够调动内外部因素进而促进农业科技园区创新能力形成的作用机制，包括三类宏观作用机制和两类微观作用机制，并从统计检验和计量分析的视角测度了每类机制的作用效应。

　　本章将在前文基础上，重点关注促进农业科技园区创新能力最终形成的路径，探寻保障园区能力形成的有效措施。同时，基于安徽省内16家国家农业科技园区的调研结果，抽离出个体园区塑造创新能力过程中的一般规律，为本书提出的政策建议提供现实案例支持。

第一节　农业科技园区创新能力形成的实现路径

探寻促进农业科技园区形成创新能力的路径,就是找到一条逻辑合理、内容清晰、可行性强的主线,厘清这条主线上的各个环节的作用方式和内在联系,提炼出能够激发各个环节发挥自身功效的措施集合,最终达到破解园区当前面对的发展瓶颈、实现园区应承担的目标任务。

一、实现路径的基本逻辑

农业科技园区创新能力的形成过程,受到各类影响因素的实际约束,同时也存在宏观上和微观上的促进机制,最终通过这些促进机制,将各类影响因素进行调动、互相作用并最终凝聚为能够发挥功能效果的能力。因此,厘清影响因素及其相互关系,是园区创新能力形成过程的起点;最终形成创新能力,并以此破解发展瓶颈、实现发展目标,是园区创新能力形成过程的终点;链接这一过程的两端,或者能够调动各类因素形成积极影响、促成园区创新能力的凝集与实现,则是各类型作用机制。基于此,农业科技园区创新能力形成的实现路径,应遵循:"充分激励'因素集'—促动激活'机制集'—响应凝塑'能力集'—高效实现'目标集'"的总体思路。

构建上述路径的基本逻辑是,在充分厘清各类决定园区创新能力形成的因素及其相关关系的基础上,重点瞄准如何理顺和激活能够调动各类因素发挥功效、联合作用并正向促进园区创新能力的各类运行机制,通过实施具有针对性、可行性的组合政策措施,打通"决定因素"与"能力形成"之间的关联渠道,最终实现园区发展任务和发展目标。促进园区创新能力形成的实现路径可以通过图6.1加以直观展示。

根据图6.1,促进形成农业科技园区创新能力的有效路径,其目标是实现国家和政府赋予农业科技园区的任务和责任;其核心是通过激活创新能力的形成机制,有效调动各类决定因素的积极作用、规避各类决定因素的消极影响;其关键点是打出一套行之有效、有的放矢的政策"组合拳",能够切实激励各类决定因素发挥各自功效、切实激活作用机制顺畅执行运转、切实保障园区承担的经济与社会目标高质量完成与呈现。

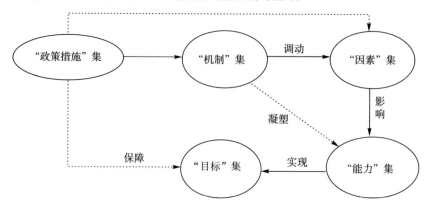

图6.1 农业科技园区创新能力形成路径的基本逻辑

因此,"激励因素集—激活机制集—凝塑能力集—实现目标集"的路径体系,构成了一个科学、完整和自洽的逻辑系统,是农业科技园区在努力促进自身创新发展能力形成过程中可以遵循并能够运用的理论依据和实践模式。

二、实现路径的主要内容

(一)充分激励"因素集"

充分激励"因素集",是实现农业园区创新能力的路径起点,也是园区提升创新能力的首要发力点。激励"因素集",就是运用多种有效的政策组合,对影响和决定农业科技园区创新能力形成的各类因素进行有效激励,充分发挥影响因素的主观能动性,积极正向地配合各类型影响机制的运行。

影响农业科技园区创新能力形成的因素,包括环境类、生产类和平台类三类内部因素,以及地域特征类和合作网络类两类外部因素,内部因素和外部因素构成了一个影响因素的"集合"。各类型影响因素在能力形成过程中发挥的作用存在两面性,如果没有合理运用和协调,就存在产生负面影响的可能性。只有运用科学恰当的政策措施,对各类型影响因素进行正向激励,充分发挥因素集合的主观能动性,才能促使各类型因素充分发挥正面作用,并在"机制集"的协调、调动下,成为园区创新能力凝结的源泉。

"因素集"中包含着政策性要素、物质性要素,但最为核心的要素是具有创新性质的人才要素。以科技研发人员为代表的技术创新人才是人力资本集聚的重要体现,是推动产业升级、传播前沿技术、提高产品竞争力的核心要素,也是盘活和带动其他各类物质要素、禀赋资源、关系网络等要素的关键。充分激励"因素集",需要出台和运用能够充分激励创新人才主观能动性的政策、措施,灵活、高效地促进农业高新技术人才向农业科技园区汇聚,将园区打造为人才高地、知识高地和技术高地。通过人才汇聚并与其他生产要素紧密结合形成劳动生产力,"因素集"的正向影响作用得到充分发挥,从而为凝结和形成农业科技园区特有的创新能力提供基础保障。

(二)促动激活"机制集"

促动激活"机制集",是农业园区创新能力形成路径的核心环节,也是决定园区能否在多重发展目标约束下形成高质量创新能力的关键。激活"机制集",就是依据能够促进园区创新能力形成的各类型作用机制的运行规律,运用科学的政策手段,保障各类型作用机制的顺畅运转,促动各类型影响因素能够积极配合各类型作用机制的调用,保证各类型作用机制成为有效衔接"因素集"与"能力集"之间的桥梁和纽带。

激活"机制集",本质上就是要扭住能够保障机制顺畅运行的"核心要素",通过有效的政策措施,有针对性地加强对核心要素的调配控制,使其按照完成园区建设目标和发展任务的路径进行规范演进,确保桥梁和纽带效果的发挥。因此,找到上述"核心要素",是激活"机制集"的关键。

促进农业科技园区创新能力形成的作用机制,主要包括"合作""集聚""竞争"等宏观形成机制,以及"多元主体协同"和"异质要素联动"等微观形成机制。两个类型的形成机制,是相互依存、互为必要条件的,而贯穿于两类机制中、保障两类机制发挥效力的重要前提,则是以知识创新、技术创新和信息交换为主旨内容的创新成果顺畅流动。因此,知识、技术和信息的流动,是保障各类型作用机制顺畅运行的"核心要素"。

知识、技术和信息的顺畅流动,在宏观层面需要营造良好的制度设计环境、市场竞争环境和社会网络环境,在微观层面则需要搭建促进主体合作、科技研发、成果转移转化等领域的中介和平台。这就要求"政策措施集"必须有能力提供合理、科学的手段和方式,以保障知识流动、技术流动和信息共享,促进两类形成机制发挥功效。

(三)响应凝塑"能力集"

响应凝塑"能力集",是构建农业园区创新能力形成路径所要实现的结果,同时也是通过激励各类型决定因素和激发各类型机制活力后,得到的一系列具有明确指向、清晰内涵、科学可行的创新能力集合。农业科技园区凝塑自身创新发展能力,应能够形成带动地域内后进企业、农业周边产业、当地农户实现农业全要素生产率提升、农业产业结构优化升级、农产品竞争力增强,以及农民就业增收、创新创业等经济与社会化目标的各项子能力。

农业科技园区在农业现代化建设中要承担培育农业农村发展新动能的作用,其更高层次的目标,是瞄准国家农业高新技术产业示范区的要求和导向,积极探索体制机制改革,服务于乡村振兴战略。以国家对农业科技园区未来发展的任务为目标,园区必须在科技创业、成果示范与转化、职能农民培育等领域发挥重要的先行者功能,加深人才链、产业链、价值链、创新链和利益链的互动融合和合作提升,推动先进知识创造、农业生产力提升和示范带动发展的"三重目标"同步实现。正是由于农业科技园区的多元化发展目标的特征,内在地要求园区必须形成具备系统化、体系化、聚焦化和保障化的创新能力体系及辅助支撑体系,综合形成完整的园区创新能力系统①。

凝塑"能力集",其本质是基于充分激励"因素集"和促进激活"机制集"的基础上,通过"政策措施集"的积极配合,进一步保障形成园区能力的机制可以高效运作,合理调动各类型决定因素进行交互作用,最终形成符合园区建设定位与发展目标的创新能力体系,即包含先进知识创造能力、高质量经济生产能力以及强带动引领能力为核心内容的子能力体系,以及包含政策

① 蒋和平.改革开放四十年来我国农业农村现代化发展与未来发展思路[J].农业经济问题,2018,(8):51~59.

持续保障、成果快速转化、平台优质服务、激励回报稳定等七项具有明确内涵与目标指向的辅助支撑体系。

(四)高质量实现"目标集"

高质量实现"目标集",是构建农业科技园区创新能力形成路径的最终目标,同时也是能力实现路径形成后的延伸结果。"目标集"的实现,需要建立在园区创新能力体系搭建完成、各项具有明确内涵和目的指向的子能力良好塑造的基础上,只有子能力相互支撑并形成综合能力,才能高质量地实现国家对农业科技园区赋予的要求和任务,达到"强化农业科技支撑""提升农业科技创新水平"的作用效果,成为衔接传统农业与现代农业的重要桥梁。

农业科技园区的发展目标,从功能视角可以概括为"先进知识创造、劳动生产力提升、示范带动显著"三个方面,其具体目标,则包括实现科技创业、成果示范与转化效率提升,创新要素、高新技术与核心服务高度集聚,提升农业农村全要素生产率,培育职能农民与新型农业经营主体,增强农村创新创业效果,培育农业农村发展新动能,促进城乡融合与产业融合等内容。上述目标能否顺利实现,取决于园区创新能力及其子能力体系能否切实形成并发挥应用的功效,而能力体系的形成,则取决于各类型决定因素与各类型作用机制之间的配合与运转。

因此,高质量实现"目标集"的本质,就是切实保障激励"因素集"和激活"机制集"的政策、措施,能够真正发挥效力。依托于高效凝集的园区"创新能力"及其子能力体系,从而依赖于影响园区创新能力形成的各类决定因素及调配各类因素发挥功效的微观、宏观作用机制,同时需要合理、可行、科学的政策措施加以保障。

图 6.2 展示了"因素集""机制集""能力集""目标集"及"政策措施集"之间的逻辑关系,通过构建"激励因素集—激活机制集—凝塑能力集—实现目标集"的路径体系,为中国农业科技园区塑造自身创新能力形成提供了可行性模式。

综上所述,促进农业科技园区创新能力及其子能力体系的构建与实现,应在理论上依据系统论的基本逻辑、在实践上遵循从激励因素集、激活机制集、凝塑能力集并最终实现目标集的基本路径,通过运用科学合理的"政策组合"或"措施组合",保障创新能力的最终形成,达到国家对农业科技园区未来发展的目标定位和任务要求。

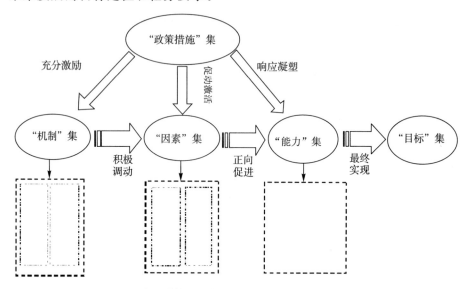

图 6.2 农业科技园区创新能力实现路径的环节与联系

第二节 案例分析——基于安徽 16 所国家农业科技园区的调查

为验证和支撑促进农业科技园区创新能力形成路径的科学性和可行性,以 2017—2019 年在安徽省内进行的国家农业科技园区调研资料为案例,总结近年来安徽国家农业科技园区的整体发展历程与模式。

调查资料来源于笔者在 2017 年 10 月至 2019 年 12 月,针对安徽省国家农业科技园区创新能力建设工作进行的实地调研,通过重点访谈、问卷调查及主管部门官方网站资料搜集等形式,进行资料收集并整理。

选取安徽省内国家园区进行案例分析的主要原因,一是安徽国家农业科技园区数量在全国排名第三位,并全面包含了政府主导型、企业主导型和科研单位主导型三种园区主导类型,具有一定代表性和典型性;二是安徽承担"国家技术创新工程""全面创新改革试验"等工程试点,近年来在科技创新和体制机制改革领域积极探索,积累了一定经验。

基于此,考察安徽国家农业科技园区在能力培育与提升方面的做法和经验,厘清园区运行数据背后蕴藏的运行规律和可以借鉴的方式方法,进而对本书提出的"充分激励'因素集'—促动激活'机制集'—响应凝塑'能力集'—高效实现'目标集'"的实现路径和基本逻辑进行佐证。

一、调研对象说明:安徽国家农业科技园区概况

截至 2019 年 12 月,安徽省内共获批建设国家农业科技园区 16 个。

从获批立项的园区数量来看,安徽省内国家农业科技园区的总数量在全国各省份(自治区、直辖市)中排名第三位(排名前两位的是山东省 20 个、新疆维吾尔自治区 17 个)。其中,首个立项建设的安徽国家农业科技园区,是 2002 年获批建设的宿州国家农业科技园区。

从主导类型来看,安徽省内的国家农业科技园区类型全面,同时包含了政府主导、企业主导和科研单位主导三种类型。其中,企业主导型园区 2 家(芜湖国家农业科技园区和蚌埠国家农业科技园区),科研单位主导型园区 1 家(六安国家农业科技园区)。表 6.1 列示了安徽省内 16 个国家农业科技园区的立项建设时间、批次等情况。

表 6.1 安徽 16 个国家农业科技园区建设时间及主导类型情况

序号	园区名称	所在地	立项批次	立项时间	主导类型
1	安徽宿州国家农业科技园区	宿州市	第二批	2002	政府主导
2	安徽芜湖国家农业科技园区	芜湖市	第三批	2010	企业主导
3	安徽铜陵国家农业科技园区	铜陵市	第五批	2013	政府主导
4	安徽合肥国家农业科技园区	合肥市	第五批	2013	政府主导
5	安徽蚌埠国家农业科技园区	蚌埠市	第五批	2013	企业主导
6	安徽安庆国家农业科技园区	安庆市	第五批	2013	政府主导
7	安徽阜阳国家农业科技园区	阜阳市	第六批	2014	政府主导
8	安徽马鞍山国家农业科技园区	马鞍山市	第六批	2014	政府主导

续表

序号	园区名称	所在地	立项批次	立项时间	主导类型
9	安徽滁州国家农业科技园区	滁州市	第六批	2014	政府主导
10	安徽池州国家农业科技园区	池州市	第六批	2014	政府主导
11	安徽淮北国家农业科技园区	淮北市	第六批	2014	政府主导
12	安徽亳州国家农业科技园区	亳州市	第七批	2015	政府主导
13	安徽淮南国家农业科技园区	淮南市	第七批	2015	政府主导
14	安徽六安国家农业科技园区	六安市	第七批	2015	科研单位主导
15	安徽宣城国家农业科技园区	宣城市	第七批	2015	政府主导
16	安徽小岗国家农业科技园区	滁州市	第八批	2018	政府主导

注:根据2017—2019年安徽省内国家农业科技园区调研资料整理。

二、调研内容分析:困惑、做法与成效

对安徽国家农业科技园区的经验做法加以总结,应基于其面临的现实问题与制约条件。由于同属一个省份,在地理位置、自然气候、农耕文化传统、生产要素和资源禀赋等方面存在一定的相似性,安徽省内国家农业科技园区在各自发展进程中既面临园区特有的个性问题,也面临着上述相似性引致的共性困惑。近年来,各个国家农业科技园区在梳理自身发展瓶颈的基础上,不断寻求解决现实问题的方式方法,取得了一定成效。本节将在整理调研资料、归纳安徽国家农业科技园区各自面临的困境与现实问题的基础上,总结各个园区为缓解各类问题所采取的措施、办法,找出其内部蕴含的逻辑和联系,同时展示在运用各类措施、办法的基础上所取得的成效和经验,为佐证本书提出的"充分激励'因素集'—促动激活'机制集'—响应凝塑'能力集'—高效实现'目标集'"的实现路径提供支持。

(一)创新能力培育进程中的共性困惑与突出问题

图6.3展示了影响园区创新能力形成的各类问题与制约因素。数据来源于针对安徽国家农业科技园区管理人员、相关企业进行的重点访谈和问卷调查。图中左侧部分是各类问题的表现形式,如"科技创新与成果转化能力待增强"等;图中右侧部分,显示了在调查中反映各园区存在该问题的园

区个数,如反映各园区存在"科技创新与成果转化能力待增强"问题的园区个数是10家。

从图6.3可以看到,从园区管理人员及企业视角出发,当前安徽国家农业科技园区创新能力形成过程中遇到的主要共性困惑至少有8个类别(其余4个类别的反映数量为1,可以视为个性问题),分别为:科技创新与成果转化能力待加强、创新要素困乏与资源集聚效率不高、引才引智政策体系不完善、土地制约、三产融合发展水平不高、公共服务及社会带动能力不高、政府投入不足、地域特色不明显与产品同质化。上述问题反映了园区在创新能力培育与形成过程中面临的体制机制、研发创新、成果推广、平台转化、示范带动、资源投入产出效率、产业融合发展等多个方面的问题,这些问题也是直接影响园区能否形成内生发展动力、走可持续发展道路的关键问题。

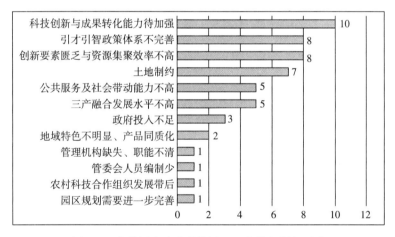

图6.3 安徽国家农业科技园区面临的问题与困惑

科技创新与成果转化能力待加强、创新要素困乏与资源集聚效率不高、引才引智政策体系不完善三个共性问题,均有占安徽国家农业科技园区总数一半或以上的园区反映,从而可以视为安徽国家农业科技园区在培育与形成自身创新能力过程中的突出问题。这些问题既是关乎安徽省内国家园区能否高质量发展的瓶颈问题,同时也可能是全国范围内各地各级农业科技园区面临的共性制约。以这些突出问题为着力点和突破口,通过采取合理、有效的政策措施组合加以解释和治理,可以为理顺园区未来发展过程中的各个阶段、各个环节之间的症结与联系打下坚实的基础,起到"牵一发而动全身"的核心作用。

(二)促进形成园区创新能力的做法与成效

1.促进园区创新能力形成的措施与手段。安徽省内国家农业科技园区在发现和剖析自身创新能力培育过程中存在问题的同时,也在积极探索缓解和解决困惑与瓶颈的方式,积累可供参考和推广的建设经验。图 6.4 列示了近年来安徽国家农业科技园区为促进创新能力培育而运用的对策、措施。通过图 6.4 可以看到,大多数园区采用了通过促进三产融合、城乡融合来延伸园区产业链、价值链并进一步提升创新能力的方式。超过半数的园区从探索体制机制改革创新的角度,通过改革创新和政策保障,为创新能力的形成挖掘动力和源泉。

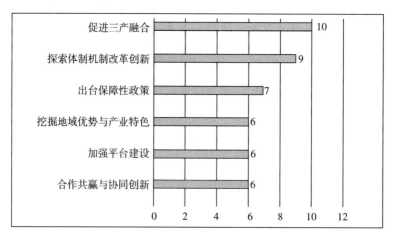

图 6.4 安徽国家农业科技园区探索促进创新能力形成的措施对策

另外,不断强化地域优势、培育地方特色产业和产品、增强各类型平台建设、合作与协同创新等方式方法,也是三分之一及以上数量的园区探索运用的手段。表 6.2 列示了各个国家园区侧重运用的政策手段与措施集合。

表 6.2 安徽国家农业科技园区促进创新能力形成的主要政策手段

园区序号	政策手段					
	促进三产融合	探索体制机制改革创新	出台保障性政策	挖掘地域优势与产业特色	加强平台建设	合作共赢与协同创新
1	采用	采用		采用		采用
2	采用	采用	采用	采用		
3		采用			采用	
4	采用	采用				采用
5	采用		采用		采用	
6	采用			采用		采用
7		采用	采用			
8	采用			采用		
9						采用
10			采用		采用	采用
11	采用		采用			
12	采用	采用				
13			采用	采用		
14	采用	采用		采用		
15	采用	采用		采用	采用	采用

注:小岗国家农业科技园区于 2018 年年底正式挂牌建设,尚未产生相关数据。

通过表 6.2 可以看到,绝大多数农业科技园区采用了政策组合的形式,多角度、多层面地促进本园区创新能力的形成。立项年份越早、建设周期越长的园区,越倾向于运用多种政策和手段,促进形成自身特有的创新能力及其子能力体系。

2. 园区创新能力培育的效果。运用各种类型的措施与手段,安徽国家农业科技园区在积极培育与形成自身创新能力的过程中,取得了一定的建设成效。表 6.3 从园区知识创造成果、经济产值、带动农户、科技成果研发转化、全员劳动生产率及结成的合作关系六个方面,将 2016－2018 年取得的各类型成效指标的平均值及其变化情况加以展示。总体来看,除合作关系单位数量增长幅度与各年度保持持平外,其他各项指标都存在显著增长。

表 6.3 以均值测算的安徽国家农业科技园区主要创新成效及增长率

年份	发明专利（个）	园区产值（亿元）	带动农户（万人）	转化科技成果（个）	全员劳动生产率（万元）	合作关系单位（个）
2016	14.00	83.02	2.04	20.69	12.90	10.67
2017	21.07	48.28	2.20	23.54	13.81	12.53
2018	26.60	375.10	5.10	37.27	64.13	11.60
年均增长（%）	30.00	117.28	50.06	26.70	132.32	2.92

注：根据调研资料汇总整理。

进一步根据《国家农业科技园区创新能力评价报告 2016－2017》公布的 2016 年部分评价指标的全国及区域平均值，将安徽当年度各个园区的指标情况与全国及中部地区均值作比较，结果如图 6.5 所示。

根据图 6.5，以安徽省内各个国家农业科技园区当年度获得的发明专利情况、三产融合情况、科技推广情况以及社会带动情况四个指标为例，比较安徽各园区发展状况与全国平均水平、中部平均水平之间的差异。从获得发明专利层面考察，安徽大部分园区指标低于全国平均水平，约三分之一的园区高于中部地区平均水平；从园区带动农户层面考察，超过半数的园区指标高于全国平均水平和中部地区平均水平；从三产融合程度层面考察，约半数的园区指标高于或持平于全国平均水平，但中部地区平均水平程度较高，只有约四分之一数量的安徽园区高于或持平于中部平均水平；从技术推广层面考察，约有半数的园区高于全国和中部地区平均水平。

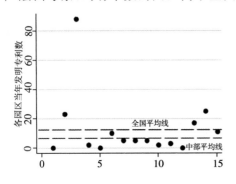
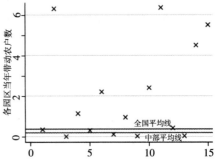

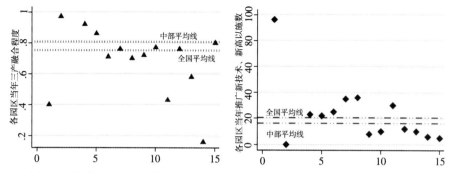

图 6.5 安徽国家农园区部分指标状况与全国及中部平均状况的比较(2016年)

通过统计描述,可以推断安徽国家农业科技园区整体发展程度超过全国和本区域的平均发展水平。这也是安徽省内国家农业科技园区积极应对共性困难和突出问题,实施多项政策组合和手段措施,不断推动自身创新能力的发展与形成的结果。

三、"实现路径"与安徽经验之间的验证支撑

通过对安徽省内国家农业科技园区面临的问题、运用的措施和取得的成效等方面进行梳理,可以明确发现这些"困惑与问题""措施与手段"与本书提出的各项创新能力之间存在显性关联。本书提出的"激励'因素集'—激活'机制集'—凝塑'能力集'—实现'目标集'"的农业科技园区创新能力形成路径,能够为治理和解决这些共性、突出问题提供理论解释。近年来,安徽各个园区为治理和解决自身发展问题所运用的手段、措施,也印证了本书提出的"实现路径"是具有逻辑性和可行性的。图 6.6 提供了解释和治理国家农业科技园区共性问题的基本思路。

根据图 6.6,以科技创新与成果转化能力有待加强为代表的一系列反映安徽国家农业科技园区创新能力不足的问题,可以通过打造三项创新子能力及辅助支撑能力来加以治理和解决。促进子能力体系内部的优化组合、调整辅助支撑体系配合形成综合能力,能够为治理科技创新与成果转化不高、创新要素集聚效率不高、三产融合程度不高、社会带动效果不明显、地域优势特色未发挥等问题提供解释思路。

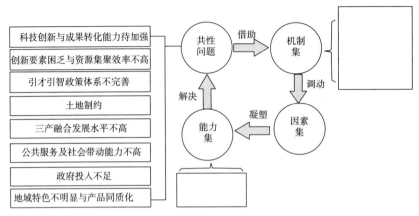

图 6.6 解释和治理安徽国家农业科技园区共性突出问题的基本思路

园区创新能力体系能够解释和治理现实问题的前提,是确实存在能够发挥效力的作用机制,清晰而明确地促进各项子能力得到培育和形成。根据图 6.6,可以发现,本书提出的实现路径的"机制集",包含了宏观和微观的能力形成机制,对应了现实中各个国家农业科技园区面临的共性问题所需要的各项子能力,从而能够为形成这些子能力提供生成渠道。"集聚机制""异质要素联动机制"等为解决创新要素匮乏与资源集聚程度不高、三产融合发展水平不高等问题提供作用渠道;"合作机制"为解决科技创新与成果转化能力有待加强问题提供作用渠道;"竞争机制"为解决地域特色不明显与产品同质化问题提供作用渠道;"主体协同机制"为解决引才引智政策体系不完善、公共服务及社会带动能力不高、政府投入不足等问题提供作用渠道。同时,宏观形成机制和微观形成机制的顺畅运行并凝塑为各项创新子能力,均能够为解决公共服务和社会带动问题提供相应渠道。

综上所述,安徽国家农业科技园区在探索和促进自身创新能力形成过程中的实践,为本书提出的创新能力形成路径提供了现实案例支撑。依据创新能力形成的实现路径及其基本逻辑,可以为进一步解决安徽省内国家农业科技园区面临的新问题、新困惑,也为其他省份提供经验积累。

本章对促进农业科技园区创新能力形成的实现路径问题进行考察,并以安徽省内国家农业园区的发展现实为调研案例,实证论证了本书提出的实现路径及对策建议的可行性和现实意义。从理论上提出创新能力形成的实现路径,剖析依据、思路及基本逻辑。本书认为,构建国家农业科技园区创新能力及其子能力体系形成的实现路径,应遵循"充分激励'因素集'—促动激活'机制集'—响应凝塑'能力集'—高效实现'目标集'"的总体思路。构建上述路径的基本逻辑是,在充分厘清各类决定农业科技园区创新能力形成的因素及其相关关系的基础上,重点瞄准如何理顺和激活能够调动各类因素发挥功效、联合作用并正向促进园区创新能力的各类运行机制,通过实施具有针对性、可行性的组合政策措施,打通"决定因素"与"能力形成"之间的关联渠道,最终实现农业科技园区发展任务和发展目标。

第七章
研究结论与政策建议

本书在梳理国内外农业科技园区创新能力建设的相关理论与研究成果基础上,以"企业创新能力论""复杂系统论""合作创新网络与新经济地理学""增长极理论""产业集群论"为理论依据,基于中国国家农业科技园区培育创新能力过程中的发展现实、存在的矛盾弊端及做法成效,对农业科技园区创新能力形成问题的三个主要方面,即创新能力体系的内涵、构成和功能目标,创新能力形成的各类影响因素及其微宏观作用机理、创新能力培育的实现路径等进行深入剖析。在规范分析与实证分析相结合的研究框架内,采用统计测度和计量模型分析等多种手段,利用106个国家农业科技园区的多变量平衡面板数据,对各因素间的关系、传导机制及影响效果等问题进行严谨探讨,得出研究结论,以期为中国农业科技园区成为探索农业现代化进程中的先行者提供理论支持与方法参考。

第一节 研究结论

本书的主要结论可以归结为四个层面,四个层面之间是层层递进关系,体现了从提出问题到分析问题再到解决问题的基本思维逻辑。

一、基于"功能""效率"及"空间布局"的多维统计评价，发现引致农业科技园区发展进程中各类共性突出问题的根源，是创新能力的不足或缺失

一是将基于"功能—目标""投入—产出"及"集聚—扩散"等多个维度视角下的创新能力测度结果进行比较，发现三者评价结果存在匹配程度偏低的现象。该现象背后的理论逻辑是：在巨大的资源和要素投入的前提下，没有真正实现"以创新驱动发展"的良好效果。同时，以"创新绩效"为体现的各种功能效果并不完全是投入相同条件下创新效率最高的行为结果，从而导致创新能力不足乃至缺失问题显著，尚存在较大的改进空间。正是由于这种"创新能力不足乃至缺失"，催生出多种困扰农业科技园区创新发展的瓶颈问题与现实困惑。

二是由"创新能力不足乃至缺失"所引发的园区创新发展的瓶颈问题与现实困惑，包括创新要素驱动能力形成的效率不高、机制没有理顺，创新能力运行方式趋于同质化、分类发展的界限模糊，创新能力培育资金短缺、筹措渠道狭窄与使用效率低下并存，创新能力辐射带动成果不显著、示范引领的正向外部效应不明显，以合作激发创新能力形成的意识薄弱、知识与技术流动的效果没有显现。解决上述问题的关键，是淬炼并构建具备自身园区比较优势的创新能力体系，锤炼并凝塑能够达成目标要求的各项创新子能力。

二、解决"创新能力不足或缺失"问题，需要构建并凝塑农业科技园区创新能力体系及其子能力，前提是厘清创新能力体系的内涵、构成和功能目标

一是园区创新能力的内涵，应是与园区应实现的"功能目标体系"相适应的"创新能力体系"，包含能够实现功能目标的若干子能力。促进园区创新能力的形成，必须以中国农业农村发展过程对农业科技园区的功能要求为目标，并在此目标约束下，寻求园区创新能力形成的实现途径。园区的功

能目标体系包含三个重要方面:基本目标是实现知识创造、经济效益和社会效益;阶段目标是进阶打造农业高新技术产业示范区,推进农业技术创新体系新旧动能转换;最终目标是实现"农业现代化",动态调整并相机配合国家农业农村发展战略,全面实现农业农村高质量发展。

二是基于功能目标体系的框架约束,农业科技园区必须不断形成能够达成各阶段目标的创新子能力,并且这些创新子能力构成了园区基于功能目标的创新能力体系。该体系的构成包括先进知识创造能力、高质量经济生产能力、示范性社会带动能力等子能力体系,以及创新政策持续保障能力、创新资源高效聚合能力、创新主体优势协同能力、创新环境良好营造能力、创新成果快速转化能力、创新平台优质服务能力、创新激励回报稳定能力等辅助支撑能力体系。

三、农业科技园区创新能力的凝塑与形成,受到"两类"决定因素和"两重"作用机制的影响

一是农业科技园区创新能力的形成,受到"两主类、五次类、十一种要素"所构成的影响因子体系影响。其中,"两主类"是指内部因素和外部因素等两个主类别因素;"五次类"是指内部因素包含的"环境类""生产类""平台类"和外部因素包含的"地域特征类""关系网络类"等五个次类别因素;"十一种要素"则是对"五次类"因素的详细划分,具体包括制度环境、信息环境、人力资本投入、研发经费投入、土地投入、研发平台、服务平台、自然地理、空间布局、国内外合作关系、产业(要素)关联等。每一类决定因素,均通过不同的能力形成机制进行作用与链接,最终凝聚为园区创新能力。

二是农业科技园区的"两类"决定因素,是在宏观和微观两重作用机制的链接下,协同互动并最终凝聚为创新能力的。形成"创新能力"是农业科技园区最终要达到的目的,"创新能力的内外部决定因素"是能够对能力形成产生重要影响的作用因子,链接两者并使两者发生关系的途径,是创新能力形成的生发机制。一是园区作为开放的区域性创新系统,在知识技术、物质要素、学习模仿和社会资本等交织作用的外部环境下,不同类型的决定因素如何促进个体园区创新能力形成的宏观机制;二是园区作为独立的封闭

性创新系统,在其系统内部,不同类型的决定因素如何促进个体园区创新能力形成的微观机制。

三是从开放系统下的宏观形成机制的视角考察,包括"合作促进创新能力形成""集聚促进创新能力形成""竞争促进创新能力形成"三类机制。对"合作促进创新能力形成"的机制进行验证,结果表明由"多维邻近性"引致园区自发产生合作需求、并为满足需求进而形成的"合作行为",对园区创新能力凝塑具有显著作用,合作模式的演化轨迹是从"地方蜂鸣"模式到"区域通道"模式,两者在提升园区创新能力方面的效果无差异。对"集聚促进创新能力形成"的机制进行验证,结果表明产业集聚和要素集聚等两类集聚形式汇集并正向显著地作用于园区创新能力的形成,园区在知识创造、经济生产和社会带动层面获得的成果,也是产业集聚和要素集聚共同作用的结果,两类集聚模式之间存在交互效应。对"竞争促进创新能力形成"的机制进行验证,结果表明基于地域差异的竞争优势,通过互补和赶超两种方式不断缩减园区创新能力的差距,正向显著促进能力形成;在此过程中,知识创造成了促进园区经济生产和社会带动效应的中介变量,中介效应显著。

四是从封闭系统下的微观形成机制的视角考察,包括"主体协同促进创新能力形成""异质要素联动促进创新能力形成"两类机制。对"主体协同促进创新能力形成"的机制进行验证,结果表明多元主体协同创新效率正向显著影响农业科技园区创新能力的形成,在此过程中,政策因素正向促进多元主体协同效率的提升,发挥调节效应;园区创新系统与地方经济发展系统存在高度关联的耦合协调效应,耦合程度越高,对园区创新能力形成的影响越大。对"异质要素联动促进创新能力形成"的机制进行验证,结果表明异质要素促进园区创新能力形成的作用存在显著差异和门槛效应,创新要素投入带来的贡献率成倍高于传统要素,平台功能多样化正向促进园区创新能力形成并存在显著的匹配效应。

四、遵循"激励因素集—激活机制集—凝塑能力集—实现目标集"的逻辑与路径,能够促进园区创新能力形成并解决理论与现实的矛盾,在实现农业农村高质量发展和农业现代化进程中,体现中国农业科技园区的特色价值

一是厘清影响因素及其相互关系,是园区创新能力形成过程的起点;形成创新能力,并以此破解发展瓶颈、实现发展目标,是园区创新能力形成过程的终点;链接这一过程的两端,或者能够调动各类因素形成积极影响,促成园区创新能力的凝集与实现,则是各类型作用机制或响应渠道。"充分激励'因素集'—促动激活'机制集'—响应凝塑'能力集'—高效实现'目标集'"的逻辑思路,恰是通过实施具有针对性、可行性的组合政策措施,打通因素与能力之间的关联渠道,最终实现园区的发展任务和发展目标。

二是"激励因素集—激活机制集—凝塑能力集—实现目标集"的路径体系,构成一个科学、完整和自洽的逻辑系统,是农业科技园区在努力促进自身创新发展能力形成过程中可以遵循并能够运用的理论依据和实践模式。其目标是实现国家和政府赋予农业科技园区的任务和责任;其核心是通过激活创新能力的形成机制,有效调动各类决定因素的积极作用,规避各类决定因素的消极影响;其关键是打出一套行之有效、有的放矢的政策"组合拳",能够切实激励各类决定因素发挥各自功效、切实激活作用机制顺畅执行运转、切实保障园区承担的经济与社会目标高质量完成与呈现,体现农业科技园区在实现农业农村高质量发展和农业现代化进程中的中国特色和价值。

第二节 政策建议

在农业科技园区创新能力建设的进程中,存在着共性问题和矛盾困惑,其表现形式是创新要素驱动能力培育模式没有建立、机制没有理顺,创新能力运行方式趋于同质化、分类发展的界限模糊,创新能力培育资金短缺、筹

措渠道狭窄与使用效率低下并存,创新能力辐射带动成果不显著、示范引领的正向外部效应不明显,以合作激发创新能力形成的意识薄弱、知识与技术流动的效果没有显现。进一步地,通过本书对影响园区创新能力形成的内、外部决定因素,以及在知识技术、物质要素、学习模仿和社会资本等交织作用下能够促进个体园区创新能力形成的微观、宏观机制,阐明了园区创新能力形成的实现路径及其基本逻辑。以"实现路径"为依据,建议采取如下措施和手段,充分激励和激发影响要素与影响机制的作用发挥,为中国农业科技园区创新能力的形成提供保障。

一、以"因素激励"促进"要素活力",破解创新驱动能力薄弱的瓶颈

一是以"人才激励"为核心,盘活物质要素和禀赋资源,充分发挥异质要素集聚促进能力形成的作用机制。建立以人才为核心的现代创新要素驱动模式,摆脱资源枯竭与不可持续发展的窠臼,实现园区自我发展。着重改变当前以"资源驱动"为特征的传统要素推动方式,通过集聚机制,以产业集聚和要素集聚为依托,以农业高新技术人才和现代企业管理人才为核心,构建以现代创新要素驱动园区能力发展的运行模式。推动创新驱动发展战略、乡村振兴战略,通过探索创新要素驱动创新发展的实现渠道,进一步扭转以规模扩张与数量投入为特征的传统农业产业发展误区,强化以创新要素为主、以传统要素为辅的产业升级核心推动力。

二是以"竞争优势"为特色,深度挖掘潜力并打造品牌,充分发挥互补与赶超促进能力形成的作用机制。实施差异化的区域优势驱动农业经济创新发展战略,重点是强化传统优势、培育后发优势、紧靠资源禀赋、塑造竞争能力。地域优势特征存在显著差异的园区,重点依托"互补机制"及其引发的"互补效应",深度挖掘和延伸本土产业链,通过产业链集聚创新要素链和产品价值链。做好地理标志农产品的申报与保护,培育具有本地特色的地方品牌,积极打造"一村一品、一县一业"的发展新格局,提高农产品产业竞争力。已经具备良好发展和竞争优势的园区,应以国外已经成熟并处在行业尖端的园区为标杆,主动交流、强化对接,重点依托"赶超机制"及其引发的

"赶超效应",实现自身发展的"质"的飞跃,坚持向具有更高标准和更大发展潜力的"农高区"建设靠近,不断缩短与国际前沿的差距,形成创新能力、实现高质量增长、引领我国现代农业的发展方向。

二、以"机制激活"促进"体制改革",破解创新发展能力不足的瓶颈

一是以"创新体系"为抓手,充分推动园区探索创新能力形成的体制机制改革方向。农业科技园区创新能力及其子能力体系,是理论上概括的逻辑自洽、目标明晰、效果显著的能力系统,在现实运行中需要辅以能够发挥该系统功效的措施手段。以"创新体系"的探索与搭建为抓手,为农业科技园区创新能力及其子能力体系的形成理顺演化逻辑,也为进一步推动园区创新发展的体制机制厘清改革方向。应积极搭建具有核心支撑内容的农业科技创新体系,包括体制机制改革(土地利用机制、资金融通机制、风险管理机制等)、知识技术升级(知识创造、技术流动、信息共享、组织合作等)、重大原创科技成果推广(新技术、新产品、新工艺的应用转化)等核心要素,在实践中不断推动园区形成特色创新能力、强化发展动力。

二是以"分类有序"为原则,充分推动园区走上专业化、精细化和前沿化的能力发展道路。明晰界定不同类型园区的功能定位和主导方向,打破园区运行方式的同质化倾向与模糊化藩篱,根据主体差异、定位差异和功能效果差异来指导和展开各项创新工作,充分推动创新能力的形成。明确政府主导型园区向"杨凌模式"的方向发展,企业主导型园区和科研单位主导型园区向着成果转化应用和市场化服务的方向发展,分类、有序地促使不同类型园区结合自身基础、禀赋特色、地域优势和产业差异,带动园区创新能力的提升。这就要求通过市场机制刺激农业科技园区内在的合作需求,推动以知识流动为载体、技术搜寻为核心、示范推广为手段、创新引领为目标的合作创新网络的演化构建,强化实质性的合作活动,实行专业化、精细化和前沿化的创新能力培育途径。

三是以"考核评价"为手段,充分推动园区建立监督反馈与动态退出的能力绩效监测机制。形成农业科技园区创新能力的过程,也是投入园区科

技研发活动、推动成果转移转化与应用,并最终获得知识创造、经济效益和社会带动效果的过程。无论园区能否高质量地创造和实现上述过程的预期目标,都需要在前期投入大量的生产要素和智力支持,从而产生了投入—产出的效率问题。这也进一步表明,建立一套科学、完整和可行的监督考核与反馈机制,以及对于不能完成目标的园区允许其动态退出的机制,是更有利于园区良性发展的措施选择。科学合理的评价与监测,有利于为园区创新能力的培育与运行划清边界,将园区创新活动产生的成效,纳入"考核、监测、管理和使用"的规范中,并通过顺畅的反馈渠道将发现的问题、存在的弊端及时调整和处理;动态退出机制,有利于提高要素投入和资源配置的效率,并借助于反馈机制将不能完成阶段性要求或效益的园区进行整改,直至退出,更好地促进资源集聚和协同创新,高质量地培育园区创新能力①。

三、以"能力凝塑"促进"多元效益",破解创新合作能力不高的瓶颈

一是以"效益共赢"为动力,强化多元参与主体协同创新效率,通过内部协作与外部耦合推进创新能力形成。农业科技园区内的多元参与主体,各自代表着性质不同的要素,这些要素(包括政策环境、人力资本和物质资本等)的动态叠加,为园区通过协同创新驱动能力形成提供了重要基础。差异化的参与主体,必然存在利益与矛盾的并存,只要厘清不同参与主体基于园区建设中的差异化需求,以"效益共赢"为框架,就能合理有效地将矛盾转化为动力。以多元主体利益与矛盾的交织为分析出发点,可以依托异质要素利用效率的提升同步地促进多元化参与主体协同效率的提升,深化园区与地方经济发展的耦合协调程度,并以此来推进发展症结的解决与创新能力的形成。(1)探索组建现代农业的政产学研联合体,加强引策、引智、引资与引技的"四引并进",形成组织健全、层次明晰、分工明确和支撑有效的主体协同体系,加快主体资源汇集;(2)搭建科技特派、技术研发及流通服务等全

---

① 吴圣,吴永常.中国农业科技园区的演变及其特征:制度变迁视角[J].现代经济探讨,2020,(1):117~123.

环节平台,为"四引并进"所汇集的资源与要素营造发挥效力的环境,加快成果研发与技术升级;(3)深化"农工融合"和"农旅融合"并最终深化"三产"融合,提升农业科技园区创新与地方经济发展的耦合协调程度,为已研发成功的科技成果与高新技术提供转化与推广的空间,形成具有显著效益和独特优势的农业科技园区创新发展能力。

二是以"合作创新"为途径,强化知识与技术的顺畅流动,通过交易成本降低和内生动力培育推进创新能力形成。通过合作网络的形成,进一步促进农业科技知识与先进技术的流动,极大地降低园区与外部的市场交易成本,催生出自我发展的长效动力,推进园区创新能力的凝结。一方面是有引导性地构建一个合作创新网络体系,保障信息流通渠道畅通,将从外部环境中进一步为园区自发形成的合作需要注入"强心剂",助推园区"精准"搜寻关键技术与合作伙伴,助力园区内生性地有序提升以"科技创新"和"示范推广"为支撑的创新能力水平。构建合作网络体系的过程就需要政府及主管部门积极引导,科研院所、农业高校、技术企业等多方协同,明晰农业技术产权界定、强化农业收益;另一方面是探索构建以高质、高效、稳定、优化为特征的合作匹配模式,带动园区创新能力的提升。应逐步形成具有统一技术标准、统一生产规范、统一试验实践、统一农技农机服务、统一联合推广示范的、更加紧密的合作联盟形态,推动不同集群形态的农业科技园区联合打造符合自身发展需要的紧密型合作组织。这就需要园区与园区之间、园区与其他经济主体之间形成更加稳固的合作形式,在技术标准、生产规模、辐射范围等方面寻求与之最相匹配的合作伙伴,在知识产权、农业新品种研发或其他创新性产出中延伸产业链与价值链,以精确匹配和高效融合来带动创新能力提升。

四、以"目标实现"促进"示范引领",破解创新辐射能力不强的瓶颈

一是以"三重效益"实现为基本目标,不断提高知识创造、经济生产与社会带动能力,全面强化区域增长的驱动力。农业科技园区的核心功能是科技创新和示范引领,最基本的效益是知识创造效益、经济生产效益和社会带

动效益。因此,解决创新带动效果不显著、示范引领效果不显著等问题的关键,应从切实提升上述"三重效益"着手,不断扩展园区辐射功能。(1)加强制度改革,顺畅生产性融资渠道,缓解企业研发投入压力,提升科技创新意愿,提升知识创造能力;受到预算约束、研发能力以及农业技术公益性等因素制约,农业企业创新投入意愿较低,技术交流能力等均较为缺乏。从制度层面入手,理顺融资渠道,明细产权界限,将有助于提升企业科技研发意愿,凝塑知识创造能力;(2)探索技术推广与应用的新模式,结合区位、产业等特色因素挖掘源动力,提高全要素生产率,提升经济生产能力。应根据园区所处的地域特征、产业与产品特征,构建符合比较优势的技术推广与应用模式,结合新品种、新技术、新设施的引进与改良,提升全要素生产率,实现农业经济生产的高质量发展;(3)强化社会责任,成为精准扶贫、就业创业、创新创业的排头兵,提升社会带动能力。园区社会带动能力的提升应遵循以下路径,即,通过主体协同和技术匹配,实现高效示范与推广,进一步通过高效示范与推广实现三产高度融合,最终通过产业融合程度的加深实现扶贫、就业、创业的重要功能。

二是以"农业高新技术产业示范区"建设为阶段性目标,推动示范引领的层次进阶与档次升级,全面推进农业技术创新体系新旧动能转换。农业科技园区的更高层次发展形态,是形成以打造农业创新要素汇聚高地、探索创新驱动发展新路径、提升农业绿色发展水平等为特征和要求的农业高新技术产业示范区。向"农高区"建设目标不断靠近的过程,就是仅仅瞄准"深化体制改革、聚焦'三农'发展、突出科技特色、打造创新高地"的要求,不断实现层次进阶与档次升级的过程。伴随农业创新高地、农业科技人才高地、农业高新产业高地的打造与完善,"农高区"的土地产出率、劳动生产率和绿色发展水平均得到显著提升,符合我国农业发展特色的农业技术创新体系也将逐步形成,传统的农业增产导向也将最终转型为农业"提质增效"导向,完成农业现代化所需要的新旧发展动能的转换进程。从而可以真正以科技创新为抓手,解决制约农业农村发展的现实矛盾与突出问题,提炼可推广的发展模式,提升农业可持续发展水平。

三是以"农业现代化"为顶层目标,动态调整并相机配合国家农业农村发展战略，全面实现农业农村高质量发展。农业科技园区培育形成具有自身优势特色的创新能力，完成知识创造、农业生产和社会带动的基本目标，达到园区发展的高级形态，最终目标是实现农业现代化、促进农业农村高质量发展。从基本目标的完成到最终目标的实现，在宏观上体现为国家对农业发展不同阶段的认知变化及干预政策的不断调整，在微观上则体现为农业科技园区着力培育创新能力并适应政策调整的相机配合。进一步地，从国内农业经济发展的现实出发，农业科技园区承担着加快发展现代农业产业体系、经营体系和生产体系的探索任务，通过深化农业供给侧结构性改革推进农业新业态、新模式和新产业的构建，为乡村振兴战略和创新驱动农业经济发展战略助力。从国际视角和世界经济发展的现实出发，农业科技园区对创新发展模式和路径的探索，也将为我国区域发展、对外开放、"一带一路"倡议服务，提升我国农业的国际竞争力。

参考文献

[1]中华人民共和国科学技术部.关于印发《农业科技园区指南》与《农业科技园区管理办法(试行)》的通知(国科发农社字〔2001〕229号)[EB/OL]. http://www.most.gov.cn/fggw/zfwj/zfwj2001/200512/t20051214_55014.htm

[2]蒋和平.正确认识和评价农业科技园区[J].农业技术经济,2000,(6).

[3]蒋和平.我国农业科技园区特点和类型分析[J].中国农村经济,2000,(10).

[4]吴沛良.农业科技园区发展探讨[J].现代经济探讨,2001,(10).

[5]肖洪安,王芳.对我国农业科技园区建设与发展的探讨[J].农村经济,2001,(11).

[6]许越先.现代农业科技园与农业结构调整[J].中国农业科技导报,2001,(3).

[7]许越先.试用集成创新理论探讨农业科技园区的发展[J].农业技术经济,2004,(2).

[8]王朝全,郑建华,李仁方.论农业科技园的目标、功能与保障体系[J].农村经济,2002,(11).

[9]黄仕伟,卢凤君,孙世民.农业科技园区的规划思路及规划内容——长春农业科技园区的总体规划[J].中国农业大学学报,2003,(4).

[10][美]约瑟夫·阿洛伊斯·熊彼特著.经济发展理论:对利润、资本、信贷、利息和经济周期的研究[M].叶华译,北京:九州出版社,2007.

[11] Elson Szeto. Innovation Capacity: Working towards a Mechanism for Improving Innovation within an Inter - Organizational Network[J]. The TQM Magazine,2000,12(2).

[12] Gautam Ahuja, Curba Morris Lampert. Entrepreneurship in the large corporation: a longitudinal study of how established firms create breakthrough inventions[J]. Strategic Management Journal,2001,22(7).

[13]Melissa A. Schilling,Corey C. Phelps. Interfirm Collaboration Networks: The Impact of Large－Scale Network Structure on Firm Innovation[J]. Management Science,2007,53(7).

[14]Tsai－Ju Liao,Chwo－Ming Joseph Yu. The impact of local linkages, international linkages, and absorptive capacity on innovation for foreign firms operating in an emerging economy[J]. The Journal of Technology Transfer,2013,38(6).

[15] Crescenzi Riccardo,Gagliardi Luisa. The innovative performance of firms in heterogeneous environments: The interplay between external knowledge and internal absorptive capacities[J]. Research Policy,2018,7(4).

[16]杨敬华.农业科技园区科技创新能力建设研究[J].农村经济,2008,(8).

[17]冯英杰,钟水映,赵家羚,朱爱孔.市场化程度、资源错配与企业全要素生产率[J].西南民族大学学报,2020,(5).

[18]崔志新,陈耀.区域技术创新协同的影响因素研究——基于京津冀和长三角区域面板数据的实证分析[J].经济与管理,2019,33(3).

[19]夏后学,谭清美,白俊红.营商环境、企业寻租与市场创新——来自中国企业营商环境调查的经验证据[J].经济研究,2019,(4).

[20][英]G.M.彼得·斯旺著.创新经济学[M].韦倩译,上海:格致出版社/上海人民出版社,2013.

[21]刘红玉.马克思的创新思想研究[D].湖南大学博士学位论

文,2011.

[22][日]金指基著.熊彼特经济学[M].林俊男、金全民编译,北京:北京大学出版社,1996.

[23] John L Enos. *Invention and Innovation in the Petroleum Refining Industry*[J]. NBER Chapters,1962,27(8).

[24] Sheshinski E. *Tests of the "Learning by Doing" Hypothesis*[J]. The Review of Economics and Statistics,1967,49(4).

[25] Freeman C. *The economics of industrial innovation*[J]. Social Science Electronic Publishing,1997,7(2).

[26] Romer P. *M Increasing Returns and Long-Run Growth*[J]. Journal of Political Economy,1986,94(5).

[27] Grossman G M,Helpman E. *Innovation and growth in the global economy*[J]. MIT Press Books,1991,1(2).

[28]傅家骥,全允恒等.技术创新学[M].北京:清华大学出版社,1998.

[29] Cozzarin B P,Koo W K B. *Does Organizational Innovation Moderate Technical Innovation Directly or Indirectly?*[J]. Economics of Innovation and New Technology,2016,26(4).

[30] Breschi S,Malerba F. *Sectoral innovation systems: technological regimes, Schumpeterian dynamics, and spatial boundaries*[C]. Systems of innovation: technologies, institutions and organizations. London: Pinter Publishers,1997.

[31] Opthof T,Leydesdorff L. *Caveats for the journal and field normalizations in the CWTS ("Leiden") evaluations of research performance*[J]. Journal of Informetrics,2010,4(3).

[32] Malerba F,Nelson R. *Learning and catching up in different sectoral systems: evidence from six industries*[J]. Industrial & Corporate Change,2012,20(6).

[33][比]普里戈金著.从存在到演化[M].严庆宏等译,北京:北京大学出版社,2007.

[34]梁静溪,田世海,宋春光.基于耗散结构的农业产业化经营组织演进研究[J].中国软科学,2009,(5).

[35]袁伟民,陈曦,高玉兰,等.基于耗散结构理论的政府农业推广体系优化分析[J].生态经济,2011,(10).

[36]何一鸣.权利管制、租金耗散与农业绩效——人民公社的经验分析及对未来变革的启示[J].农业技术经济,2019,(2).

[37][德]赫尔曼·哈肯著.协同学[M].徐锡申等译,北京:原子能出版社,1984.

[38][德]赫尔曼·哈肯著.协同学——大自然构成的奥秘[M].凌复华译,上海:上海译文出版社,2005.

[39]贾兴梅.新型城镇化与农业集聚的协同效应[J].华南农业大学学报,2018,(3).

[40]王燕,刘晗,赵连明,黎毅.乡村振兴战略下西部地区农业科技协同创新模式选择与实现路径[J].管理世界,2018,(6).

[41] Freeman C. *Network of Innovators:A Synthesis of Research Issues*[J]. Research Policy, 1991,20(5).

[42]曾德明,尹恒文,金艳.科学合作网络关系资本、邻近性与企业技术创新绩效[J].软科学,2020,(3).

[43] Koka B R,Prescott M J E. *The Evolution of Interfirm Networks:Environmental Effects on Patterns of Network Change*[J]. The Academy of Management Review, 2006,31(3).

[44] Baum J A C,Cowan R,Jonard N. *Network－Independent Partner Selection and the Evolution of Innovation Networks*[J]. Management Science,2010,56(11).

[45] Checkley M,Steglich C,Angwin D,et al. *Firm Performance and the Evolution of Cooperative Interfirm Networks:UK Venture Capital Syndication*[J]. Strategic Change, 2014,23(1－2).

[46] Akbar Z,Giuseppe S. *Network Evolution:The Origins of Structural Holes*[J]. Administrative Science Quarterly,2009,54.

[47] Gautam A, Soda G, Zaheer A. *The Genesis and Dynamics of Organizational Networks*[J]. Organization Science,2012,23(2).

[48] Laursen K, Salter A J. *The paradox of openness: Appropriability, external search and collaboration*[J]. Research Policy, 2014,43(5).

[49] Tur E M. *The coevolution of knowledge networks and knowledge creation. An agent based model*[J]. Journal of Economic Behavior & Organization,2018,(145).

[50]曹贤忠,曾刚.基于全球—地方视角的上海高新技术产业创新网络效率探讨[J].软科学,2018,32(11).

[51] Perroux F. *Economic Space: Theory and Applications*[J]. The Quarterly Journal of Economics,1950,64(1).

[52] Perroux F. *The Theory of Monopolistic Competition: A General Theory of Economic Activity*[J]. Indian Economic Review,1955,2(3).

[53] Boudeville R. *Problems of regional economic planning*[M]. Edinburgh University Press,1966.

[54]潘文卿、李子奈.三大增长极对中国内陆地区经济的外溢性影响研究[J].经济研究,2008,(6).

[55]王永贵,刘菲.网络中心性对企业绩效的影响研究——创新关联、政治关联和技术不确定性的调节效应[J].经济与管理研究,2013,(3).

[56]李国平,李宏伟.经济区规划促进了西部地区经济增长吗?——基于合成控制法的研究[J].经济地理,2019,(3).

[57] Porter M. *The Competitive Advantage of Nation*[M]. NewYork:Free Press,1990.

[58]周灿,曾刚.经济地理学视角下产业集群研究进展与展望[J].经济地理,2018,38(1).

[59]李二玲.中国农业产业集群演化过程及创新发展机制——以"寿光模式"蔬菜产业集群为例[J].地理科学,2020,(4).

[60]李雪,吴福象.要素迁移、技能匹配与长江经济带产业集群演化

[J].现代经济探讨,2020,(4).

[61] Martin R,Sunley P. *Path dependence and regional economic evolution*[J]. Papers in Evolutionary Economic Geography, 2006,6(4).

[62] Dagnino G B,Levanti G & Picone A M. *Interorganizational network and innovation: a bibliometric study and proposed research agenda*[J]. Journal of Business & Industrial Marketing,2015,30(3/4).

[63]石乘齐.基于组织间依赖的创新网络演化模型及仿真研究[J].管理工程学报,2019,33(1).

[64] Bathelt H, Malmberg A , Maskell P . *Clusters and knowledge: local buzz, global pipelines and the process of knowledge creation*[J]. Progress in Human Geography, 2004,28(1).

[65] Li P—F. *Global temporary networks of clusters: structures and dynamics of trade fairs in Asian economies*[J]. Journal of Economic Geography,2014,14(5).

[66] Ekaterina Turkina, Ari Van Assche, Raja Kali. *Structure and Evolution of Global Cluster Networks: Evidence from the Aerospace Industry*[J].Journal of Economic Geography,2016,16 (6).

[67] Kim S W, Park S R, Kim M J. *A Study on the Improvement of Rural Life—Long Education in Agricultural Technology & Extension Center* [J]. Korean Journal of Agricultural Extension, 2003,55(5).

[68] Qi—Feng C. *Analyses on the Industrialization Agricultural Science and Technology Demonstration Park ——A Case Study of Taipusiqi Inner Mongolia*[J]. Acta Agriculturae Boreali—Sinica,2005,20 (S1).

[69] Ouyang H, Huasong U, Liu A, et al. *Practice of Developing Low—carbon Leisure Agriculture in Agricultural Sci—tech Experiment and Demonstration Park: A Case Study of Xinglong Tropical Botanical Park*[J]. Asian Agricultural Research,2013,(10).

[70] Geberaldar, S. A. H. *Present and Future Agricultural Extension*

System and International Agricultural Technology Cooperation of Sudan [J]. Journal of Agricultural Extension & Community Development, 2014, 21(4).

[71] Ogbu, C. *Strategies for Dealing with Low Adoption of Agricultural Innovations: A Case Study of Farmers in Udenu L. G. A. of Enugu State*, [J]. Journal of Education & Practice, 2015, 6 (34).

[72] Nasibeh P, Nader N, Farahnaz R. *Factors Affecting Commercialization of Agricultural Innovation in Kermanshah Science and Technology Park* [J]. International Journal of Agricultural Management and Development, 2017, (5).

[73] 中国农村技术开发中心. 国家农业科技园区创新能力评价报告2015[M]. 北京:科学技术文献出版社,2016.

[74] 钟甫宁,孙江明. 农业科技示范园区评价指标体系的设立[J]. 农业开发与装备,2007,13(1).

[75] 刘丽红,李瑾. 我国农业科技园区创新能力评价指标及模型研究[J]. 江苏农业科学,2015,43(8).

[76] 潘启龙,刘合光. 现代农业科技园区竞争力评价指标体系研究[J]. 地域研究与开发,2013,32(1).

[77] 彭竞,孙承志. 供给侧改革下的农业科技园区创新能力测评研究[J]. 财经问题研究,2017,(8).

[78] 周华强,邹弈星,刘长柱等. 农业科技园区评价指标体系创新研究:功能视角[J]. 科技进步与对策,2018,(6).

[79] 夏岩磊. 基于因子分析的农业科技园区创新能力评价——以安徽省国家园区为例[J]. 江苏农业科学,2018,(5).

[80] 谢玲红,吕开宇,夏英. 乡村振兴视角下农业科技园区绩效评价及提升方向——以106个国家农业科技园区为例[J]. 中国科技论坛,2019,(9).

[81] 夏岩磊,李丹. 基于层次分析法的农业科技园区创新能力评价——以安徽为例[J]. 皖西学院学报,2017,(33).

[82] 雷玲,陈悦. 杨凌农业科技示范园区创新能力评价[J]. 中国农业资

源与区划,2018,39(8).

[83]谢玲红,毛世平.京津冀地区国家农业科技园区创新能力评价及提升策略[J].广东农业科学,2018,45(8).

[84]张新仕,李海山,李敏等.河北省农业科技园区在高新技术产业化中的作用评价:以三河、唐山、邯郸国家重点监测园区为例[J].甘肃农业科学,2019,(5).

[85]周立军.现代农业科技园区的创新能力来源分析——基于知识、学习和社会资本的综合框架[J].广东农业科学,2010,37(9).

[86]王淑英.农业科技园区知识转移及促进策略研究——基于加权小世界网络模型的视角[J].河南社会科学,2011,(5).

[87]李洪文,黎东升.农业科技创新能力评价研究——以湖北省为例[J].农业技术经济,2013,(10).

[88]王俊凤,赵悦.我国农业科技园区金融支持效应的研究[J].金融发展研究,2016,(7).

[89]霍明,周玉玺,柴婧等.基于AHP-TOPSIS与障碍度模型的国家农业科技园区创新能力评价与制约因素研究——华东地区42家园区的调查数据[J].科技管理研究,2018,(17).

[90]常亮,罗见朝.农业园区科技创新能力影响因素分析[J].北方园艺,2019,(5).

[91]朱学新,张玉军.农业科技园区与区域经济社会发展互动研究——以江苏省农业科技园区为例[J].农业经济问题,2013,(9).

[92]郑宝华,王志华,刘晓秋.农业科技园区创新环境对创新绩效影响的实证研究[J].农业技术经济,2014,(12).

[93]王俊凤,刘松洁,闫文等.基于DEA模型的农业科技园区运营效率评价——以黑龙江省34个省级农业科技园区为例[J].江苏农业科学,2017,(4).

[94]雷玲,钟琼林.陕西省农业科技园区综合效益对比评价[J].西北农林科技大学学报(社会科学版),2018,18(3).

[95]王莎莎,张贵友.基于主成分分析的国家农业科技园区综合效益实

证研究[J].中国农学通报,2018,(27).

[96]夏岩磊.长三角农业科技园区建设成效多维评价[J].经济地理,2018,(4).

[97]夏岩磊.传统要素、创新要素与农业科技园区经济增长——基于106个园区的实证分析[J].中国农业资源与区划,2018,(11).

[98]钱政成,吴永常,王兆华.山东省农业科技园区发展存在的问题及对策研究[J].山东农业科技,2019,(2).

[99]王树进.我国农业科技园区需要研究解决的几个问题[J].农业技术经济,2003,(1).

[100]杨敬华,蒋和平.农业科技园区集群创新的链式发展模式研究[J].科学管理研究,2005,23(3).

[101]杨敬华,许越先.农业科技园区集群创新平台建设的研究[J].中国农业科技导报,2007,9(5).

[102]赵黎明.农业科技园区技术集聚形成机制与模式研究——以河南省为例[D].沈阳:沈阳农业大学博士学位论文,2014.

[103]翟印礼,赵黎明.农业科技园区技术集聚及其形成动因研究[J].农业经济,2016,(3).

[104]罗广宁,孙娟,任志超等."十二五"期间广东农业科技园区科技成果转化现状和对策[J].科技管理研究,2019,(13).

[105]蒋和平.高新技术改造我国传统农业的指导思想[J].科学学与科学技术管理,1995,(12).

[106]蒋和平.高新技术改造我国传统农业的运行机制[J].科技进步与对策,1995,(6).

[107]蒋和平.高新技术改造我国传统农业的研究[J].管理世界,1996,(2).

[108]蒋和平.运用高新技术改造我国传统农业的技术路线选择[J].科学管理研究,1997,(4).

[109]蒋和平.高新技术改造传统农业的经济环境分析[J].经济学家,1997,(4).

[110]刘战平.农业科技园区技术推广机制与模式研究[D].中国农业

科学院博士学位论文,2007.

[111]刘笑明.地理学视野中的农业科技园区技术创新扩散研究[J].中国科技论坛,2008,(1).

[112]康艺之,黄修杰,熊瑞权,等.广东农业园区技术扩散与作用机理研究[J].广东农业科学,2011,(7).

[113]杨海蛟,刘源,赵黎明.产业集聚水平下农业科技园区的技术推广效率研究——以36个国家农业科技园区为实证[J].农业科技管理,2012,31(1).

[114]杨旭,李竣.优化农技推广体系的内在经济逻辑分析[J].科学管理研究,2015,(3).

[115]李同昇,罗雅丽.农业科技园区的技术扩散[J].地理研究,2016,35(3).

[116]王昭,谢彦龙,李同昇.国家农业科技园区空间布局及影响因素研究[J].科技进步与对策,2018,(9).

[117]于正松,李小建,许家伟,等.基于"过程控制"的农业技术扩散系统重构研究[J].科学管理研究,2018,(4).

[118]张跃,廖晓东,胡海鹏,等.基于供给侧与需求侧视角的科技成果转化机制研究——以广东省科技创新实践为例[J].科学管理研究,2018,(16).

[119]吴圣,陈学渊,吴永常.农业高新技术产业示范区:背景、内涵、特征和建设经验[J].科学管理研究,2019,(5).

[120]关昕,胡志全."一带一路"倡议下农业科研单位"走出去"问题研究[J].科学管理研究,2019,(5).

[121]中华人民共和国科学技术部.关于印发十一五国家农业科技园区发展纲要的通知(国科发农字〔2007〕284号)[EB/OL]. http://www.most.gov.cn/kjgh/kjfzgh/200708/t20070824_52696.htm

[122]中华人民共和国科学技术部.关于印发十二五国家农业科技园区发展规划的通知(国科发农〔2011〕268号)[EB/OL]. www.qhkj.gov.cn.

[123]中华人民共和国科学技术部.科技部 农业部 水利部 国家林业局

中国科学院 中国农业银行关于印发《国家农业科技园区发展规划(2018—2025年)》的通知(国科发农〔2018〕30号)[EB/0L]. http://www.most.gov.cn/fggw/zfwj/zfwj2018/201802/t20180227_138265.htm

[124]中华人民共和国科学技术部.国家粮食丰产科技工程成果丰硕[EB/0L]. http://www.most.gov.cn/kjbgz/201208/t20120802_96021.htm

[125]中华人民共和国中央人民政府."渤海粮仓科技示范工程"5年推动区域增粮209.5亿斤[EB/0L].http://www.gov.cn/xinwen/2018-07/02/content_5302762.htm

[126]中华人民共和国农业农村部.加快构建现代种业科技创新和产业发展体系[EB/0L]. http://www.moa.gov.cn/xw/zwdt/201901/t20190125_6170709.htm

[127]中国农村技术开发中心.国家农业科技园区创新能力评价报告2016—2017[M].北京:科学技术文献出版社,2018.

[128] Robert M. Solow. *Technical Change and The Aggregate Production Function*[J]. Review of Economics and Statistics,1957,39(3).

[129]张乐,曹静.中国农业全要素生产率增长:配置效率变化的引入[J].中国农村经济,2013,(3).

[130]朱喜,史清华,盖庆恩.要素配置扭曲与农业全要素生产率[J].经济研究,2015,(5).

[131]宋马林,金培振.地方保护、资源错配与环境福利绩效[J].经济研究,2016,(12).

[132]刘战伟.中国农业全要素生产率的动态演进及其影响因素分析[J].中国农业资源与区划,2018,(12).

[133]匡远配,杨佳利.农地流转的全要素生产率增长效应[J].经济学家,2019,(3).

[134] Aigner D,Lovell C,Schmidt P. *Formulation and estimation of stochastic frontier production function models* [J]. Journal of Econometrics,1977,6(1).

[135] E. Battese, J. Coelli. *Prediction of firm-level technical efficiencies with a generalized frontier production functionand panel data*[J]. Journal of Econometrics,1988,38(3).

[136] Kurt A. Hafner. *Diversity of industrial structure and economic stability：evidence from Asian gross value added* [J]. Asia-Pacific Journal of Regional Science ,2020,4(1).

[137]刘琼,肖海峰.贸易引力、社会环境与中国羊毛进口贸易效率——基于随机前沿引力模型的分析[J].中国农业大学学报,2020,(5).

[138]李翔,杨柳.华东地区农业全要素生产率增长的实证分析——基于随机前沿生产函数模型[J].华中农业大学学报,2018,138(6).

[139] E. Battese, J. Coelli. *Frontier Production Functions，Technical Efficiency and Panel Data：With Application to Paddy Farmers in India*[J]. Journal of Productivity Analysis,1992,2 (3).

[140] E. Battese,G. Corra. *Estimation of Production Frontier with Application of the Pastoral Zone of Eastern Australia*[J]. Australian Journal of Agricultural Economics,1977,(21).

[141]闫俊文,刘庭风.华北地区休闲型农业园区空间分布特征及影响因素分析[J].中国农业资源与区划,2019,(9).

[142]张建中,赵子龙,乃哥麦提·伊加提等.综合保税区对腹地区域经济增长的影响："极化效应"还是"涓滴效应"[J].宏观经济研究,2019,(9).

[143]黄蕊,张肃.梯度转移理论下我国区域创新极化效应与扩散效应的非对称性影响研究[J].商业经济与管理,2019,(12).

[144]张安驰,范从来.空间自相关性与长三角区域一体化发展的整体推进[J].现代经济探讨,2019,(8).

[145]张志强,乔怡迪,刘璇.中关村科技园区创新质量的时空集聚效应研究[J].科技进步与对策,2020,(5).

[146]韩长赋.坚持姓农务农为农兴农建园宗旨　高质量推进现代农业产业园建设［EB/RL］.http://www.moa.gov.cn/xw/zwdt/201904/t20190419_6212068.htm

[147]刘战平.农业科技园区技术推广机制与模式研究[M].北京:经济科学出版社,2010.

[148]李冬琴.环境政策工具组合、环境技术创新与绩效[J].科学学研究,2018,36(12).

[149] Baumol, William. Entrepreneurship: Productive, Unproductive, and Destructive[J]. Journal of Political Economy,1990,98(5).

[150] Yang C H, Tseng Y H, Chen C P. Environmental regulations, induced R&D, and productivity: Evidence from Taiwan's manufacturing industries[J]. Resource and Energy Economics,2012,34(4).

[151] Steinmo M, Rasmussen E. How firms collaborate with public research organizations: The evolution of proximity dimensions in successful innovation projects[J]. Journal of Business Research,2015,69(3).

[152]赵岩.市场竞争、政府支持与企业创新绩效[J].哈尔滨商业大学学报,2018,(6).

[153]张宽,黄凌云.政府创新偏好与区域创新能力:如愿以偿还是事与愿违?[J].财政研究,2020,(4).

[154]田子方.发达国家信息技术在农业中的应用及其启示[J].世界农业,2013(6).

[155] Stricker S. Situation of Agricultural Information and Communication Technology (ICT) in Germany[M]. Landon: Cambridge University Press, 2003.

[156] Chen G X, Mei F. France and its agriculture: advancing towards informationization[C]. AFTTA (2002): Asian agricultural information technology & management. Proceedings of the Third Asian Conference for Information Technology in Agriculture, Beijing, China, 26－28 October, 2002.

[157] Xiao－chan H, Zhang H, Luo W, et al. Research of Construction of Australia Agriculture Information System[C]. 2013 world agricultural outlook conference, Beijing, China, 6－8 June, 2013.

[158]侯玉巧,汪发元.绿色创新与经济增长动态关系研究——基于VAR模型的实证分析[J].生态经济,2020,(5).

[159]姚娟,刘鸿渊,刘建.科技创新人才区域性需求趋势研究——基于四川、陕西、上海的预测与比较分析[J].科技进步与对策,2019,36(8).

[160]李政,杨思莹.创新投入、产业结构与经济增长[J].求是学刊,2015,(4).

[161]张复生,张力生,王晓雪.R&D投入与企业绩效——基于内部控制的调节作用[J].财会通讯,2019,(12).

[162]梁涵.基于空间一般均衡理论的土地要素对经济影响机制研究[J].统计与决策,2019,(6).

[163]张少辉,余泳泽.土地出让、资源错配与全要素生产率[J].财经研究,2019,45(2).

[164]仲崇娜,苏屹.高校协同创新平台组织结构与运行机制研究[J].科技进步与对策,2015,(6).

[165]张宁.中美共享经济企业平台价值通路比较研究[D].中国政法大学博士学位论文,2018.

[166]涂科,杨学成.共享经济到底是什么?——基于个体与组织的整合视角[J].经济管理,2020,(4).

[167][美]普可仁主编.创新经济地理[M].童昕等译.北京:高等教育出版社,2009.

[168]王缉慈.创新的空间——企业集群与区域发展[M].北京:北京大学出版社,2001.

[169] Frost T S. *The geographic sources of foreign subsidiaries' innovations*[J]. Strategic Management Journal,2001,22(2).

[170] Gertler M. *Tacit Knowledge and the Economic Geography of Context, or the Undefinable Tacitness of Being (there)*[J]. Economic Geography,2003,3(1).

[171] Bathelt H, Li P. *Global cluster networks — foreign direct investment flows from Canada to China*[J]. Journal of Economic

Geography,2014,14(1).

[172]王莉静,王庆玲.高技术产业技术引进消化吸收再创新分阶段投入与产出关系研究——基于分行业数据的实证研究[J].中国软科学,2019,(1).

[173] Jörg Sydow, Gordon Müller－Seitz. *Open innovation at the interorganizational network level - Stretching practices to face technological discontinuities in the semiconductor industry* [J]. Technological Forecasting & Social Change,2020,155(5).

[174] Martinez－Noya A , Narula R . *What more can we learn from R&D alliances? A review and research agenda* [J]. MERIT Forthcoming, 2018,56(1).

[175] Coleman,James S. *Social Capital in the Creation of Human Capital*[J]. American Journal of Sociology,1988,94.

[176] Ana Pérez－Luno, Medina C, Lavado A , et al. *How social capital and knowledge affect innovation* [J]. Journal of Business Research,2011,64(12).

[177] Nahapiet J, Ghoshal S. *Social Capital, Intellectual Capital, and the Organizational Advantage*[J]. Academy of Management Review, 1998,23(2).

[178] Thompson M. *Social Capital, Innovation and Economic Growth*[J]. NIPE Working Papers,2015,73(4).

[179]田颖,田增瑞,韩阳等.国家创新型产业集群建立是否促进区域创新[J].科学学研究,2019,37(5).

[180]张营营,高煜.创新要素流动能否促进地区制造业结构优化——理论解析与实证检验[J].现代财经(天津财经大学学报),2019,(6).

[181]朱浩,李林,何建洪.政企共演视角下后发企业的技术追赶[J].中国科技论坛,2020,(1).

[182] Hackney J, Marchal F. *A coupled multi － agent microsimulation of social interactions and transportation behavior*[J]. Transportation Research Part A：Policy and Practice, 2011, 45(4).

[183] Leydesdorff L, Etzkowitz H. Emergence of a Triple Helix of university—industry—government relations[J]. Science and Public Policy,1996,23(5).

[184]李斌.基于市场导向的多主体协同创新绩效提升机制研究[D].陕西师范大学博士学位论文,2017.

[185]杨敬华.农业科技园区创业与创新发展机制与模式的研究[D].北京:中国农业科学院博士学位论文,2005.

[186]申忠海.农业科技园区发展理论与实践[M].北京:中国经济出版社,2012.

[187]叶祥松,刘敬.异质性研发、政府支持与中国科技创新困境[J].经济研究,2018,(9).

[188]周振.互联网技术背景下农产品供需匹配新模式的理论阐释与现实意义[J].宏观经济研究,2019,(6).

[189] Heckman J. Sample Selection Bias as a Specification Error[J]. Econometrica,1979,47(1).

[190] Rosenbaum R, Rubin B. Assessing Sensitivity to an Unobserved Binary Covariate in an Observational Study with Binary Outcome[J]. Journal of the Royal Statistical Society. Series B:Methodological,1982,45(2).

[191]葛立宇.要素市场扭曲、人才配置与创新强度[J].经济评论,2018,(5).

[192] Heckman J, Ichimura H, Todd P. Matching as An Econometric Evaluation Estimator[J]. Review of Economic Studies,1998,65(2).

[193]王欢芳,李密,宾厚.产业空间集聚水平测度的模型运用与比较[J].统计与决策,2018,(11).

[194] Ellison G, Glaeser L. Geographic Concentration in U.S. Manufacturing Industries:A Dartboard Approach[J]. Journal of Political Economy,1997,105(5).

[195]唐红祥.西部地区交通基础设施对制造业集聚影响的EG指数分析[J].管理世界,2018,(8).

[196]王林辉,赵星.要素空间流动、异质性产业集聚类型与区域经济增长——基于长三角和东北地区的分析[J].学习与探索,2020,(1).

[197]朱喜安,张秀.高新技术产业聚集与区域经济增长质量的空间溢出效应研究——基于面板空间杜宾模型的研究[J].经济问题探索,2020,(3).

[198]吴卫红,杨婷,张爱美.高校创新要素集聚对区域创新效率的溢出效应[J].科技进步与对策,2018,35(11).

[199]李红锦,曾敏杰.新兴产业发展空间溢出效应研究——创新要素与集聚效应双重视角[J].科技进步与对策,2019,36(1).

[200]周明海,杨郯炎.中国劳动收入份额变动的分配效应:地区和城乡差异[J].劳动经济研究,2017,(6).

[201]陈登科,陈诗一.资本劳动相对价格、替代弹性与劳动收入份额[J].世界经济,2018,41(12).

[202]吴凯,范从来.劳动收入份额的驱动因素研究——基于1993年至2017年数据的LMDI分解[J].世界经济与政治论坛,2019,(1).

[203]伍骏骞,阮建青,徐广彤.经济集聚、经济距离与农民增收:直接影响与空间溢出效应[J].经济学(季刊),2017,(1).

[204] Romer M. *Endogenous Technological Change*[J]. NBER Working Papers,1989,98(98).

[205] Verspagen B. *A New Empirical Approach to Catching up or Falling Behind*[J]. Structural Change & Economic Dynamics,1991,2(2).

[206]方杰,温忠麟.三类多层中介效应分析方法比较[J].心理科学,2018,(4).

[207]严成樑.社会资本、创新与长期经济增长[J].经济研究,2012,(11).

[208]Zou Heng-fu. *Spirit of Capitalism and Savings Behavior*[J]. Journal of Economic Behavior and Organization,1995,(28).

[209]Mackinnon D P, Krull J L, Lockwood C M. *Equivalence of the Mediation, Confounding and Suppression Effect*[J]. Prevention Science,2000,1(4).

[210]夏岩磊.农产品利润如何影响农户土地流转意愿——基于政府和

农户目标一致性视角[J].统计与信息论坛,2018,(9).

[211]尹新悦,谢富纪.中国后发企业技术赶超中技术模仿强度对企业绩效的影响——创新能力的中介作用[J].软科学,2020,(1).

[212] Jones C. R&D-based Models of Economic Growth[J]. Journal of Political Economy,1995,(103).

[213]夏岩磊.地理差异有助于促进农业园区创新产出吗——基于互补与赶超的机制分析[J].江西财经大学学报,2019,(3).

[214]高爽.区域流通业发展水平与人口集聚空间耦合协调性分析[J].经济问题探索,2020,(3).

[215] Charnes A, Cooper W, Rhodes E. Measuring the Efficiency of Decision Making Units[J]. European Journal of Operational Research,1978,2(6).

[216]李兴国.基于灰关联分析的犹豫模糊多属性决策模型构建与统计检验[J].统计与决策,2019,(24).

[217]薛蕾,徐承红,申云.农业产业集聚与农业绿色发展:耦合度及协同效应[J].统计与决策,2019,(17).

[218]谷国锋,王雪辉.东北地区经济发展与生态环境耦合关系时空分析[J].东北师大学报(哲学社会科学版),2018,294(4).

[219]王维.长江经济带城乡协调发展评价及其时空格局[J].经济地理,2017,(8).

[220]董文静,王昌森,张震.山东省乡村振兴与乡村旅游时空耦合研究[J].地理科学,2020,(4).

[221]于婷婷,宋玉祥,浩飞龙,等.东北地区人口结构与经济发展耦合关系研究[J].地理科学,2017,37(1).

[222]丁飞鹏,陈建宝.固定效应部分线性变系数面板模型的快速有效估计[J].统计研究,2019,(3).

[223]秦雪征.应用计量经济学:EVIEWS与SAS实例[M].北京:北京大学出版社,2016.

[224]韩忠亮.要素异质性与要素禀赋同质化定理——基于三国贸易动

态收益的一般均衡模型[J].国际贸易问题,2014,(1).

[225][美]戴维·罗默著.高级宏观经济学(第三版)[M].王根蓓译,上海:上海财经大学出版社,2009.

[226] Hansen B E. *Threshold effects in non-dynamic panels: Estimation, testing, and inference*[J]. Journal of Econometrics, 1999, (93).

[227] Fazzari S M, Hubbard R G, Petersen B C. *Financing Constraints and Corporate Investment*[J]. Brookings Papers on Economic Activity, 1988, (19).

[228] Abel A B, Eberly J C. *A Unified Model of Investment under Uncertainty*[J]. American Economic Review, 1994, (84).

[229]周锐波,胡耀宗,石思文.要素集聚对我国城市技术进步的影响分析——基于OLS模型与门槛模型的实证研究[J].工业技术经济,2020,(2).

[230]王燕,孙超.产业协同集聚对绿色全要素生产率的影响研究——基于高新技术产业与生产性服务业协同的视角[J].经济纵横,2020,(3).

[231]易定红,陈翔.人力资本外部性、劳动要素集聚与城市化形成机制研究[J].经济问题,2020,(5).

[232]李瑞杰,郑超愚.溢出效应、全要素生产率与中国工业产能过剩[J].商业经济研究,2019,(7).

[233]陈抗,战炤磊.规模经济、集聚效应与高新技术产业全要素生产率变化[J].现代经济探讨,2019,(12).

[234]Qunyong Wang. *Fixed-effect Panel Threshold Model Using Stata*[J]. The Stata Journal, 2015, 15(1).

[235]蒋和平.改革开放四十年来我国农业农村现代化发展与未来发展思路[J].农业经济问题,2018,(8).

[236]吴圣,吴永常.中国农业科技园区的演变及其特征:制度变迁视角[J].现代经济探讨,2020,(1).

后 记

自 2015 年开始,我将研究的关注点从农产品贸易问题研究转向了农业科技园区研究。一方面,是由于国家农业科技园区的建设与发展始终受到党中央的高度关注,中央一号文件已经连续 10 次作出有关鼓励园区建设的部署。作为一种制度变迁的产物,通过政策干预引导园区的创新与实践,国家农业科技园区在近 20 年的发展进程中,取得了巨大的成就,积累了丰厚的经验;另一方面,基于安徽省的创新实践工作一直处于全国前列的良好基础,安徽获批国家农业科技园区 16 个,在全国各省份、直辖市中排名第三。同时,安徽农业科技园区的主导类型齐全,为研究农业科技园区制度演化、运行机制及未来趋势等议题提供了较好样本。鉴于上述想法,自 2016 年开始,我陆续主持并完成了安徽省高校优秀青年人才资助计划重点项目"增长极视角下安徽农业科技园区建设研究"(项目号:gxyqZD2016322)、安徽省哲学社会科学规划项目"安徽省农业科技园区创新能力评价体系构建研究"(项目号:AHSKQ2016D50)两个省部级项目,并于 2020 年年底获批立项安徽省科技创新战略与软科学研究项目"深度融入长三角更高质量一体化"视域下安徽农业科技园区创新能力提升的新机制与新路径(项目号:202006f01050065),这些项目均为围绕农业科技园区发展议题展开的研究。2017 年,我考入安徽大学攻读博士学位,继续从事农业科技园区相关问题研究,并完成以此为核心内容的博士学位论文,取得了经济学博士学位。

本书是在我承担的各项目及相关成果的基础上进行修改并完成的。

感谢安徽大学经济学院常伟教授,感谢我的家人、同学、同事的鼓励,让我在困顿不前和窘迫难耐时,能瞭望明灯、砥砺前行。没有困苦和绝望,就没有甘露与新生,不经历风雨,难见到彩虹。"新冠"病毒肆虐,更使我知道所获弥足珍贵:能够顺利走完这段路,离不开给我莫大关怀、帮助和激励的人们。

衷心感谢安徽大学农村改革与经济社会发展研究院院长张德元教授、崔宝玉教授、贺文慧教授、李静教授和安徽大学经济学院齐美东教授、江永红教授、郑小玲教授、徐晓红教授,以及照顾和关怀我的各位老师们,各位师长给我指导、带我进步,让我逐渐进入学术研究殿堂。感谢我的老同学、安徽大学经济学院博士生导师韩建雨教授,20年前与我同室共学,20年后是我的良师益友,建雨教授始终是我学习的榜样!

特别感谢滁州学院诸立新教授、王琦教授、翟明清教授、王晓梅教授、钟蔚副教授、邵尚林副教授、马守莉副教授、葛梅梅老师、王学金老师、胡鹏老师、耿刘利老师,诸位老领导和老同事,总是给我莫大的鼓励和精神支持。

感谢我的同窗,尤其是汪侠博士、项质略博士、程永生博士、郑飞鸿博士、孙迪博士、李娜娜博士、陈云博士、王晶晶博士、李艳芬博士、张桅博士。感谢我的好朋友,江苏大学孙华平教授、国际关系学院刘中伟博士、山东农业大学徐宣国教授、哈尔滨工程大学刘冰副教授、安徽财经大学张勇博士、亳州学院刘铮教授、沈阳师范大学翟璐博士、阜阳师范大学李方副教授、宿迁学院姜丽丽副教授、南京财经大学李宏亮博士、东北师范大学张丽博士、亳州学院孔丹丹副教授。各位同窗和朋友,在我写作过程中提出了很多有益的思路和见解。

感谢我的妻子和可爱的女儿,你们给了我最无私的支持和最不竭的动力。感谢我的爸爸妈妈,你们默默承担了本应由我来承担的家庭义务,支持儿子在不惑之年追求孩提时"妄想"成为博士和教授的梦想!

"长风破浪会有时,直挂云帆济沧海","自信人生二百年,会当水击三千里"。未来可期,人生可期!万里长征迈出了一小步,未来继续学习钻研,才是学术正道!

2021年10月夏岩磊于滁州
琅琊山下 深秀湖畔